Energías de la Tierra

Energías de la Tierra

- **Descubre el sentido magnético dentro de tu cuerpo**
- **Emplea las capas energéticas de la Tierra para equilibrar y restaurar las energías esenciales**
- **Purifica el agua y los alimentos**
- **Crea energías positivas para la casa, oficina, jardín**
- **Sintonízate con las fuerzas magnéticas y gravitacionales del planeta**
- **Lleva el control de los flujos de fuerza positiva y negativa en el ambiente**

Judy Jacka

Grupo Editorial Tomo, S.A. de C.V.,
Nicolás San Juan 1043,
03100, México, D.F.

1a. edición, octubre 2010.

Nicolás San Juan 1043, Col. Del Valle. 03100, México, D.F.
Tels. 5575-6615 • 5575-8701 y 5575-0186
Fax. 5575-6695
http://www.grupotomo.com.mx
ISBN-13: 978-607-415-227-2
Miembro de la Cámara Nacional
de la Industria Editorial No. 2961

Traducción: Sorel Contreras
Diseño de portada: Karla Silva
Formación tipográfica: Armando Hernández
Supervisor de producción: Leonardo Figueroa

Impreso en México - *Printed in Mexico*

Contenido

Este libro está dedicado a la memoria de Frances Nixon, quien fue una verdadera pionera de las energías curativas que del planeta Tierra emanan.

Acerca del autor

A Judy Jacka se le conoce mejor por su trabajo con terapias naturales; ha dado consultas y conferencias, ha escrito y enseñado acerca de ellas durante más de treinta años. Desde siempre ha estado interesada en la enseñanza metafísica de Blavatsky y Bailey y ocupa un puesto importante en *Arcane School*. Sus intereses esotéricos encontraron una expresión en la escritura y la enseñanza sobre formas sutiles de curación.

En el presente libro, Judy Jacka integra las enseñanzas de vivaxis e información sobre las energías de la Tierra con su vasta experiencia en otras terapias naturales y las enseñanzas de la sabiduría antigua acerca de nuestras agudas energías. Ha tenido éxito en la elaboración de una síntesis de trabajo sobre varios aspectos de las energías de la Tierra.

Judy ha enseñado las técnicas de vivaxis contenidas en este libro desde 1980 en Australia, Nueva Zelanda, Canadá y Europa.

Reconocimientos

Debido a la naturaleza insólita y compleja del tema, *Salud y bienestar con las energías de la Tierra* ha sido el libro que más trabajo me ha costado escribir de mis cinco libros publicados. Estoy particularmente agradecida con mis queridos amigos Jenny Coller, Sheryl Callanan y Michael Beatrice por haber leído el trabajo original y por haberme dado sus comentarios al respecto. También agradezco a Deenne Canada, quien me proporcionó materiales valiosos de la temprana obra de Fran Nixon. Por último, agradezco a los muchos alumnos de vivaxis, quienes durante los últimos quince años han afirmado mi convicción en que los ejercicios que encontrará aquí son de particular relevancia y significado en nuestra vida diaria.

Prólogo

La primera vez que escuché sobre el tema de "vivaxis" fue directamente de Fran Nixon a finales de los sesenta y principios de los setenta. Nos hicimos amigas mientras yo trataba de entender las descripciones y explicaciones de su arte. Dado que yo me encontraba en el proceso de desarrollar un modelo multidimensional del universo que diferenciara entre las sustancias y las radiaciones físicas, etéreas, emocionales, mentales y espirituales, sentía que tenía que describir cómo funcionaba el proceso. A pesar de que mencioné el tema de vivaxis en un par de trabajos escritos en los setenta, nunca profundicé intelectualmente en el tema a un nivel satisfactorio y lo dejé de lado hasta que un nuevo entendimiento cruzara por mi conciencia que me permitiera ver una explicación internamente consciente de la gran variedad de los fenómenos involucrados.

Ahora creo que aprender a desarrollar y a confiar en las respuestas de la búsqueda interna es sumamente importante en este momento de la historia de la humanidad. Abre nuestro acceso a un vasto campo de información y energía, presentes y disponibles en el universo, que hasta el momento estaban bloqueados por la mayoría de nosotros porque en la actualidad sólo se pueden detectar a niveles subliminales.

Aunque la respuesta de la búsqueda oculta es ampliamente conocida en el área de detección de agua (rabdomancia), se puede utilizar para mejorar la situación personal en cualquier área: medicina, ciencia, ingeniería, negocios, relaciones humanas, etcétera. Para ganar esta intuición mejorada, se necesita práctica, justo como con cualquier otro tipo de aprendizaje o desarrollo muscular. Sin embargo, primero es necesario ajustar el modo de pensar para permitir —e incluso alentar— esta señal subliminal para que se transfiera de un nivel inconsciente a un estado consciente.

Investigaciones meticulosas sobre un zahorí, quien también es muy sensible a las diversas formas de energía electromagnética, han mostrado que las glándulas suprarrenales (o quizá la glándula pituitaria) están consideradas como sensores del cuerpo. Estudios realizados en Canadá han mostrado que los músculos superiores del brazo se encienden eléctricamente justo antes de que la varilla de zahorí se hunda indicando la presencia de agua.

Las señales neuronales comunes no intervienen en la búsqueda oculta. Es más, se trata de información subliminal, detectada por los órganos de los sentidos del cuerpo y registrada en el cerebro «viejo» que da pie a la respuesta oculta mediante la modulación de la actividad muscular involuntaria.

Curiosamente, el cuerpo humano parece tener fundamentalmente dos series paralelas de fibras nerviosas que van desde los órganos sensoriales hasta el cerebro. Por una serie, viajan a gran velocidad trenes de señales de una amplitud relativamente grande hacia la corteza cerebral para su registro. Esto origina la percepción consciente del contenido de la información inherente a las señales sensoriales. Por la otra serie de fibras nerviosas, trenes de señales de amplitud subliminal se mueven lentamente y viajan hacia el cerebro (al viejo cerebro reptiliano o instintivo) y a la cadena reticular en la parte media del cerebro que se encuentra entre los hemisferios izquierdo y derecho de la corteza cerebral.

Este cerebro viejo es la sede de lo primario a través de los procesos de la actividad inconsciente que controla los movimientos musculares involuntarios, como la respiración, los latidos del corazón, la dilatación de la pupila, las erecciones genitales, etcétera. A los procesos conscientes se les cataloga como secundarios, ya que involucran un procesamiento de orden superior en la corteza cerebral. Durante el estado de sueño, cuando la corteza cerebral ha incrementado su umbral de los impulsos neuronales para la conciencia de tal forma que no se perturbará con facilidad al sistema, las señales nerviosas de la red de la retícula son las que pueden disminuir automáticamente el umbral de dichos impulsos y provocar el estado de vigilia cuando el cerebro instintivo siente esta necesidad.

Cuando una entidad nace físicamente en un punto determinado en el espacio y el tiempo, todas las posiciones planetarias relativas de los diferentes cuerpos celestiales se encuentran perfectamente ubicadas. Este mapa específico de la sustancia física en el tiempo y el espacio cuenta con un mapa conjugado de sustancia etérea en el campo de la frecuencia a través del proceso de transformación de Fourier. Del mismo modo, el ser entra en la vida con una firma específica localizada en una región bien definida del campo de la frecuencia (campo etéreo). Puede ocurrir cierto tipo de polarización magnética local en este campo etéreo cuando la vida (entrada de un espíritu en el feto) comienza para esta entidad. Me gustaría definir aquel campo de polarización única y el campo de frecuencia como la vivaxis del individuo que permanece en esa locación mientras que el cuerpo físico del individuo crece y se mueve de un lugar a otro en el espacio; el cuerpo etéreo que lo acompaña también crece y cambia de una región del campo de frecuencia a otra. Las radiaciones electromagnéticas de los diferentes aspectos planetarios configurados en el campo de frecuencia son las que interactúan con los aspectos magnéticos del cuerpo etéreo de la entidad y crean tanto efectos positivos como negativos en el individuo.

Dentro del marco de mi modelo multidimensional existe una base para racionalizar la existencia de un campo de vivaxis único en el nivel etéreo de la sustancia (cuyas cuatro coordenadas de descripción cognitiva son las frecuencias) para todos los individuos. Del mismo modo, los aspectos y los procedimientos de las técnicas de vivaxis al parecer se encargan de las contrapartes del monopolo magnético de la sustancia monopolar eléctrica en un nivel físico, así como de la contraparte de la radiación electromagnética de las radiaciones electromagnéticas involucradas con esta sustancia física. Los detalles precisos de esta correspondencia se siguen desarrollando en detalles cuantitativos. Se espera que el contenido de este libro, escrito por Judy Jacka, motive a algunos científicos en un futuro cercano.

William A. Tiller
Profesor Emérito

Departamento de Ciencias Materiales e Ingeniería
Universidad de Stanford

Introducción

Hace más de dos décadas conocí por primera vez las energías de la Tierra gracias a la fallecida Frances Nixon, oriunda de Canadá. En ese entonces no tenía ni idea de la aventura que estaba a punto de descubrir. Hoy en día puedo asegurar que mis estudios sobre las energías de la Tierra siguen siendo el aspecto de salud y curación más sorprendentes que he encontrado entre las terapias que he estudiado, practicado y enseñado por más de treinta años.

La historia comienza cuando un quiropráctico australiano que había atendido uno de los seminarios de Fran en Canadá me mostró algunos de sus escritos. Durante esta época, a mediados de los setenta, yo me encontraba estableciendo la Escuela del Sureste de Terapias Naturales en Australia e impartiendo conferencias sobre filosofía naturopática y los principios de las terapias naturales. Uno de mis objetivos principales era construir un puente entre la energía como lo entiende la ciencia ortodoxa y el concepto vitalista de las terapias naturales. La piedra angular o fundamento de la terapia natural consiste en restablecer y balancear las energías del cuerpo y yo siempre andaba a la caza de material científico sobre vitalidad para compartirlo con mis estudiantes.

Después de estudiar el trabajo de Fran, me impresionó que hubiera llamado el interés de varios físicos de Canadá y Estados Unidos.[1] Seguía una meticulosa rutina de revisar dos veces su material antes de publicarlo y de enseñar a la gente sus descubrimientos. La naturaleza de su trabajo me convenció de que se estaba ocupando de las energías sutiles que cada vez más son percibidas como las proveedoras de la pauta para el crecimiento y recrecimiento o curación.

El otro aspecto impresionante de su trabajo era que ella enseñaba a la gente que investigara sus propias energías y así ayudaba a hacerse completamente responsables de su propia salud, aunque con la debida guía en la etapa preliminar. No había pruebas o remedios costosos ni se dependía de un terapeuta —todo lo relacionado con el enfoque de Fran en la salud se obtenía de la madre Tierra.

En 1979, le escribí a Fran y le pregunté que si estaría preparada para hacer un taller en Australia. Aceptó gustosamente y estuvo en este país dos meses; durante este tiempo dirigió un seminario de dos semanas en nuestra propiedad en Kinglake en la Gran Cordillera Divisoria al norte de Melbourne. Sólo diez personas mostraron interés en asistir a este seminario pero después, cuando describí este trabajo en una de las revistas más importantes sobre salud, recibí más cartas y preguntas sobre el tema que de las que había recibido sobre mis libros y artículos anteriores relacionados con la salud y la curación.

Desde 1980 he dado clases a pequeños grupos sobre la ciencia que Fran compartió y a la cual nombró la ciencia de vivaxis. Vivaxis significa el eje de la vida. Antes de que Fran falleciera en agosto de 1985, yo le asistía con el trabajo en Canadá y me pidió que fuera yo la que diera seguimiento a su trabajo. A diferencia de Fran, quien era una purista, mi interés en el arte de la curación es más bien ecléctico, por lo que siempre he combinado el interés en las energías de la Tierra con otros aspectos de la salud y la curación. Por lo tanto, este libro no sólo se trata de la ciencia del vivaxis, sino que también incluye otros hallazgos sobre las energías de la Tierra y su relación con muchos aspectos de la salud y la curación.

Uno de los principales objetivos de este libro es enseñarle a usar su propio cuerpo de energía sutil como el instrumento para buscar, comparar, evaluar y usar energías. El nivel al que practicaremos por el momento va más allá de la capacidad de la tecnología y los instrumentos físicos para medir y quizá permanezcan en este plano. Sin embargo, las energías descritas siguen estando en el terreno físico y parecen estar estrechamente relacionadas con las leyes de la gravedad, el magnetismo y la electricidad que se manifiestan en este planeta. Éste es el motivo por el cual los instrumentos físicos pueden medir de forma indirecta energías sutiles a través del campo electromagnético que rodea y compenetra a todos los seres vivos.

Necesitamos ser capaces de distinguir con claridad esta energía, por muy subjetiva que sea en la actualidad, de la energía psicológica que opera en el plano astral. Por esta razón, en los primeros capítulos incluí secciones que tratan de nuestra constitución sutil y los chakras. Nunca debe olvidarse que en el plano astral se encuentran los deseos humanos que pueden, junto con nuestro condicionamiento mental, influir en nuestro trabajo en un nivel físico más sutil, como ya lo ha demostrado la ciencia. Ahora se sabe que el observador influye en lo observable.

Una facultad que empleamos para sentir las energías está relacionada con la antigua técnica de buscar agua con una varilla de zahorí, algunas veces llamado sentido radiestésico o quinesiológico; exploraremos esta habilidad en los primeros capítulos del libro. Al estudiar el tema de la varilla de zahorí, me di cuenta de la investigación previa relacionada con los hallazgos de diferentes sustancias debajo de la superficie del planeta, tales como el agua y los yacimientos minerales. El campo del zahorí incluye el área de la radiónica, en la cual se usa este sutil sentido para diagnosticar enfermedades y transmitir frecuencias de curación. Consideramos esta área una ayuda para entender el tema de vibraciones y frecuencias humanas.

Al trabajar con las energías del vivaxis, me percaté de otros tipos de energías de la Tierra, incluyendo las líneas de Ley y las redes de Hartmann y Curry, y descubrí que estas áreas ya habían sido estudiadas en cierta forma por los buscadores de agua europeos; las abordaremos en los últimos dos capítulos.

Cada capítulo en este libro contiene ejercicios prácticos que lo convierten en una guía práctica. Estoy consciente de que estos ejercicios pudieran parecer, a simple vista, muy extraños y quizá descabellados. No obstante, puedo prometerle al estudiante serio que el tiempo y esfuerzo dedicados para entender y practicar este trabajo de energía serán muy bien retribuidos. El mero objetivo de este libro es promocionar la comprensión de la Tierra viva para que podamos hacer uso de las energías disponibles. Entender este tema también alentará a las personas y a los grupos a impedir la futura destrucción de nuestro planeta.

No me disculpo por dedicar la mayor parte de este libro a los descubrimientos realizados por Fran Nixon. Al momento de redactar este libro, también revisé todo el trabajo publicado por ella misma y me quedé atónita con las implicaciones y aplicaciones de sus hallazgos. Hay algunas publicaciones sobre diferentes aspectos de las energías de la Tierra como el Feng Shui y las líneas de Ley, pero ninguno de estos trabajos se basa en un sistema que diagnostica y corrige minuciosamente la relación entre el individuo y la Tierra.

El paralelismo más cercano sería el tradicional sistema médico chino que abarca la teoría de los cinco elementos y sus concordancias asociadas. Este sistema nos permite rebalancear nuestras energías a través de la elección de ciertos alimentos, sonidos, colores y entornos, dependiendo de nuestra constitución. En la medicina Ayurveda de la India, también se seleccionan alimentos y remedios según la constitución corporal y el temperamento.

Sin embargo, en los descubrimientos de Fran Nixon, tenemos un sistema de diagnóstico y tratamiento que permite a cada individuo encontrar y corregir las variaciones de energía desde las alteraciones energéticas más absurdas hasta las más sutiles, incluyendo las alteraciones en los receptores energéticos individuales o los puntos de acupuntura.

Con frecuencia me he preguntado por qué los extraordinarios descubrimientos de Fran no se han difundido en mayor medida. Al parecer hay otra razón independiente al hecho de que Fran estaba adelantada a su tiempo y que sólo ella publicaba su trabajo. El énfasis del movimiento *New Age* se ha puesto en los fenómenos psíquicos y, por lo tanto, en el renacer de sus diferentes formas, en las experiencias en vidas pasadas, en la promoción de experiencias gozosas, en la lectura del aura y en las lecturas astrológicas o del tarot. Existen pocos individuos o grupos que se han esforzado por enfocarse en las energías físicas sutiles. Estas energías son intrínsecas a nuestra salud y bienestar, ya que ellas condicionan nuestro cuerpo físico.

Mi capacitación en las enseñanzas transhimalayas transmitidas por Blavatsky y Bailey, junto con la capacitación en las artes y ciencias de curación natural, me llevó a estas energías físicas sutiles, que cada vez más se están conociendo en el Occidente como energías etéreas. La parte más sutil de nuestro cuerpo físico consiste en estas energías. Fran Nixon empleó este término y exploró estas energías a lo largo de su carrera. El mundo etéreo forma una interfase entre la conciencia cerebral física y los diferentes niveles de conciencia. No podemos transmitir estos estados sutiles o ser un instrumento confiable a menos que nuestro cuerpo etéreo y su campo electromagnético asociado estén balanceados y en orden.

Los capítulos en este libro están planeados para tener una secuencia del sentido, aunque es inevitable que algunos ejercicios dependan de la información que se proporcione en capítulos posteriores para completarlos. Por ejemplo, en el primer capítulo el ejercicio relacionado con la purificación de nuestros circuitos es más eficaz cuando se utilizan las capas de energía que a su vez no podrían encontrarse con precisión hasta que nuestros circuitos estén limpios. Ésta es la razón por la cual en el pasado se prefería trabajar con un instructor capacitado para los primeros ejercicios. No obstante, es hora de presentar este trabajo con mayor detalle. Se ha puesto un cuidado especial para explicar en detalle los ejercicios de tal manera que se puedan seguir de forma independiente.

Los ejercicios de purificación nos preparan para descubrir direcciones de ciertos rumbos, en particular para los elementos. Sabemos de más de veinte elementos comunes que tienen frecuencias vibracionales y de los flujos de su energía que se pueden canalizar a una dirección en particular. Esto introduce todo el concepto del aspecto vibracional del universo y de las terapias naturales. Exploramos los procedimientos de prueba básicos para las energías dentro del cuerpo y fuera de éste. Aprendemos de los ritmos y movimientos producidos en nuestro planeta por otros cuerpos celestiales y de las técnicas que podemos usar para trazar algunas de estas interacciones. El efecto de estos diversos movimientos y ritmos en nuestra salud es significativo.

Analizamos las frecuencias y vibraciones de muchos de los elementos clave que emite nuestro cuerpo y que requieren ser balanceados para recuperar la salud. Describo técnicas para descubrir y evaluar estos importantes elementos. Esto quizá lleve a la aventura más importante de este libro:

cómo encontrar y emplear las capas de energía en la Tierra que contienen todas las frecuencias necesarias para la vida.

Después de aprender a marcar las capas de energía, nos encontramos en condiciones de descubrir y emplear nuestro vivaxis. Éste se localiza en un punto particular en el planeta y nos conecta con las frecuencias vitales a lo largo de nuestra vida. Las herramientas inherentes que usamos para encontrar las capas de energía y nuestro vivaxis se relacionan con las propiedades magnéticas de la glándula pineal o epífisis. Entender esta conexión nos ayuda a entender la relación entre nuestros centros de energía y las capas de energía —trabajo posterior desarrollado por una servidora en años recientes.

He incluido muchos ejercicios prácticos para diagnosticar y mejorar su salud, incluyendo la purificación de alimentos y agua, así como una guía para practicantes y terapeutas que les va a ser de utilidad para evaluar a clientes y sus necesidades. Para los individuos con una confusión energética extrema en el cuerpo, se proporcionan las indicaciones para crear un nuevo vivaxis.

Finalmente, consideramos el planeta Tierra y los canales de energía más grandes llamados líneas de Ley. Analizo el trabajo de Bruce Cathie, quien realizó importantes descubrimientos científicos y matemáticos sobre estas líneas. La rabdomancia y la exploración de la Tierra y de las energías del cuerpo permiten, además, explorar el ambiente desde el punto de vista de lo que es dañino. En el último capítulo del libro, explico cómo podemos verificar el estrés geopático —una patología de la Tierra— y evaluar los hogares y las oficinas en búsqueda de lo que se llama el síndrome del edificio enfermo. Se describen algunas técnicas para resolver este tipo de enfermedades de la Tierra y de las edificaciones, incluyendo las alteraciones que están ocurriendo de forma natural y aquellas que son provocadas por el hombre.

Este libro es tan sólo el punto de partida de una ciencia que dista mucho de las corrientes dominantes de las terapias naturales, pues trata el tema de la fuente de dichas frecuencias vibracionales que son la base de todas las terapias naturales. Es un verdadero trabajo pionero y se le debe dar cierto cuidado y criterio en el enfoque, tal como se debe tratar cualquier terapia nueva.

En el futuro, podríamos vivir tiempos en los que la humanidad regrese por completo a sus propios recursos para la salud y la curación. Entonces nos regocijaremos de poder usar lo que nos da la madre Tierra para sanar y preservar los medios de nuestra vida y espíritu. Con el tiempo, nuestro espíritu regresará a terrenos más elevados pero nuestro cuerpo no es más que un niño de nuestro planeta, dependiente de ella como cualquier criatura.

1

Relación con la Tierra como ser humano

¿A qué nos referimos cuando usamos el término energías de la Tierra? ¿Estamos hablando de las energías conocidas del átomo y la molécula o de energías más sutiles? ¿Cómo relacionamos las energías de la Tierra con la energía tal y como se conoce en la ciencia? ¿Ignoramos la ciencia y analizamos el planeta Tierra como el cuerpo de gran conciencia que está evolucionando hacia la perfección? ¿Es posible hacer una síntesis de todos estos factores?

Apenas recientemente un grupo considerable de personas en el mundo occidental aceptó que los humanos tienen un campo de energía que irradia a su alrededor e influye en el ambiente en sentido positivo o negativo, según las energías involucradas. Si se extiende este concepto a nuestro planeta, se obtiene un novedoso modelo de nuestra relación con el globo terráqueo. Este modelo va de lo universal a lo particular y ve a la Tierra desde un paralelismo con nuestro conocimiento creciente del ser humano. Desde este modelo podemos percibir que puede haber similitudes tanto en la energía y la conciencia entre el macrocosmos (Tierra) y el microcosmos (el ser humano).

El concepto de madre Tierra se encuentra en muchas religiones importantes. En la antigua Grecia se le conocía como Gea y el científico Sir James Lovelock revivió este nombre en su útil libro *Gaia—A New Look at Life on Earth* (*Gea: Una nueva mirada a la vida en la Tierra*), publicado por primera vez en 1979. Lovelock cuenta con un antecedente científico y un sentido con visión de futuro que presenta a la vida en la Tierra dentro de un nuevo marco —donde la humanidad participa en la creación.

Como verdadero poeta, logra encapsular en un librito cómo se ve la Tierra desde muchas perspectivas diferentes en el espacio. El libro proporciona una síntesis de la ciencia y la comprensión de la autorregulación o el mecanismo homeostático de nuestro planeta. Enseña que este mecanismo aún trabaja a pesar de lo que vemos como la interferencia atroz del hombre, pero también advierte que el balance puede cambiar de rumbo si la humanidad no pone freno a su interferencia ecológica en el futuro.

Lovelock describe la materia viva de la Tierra, los océanos y la superficie de la tierra como un sistema complejo que también puede verse como un organismo único con la capacidad de hacer de nuestro planeta un lugar apropiado para la vida.[2] La impresión que da es que la Tierra podría ser vista, en verdad, como un ser vivo. Este punto de vista de Gea sugiere que podemos ver el cuerpo físico de nuestro planeta en casi el mismo sentido que el cuerpo físico humano. Lovelock considera la posibilidad de que la humanidad se convierta en el sistema nervioso de una Tierra viva en una forma significativa y de que actúe casi como un reducto de su conciencia. Este concepto tiene ramificaciones interesantes para el trabajo práctico de este libro, dado que exploramos las relaciones energéticas entre el campo energético humano y el de la Tierra.

La idea de la Tierra como ser vivo también llegó a nosotros a través de varias escuelas esotéricas y religiones y llegó al Occidente de más allá del Himalaya mediante escritores como Blavatsky y Bailey. Las enseñanzas transhimalayas llevaron el concepto de Gea más allá del entendimiento de que los ecosistemas y los reinos de la naturaleza en el planeta Tierra son simplemente el cuerpo físico de un gran Ser consciente, o un Ser en el cual vivimos y nos movemos y tenemos nuestro ser. De acuerdo con las enseñanzas de Bailey, se considera a los seres humanos como células vivas en el cuerpo de este gran Ser, tanto en sentido físico como espiritual.[3]

Esta conciencia relacionada con el planeta Tierra es una explicación racional para un Ser que es al mismo tiempo un dios trascendente e inmanente y que está evolucionando hacia la perfección cada vez más grande. La sabiduría antigua se ocupa de todo el panorama de cómo todos los reinos en la naturaleza interactúan y evolucionan en nuestro planeta. En este sentido, los diferentes reinos están evolucionando hacia la perfección y existe una jerarquía natural del Ser, así como una interacción disciplinada de los ecosistemas que forman los vehículos físicos para muchos niveles ascendentes de conciencia.

Solemos rechazar la idea de la jerarquía, porque proyectamos nuestra tendencia humana a controlar a otros en este concepto. En la tradición de la sabiduría antigua, se entiende por jerarquía el resultado del movimiento natural del espíritu hacia la materia y después su regreso a la fuente de todo ser, soportando con ello las recompensas y cualidades desarrolladas en el largo viaje a través de millones de años. Desde este punto de vista, el sentido de conciencia humana individual en ningún momento se pierde, sino que crece continuamente y se expande en su viaje de regreso a la fuente original.

Podemos sintetizar esta enseñanza con la siguiente ecuación básica:

$$\text{espíritu} + \text{materia} \rightarrow \text{conciencia}$$

Se entiende que se escogió el espíritu para promover su expansión mediante la encarnación en sustancia planetaria para redimir o revelar la luz en el centro de todo átomo y materia. Se considera que el origen de los espíritus humanos está en esos grandes Seres cuya conciencia emplea las diferentes esferas planetarias para corresponder en cierta forma a la manera cómo el espíritu humano emplea el cuerpo físico como medio de vida en el plano físico. Los planetas, incluyendo la Tierra, giran alrededor de un centro físico y espiritual que ya conocemos como Sol, el centro de nuestro sistema solar. Ésta es la razón por la cual en muchas religiones el Sol es el símbolo del ser espiritual superior.

Obviamente, no puede haber un salto repentino de lo espiritual a lo material (aunque para la gente fundamentalmente religiosa este razonamiento no implica mayor problema). Se plantea que el espíritu se transforma poco a poco en materia a través de varios planos o niveles durante millones de años y posteriormente evoluciona gradualmente mediante los diversos reinos en la naturaleza a una posición en la que se adquiere la autoconciencia y, por último, la conciencia espiritual. En la etapa de autoconciencia es donde empieza nuestro verdadero viaje humano y quizá sólo tengamos conocimiento del último millón de años de este crecimiento en nuestro planeta, el cual pudo haber empezado mucho antes.

Hay escritores en el mundo occidental fuera de la tradición esotérica que también han desarrollado modelos de comprensión de los reinos del planeta Tierra. Así, Ken Wilbur ha planteado un panorama de la evolución basado en la antropología, psicología, mitología y religión en su aclamado libro *Up from* Eden (*Desde el Edén*).[4]

La sabiduría antigua tiene sus raíces en muchas religiones y vertientes de pensamiento. Ve a la humanidad como una parte de una vasta jerarquía planetaria del Ser que se extiende desde el átomo hasta la divinidad. La enseñanza engloba el concepto de campos energéticos que interactúan en muchos niveles de conciencia. La física moderna ha contribuido a este concepto en un plano físico al reconocer las relaciones energéticas entre todos los átomos y las formas de nuestro planeta. Algunos pensadores ven nuestra manifestación planetaria como un vasto pensamiento u holograma más que una máquina con partes separadas. Se da un énfasis en los campos de energía a nivel tanto macro como microscópico.

Con frecuencia, se conoce al cuerpo de energía como nuestro medio etéreo y la mayoría de las técnicas descritas en este libro abordan la energía etérea. Dado que el campo etéreo está condicionado por más campos sutiles de emoción y pensamiento, es esencial considerar un panorama más amplio. La causa de muchos problemas de salud del cuerpo etéreo radica en los problemas emocionales, lo cual hemos de subrayar antes de considerar a fondo la recuperación de nuestro campo de energía etérea.

Ahora, con un panorama amplio de la evolución en la mente y a la vez reconociendo que nuestra existencia física transcurre en el planeta, empezamos a considerar la practicidad de las terapias de la Tierra y la forma en que diagnosticamos y empleamos las técnicas que implican las energías planetarias con fines de curación. Puesto que hay muchas energías en el universo a diferentes niveles, necesitamos especular un poco más para distinguir con claridad el tipo de energía presentado en este libro. Así que analicemos un poco más la condición humana antes de que entremos a los aspectos prácticos relacionados con el empleo de las energías sutiles.

La constitución humana

Hay un conocido refrán que reza: "Lo que está más abajo es como lo que está arriba", que proviene del antiguo mito griego de Hermes. Significa que el universo o el cosmos se refleja en la humanidad o el microcosmos. Es una buena forma de explicar que como hijos de la madre Tierra, nos vemos afectados por diferentes frecuencias o vibraciones de nuestro planeta. Como individuos, también tenemos nuestras propias frecuencias que se pueden mejorar o desnudar a través de las frecuencias de la Tierra, dependiendo del ambiente natural y el humanizado en el que trabajamos y vivimos.

Ha habido un cambio en la conciencia en relación a cómo vemos al ser humano. Ya no nos consideramos una colección de átomos y moléculas agrupadas todas juntas para formar órganos y tejidos con, ojalá, algo parecido a un alma flotando encima de nosotros. La ciencia moderna, a través de su demostración de un universo donde todo está conectado, sugiere la posibilidad de que nosotros seamos un sistema de campos energéticos de interacción con diferentes niveles de energía que se extienden más allá de nuestro cuerpo físico.[5]

Por lo tanto, podemos considerar nuestros diferentes niveles de conciencia como pertenecientes a muchos campos de energía que se conectan y se compenetran entre sí. Compare este escenario con la manera cómo los sólidos, los líquidos y los gases se compenetran en un puño de arena mojada en un lugar donde hay arena, agua y aire. Cada elemento cuenta con su propio carácter y aun así interactúa con las otras sustancias. De esta forma, estamos conscientes de las sensaciones, sentimientos y pensamientos como distintas experiencias que se empalman. Por ejemplo, tocar un objeto caliente nos causa dolor (cuerpo físico), lo cual puede llevar a una sensación de miedo (cuerpo emocional) al cual nuestra mente (cuerpo mental) responde pensando en que debemos tener más cuidado en el futuro.

Si bien decir que los nuevos hallazgos de la física encajan con esta percepción psicológica bastante simplista puede ser una exageración, la nueva percepción del universo ve todas las cosas como un todo. Esto nos da la libertad de armar un modelo basado en energía para la evolución planetaria y humana.

A la física del siglo XIX con frecuencia se le llama física newtoniana en honor a Isaac Newton. La percepción de los científicos seguidores de Newton era que el universo era como una máquina gigante con leyes y reglas mezcladas que gobernaban todos los procesos en el planeta. Hasta las décadas más recientes, los científicos han analizado este punto de vista en el campo de la medicina y la psicología en su evaluación del ser humano.

La percepción del cuerpo como máquina dio pie al gran énfasis de especialización en varios aspectos de la medicina y la psicología. Por ejemplo, en psicología, antes del reciente desarrollo de la psicología transpersonal, el término psique no estaba relacionado en lo absoluto con el alma, el cual fue el primer significado del término. El desarrollo de la medicina naturista reconoce la importancia del holismo, que significa tratar el *todo* de una persona. Entiéndase por todo no sólo el cuerpo en su totalidad, sino la psique que abarca tanto el funcionamiento psicológico como la dirección espiritual. Los desarrollos en la física que datan desde principios del siglo pasado han ayudado o subrayado la tendencia de la medicina naturista.

Los físicos del siglo XX descubrieron que las partículas diminutas que son la base de todas las formas de la vida existen como ondas y como partículas. Esta manifestación dual dio pie a la dicotomía onda-partícula en la física moderna con un nuevo énfasis en la energía y los campos energéticos tanto en el macro, como en el microcosmos. La paradoja cuántica nació mediante las investigaciones de dos científicos a principios de siglo: Planck y Einstein. El hallazgo básico de la ciencia moderna es que la luz y otras formas de energía tienen una personalidad dual —en ocasiones se comportan como partículas y otras veces como ondas.[6]

Así que, en lugar de reducir el universo a partículas finitas que se mueven formando diferentes cosas como las partes de una máquina, fue posible desarrollar un enfoque igual de válido que se basaba en la energía y campos de energía. El modelo de evolución de la interacción entre el universo y los seres humanos permite un nuevo punto de vista en la complejidad que es la vida humana. Los diferentes niveles de conciencia que experimentamos en nuestra aventura de relacionar el espíritu con lo material ahora se pueden concebir como capas de energía con grados variantes de sutileza, que corresponden a los muchos campos energéticos del planeta Tierra. La ciencia moderna tan sólo ha empezado a explorar lo más obvio de estos campos energéticos sutiles.

Los campos de energía en el ser humano incluyen la conciencia cerebral física, el campo etéreo que subraya lo físico, nuestra conciencia astral o sentimental, nuestra conciencia mental y los estados más sutiles que se pueden llamar libremente el alma y la conciencia espiritual. Exploré estos estados con mayor detalle en mi libro anterior, *Meditation, The Most Natural Therapy* (*Meditación, la terapia más natural*).[7] En nuestra vida diaria estos estados se empalman a pesar de que, como individuos, con frecuencia escogemos enfocarnos en uno o más niveles con preferencia a otros. Estos niveles de energía y conciencia pueden compenetrarse entre sí.

Cada parte de nuestro ser o nivel de energía tendrá su propia resonancia o frecuencia vibratoria y cada parte existe dentro de muchas posibilidades vibratorias en el planeta Tierra. En este sentido, no hay una línea definitiva de demarcación entre nuestros campos de energía y los de otra persona o entre los nuestros y la Tierra. También habrá una interacción constante entre nuestra vida en el planeta y entre los diferentes reinos en la naturaleza. Desde una perspectiva microcósmica, ésta es la base para la astrología y este tema se retomará en el capítulo 3.[8]

Considere las implicaciones de este concepto de interacción de campos de energía. Primero, en una situación familiar, cada miembro de la familia tendrá un profundo efecto psicológico y/o físico en la salud de la familia, tanto individual como colectivamente. Los psicólogos trabajan con este escenario todos los días, puesto que buscan liberar a sus clientes de los efectos condicionantes de la vida familiar. A pesar de que la sociedad moderna entiende esta condicionante, por lo general no se considera que la interacción cercana de los campos de energía sea la causa de dicha condicionante. Incluso, todos hemos vivido la experiencia de querer escaparnos y caminar o sentarnos después de un día arduo de trabajo o de haber estado aislados en un pequeño espacio con un grupo de gente.

El campo de energía del planeta Tierra lo puede experimentar cualquiera al caminar por un bosque o una zona verdosa; entonces, decimos que nuestra energía se ha recargado. No siempre atribuimos esta experiencia de curación y estabilización a la resonancia vital que puede fluir en nuestro campo de energía desde el campo magnético natural de la madre Tierra. Más bien solemos pensar: "Estoy cansado después de tanto hablar y discutir y lo único que necesito es alejarme de todos por lo menos un instante".

En los diferentes ejercicios descritos en este libro, trataremos en particular ese nivel de energía que sentimos cuando caminamos en el bosque o a orillas del mar. Esta energía proviene del cuerpo etéreo de la Tierra y está ligado a nuestro propio cuerpo etéreo —la primera capa sutil más allá del cuerpo físico. Reconocemos la energía básica cuando decimos que nos sentimos débiles o llenos de vida —la Qi de la medicina china, el bioplasma de los rusos, la energía Orgón de Wilhelm Reich y así sucesivamente. Exploraremos con mayor detalle esta energía desde la perspectiva del cuerpo humano en el próximo capítulo.

Esta relación entre el cuerpo etéreo de la Tierra y nuestro propio campo de energía o cuerpo y el flujo libre de energía entre los dos es la forma cómo yo entiendo la ciencia de las energías de la Tierra, cuya pionera fue Fran Nixon. Ella tenía que decirlo desde la óptica de nuestra relación energética con el planeta Tierra:

> *El mundo se comporta como un inmenso imán y nosotros como individuos somos la parte integral de un todo magnético. No sólo tenemos una conexión de onda característica de un punto magnético dado, sino que además somos capaces de recibir y relacionar los circuitos con otras ondas en la misma banda de conexiones de onda que también están magnéticamente ligadas con el magnetismo del mundo. Esto nos da un sistema de comunicación gigantesco, que conecta a toda la vida que es parte de un mismo todo magnético.*[9]

El concepto de vivaxis

Fran Nixon descubrió que la relación energética entre nuestro campo energético etéreo y el del globo terráqueo se establece en algún momento durante las últimas semanas, días u horas antes de nuestro nacimiento. Como mencioné en la introducción, vivaxis significa eje de la vida o línea central sobre la cual gira un cuerpo en rotación. Para el ser humano, nuestra energía etérea gira alrededor de un punto central o espera de energías que permanece en el mismo lugar a lo largo de nuestra vida.

Algunas características de las fuerzas de vivaxis son similares al magnetismo. Los imanes en verdad cuentan con un vivaxis permanente o un haz de energía en el lugar de su creación al cual permanecen conectados mediante flujos de energía. Fran consideraba que tanto las fuerzas magnéticas como gravitacionales se encuentran entre las fuerzas primarias del vivaxis. Creía que un componente vertical del magnetismo es responsable de nuestra relación con el punto geográfico de nuestro vivaxis y que la onda horizontal del vivaxis involucra las mismas fuerzas gravitacionales que mueven las corrientes. Además, consideraba que en las corrientes diarias y mensuales participan fuerzas que están relacionadas con el norte y sur magnéticos. Su uso de los términos gravitacional y magnético no siempre corresponde con el entendimiento científico habitual.

Una gran parte de este trabajo se enfoca en explorar las energías del vivaxis que al parecer son aquellas fuerzas etéreas que nos conectan con la

Tierra en un circuito bidireccional que fluye ascendentemente de un lado del cuerpo desde el vivaxis y de regreso en forma descendente del otro lado hacia el vivaxis (ver diagrama 1). No importa qué tan lejos viajemos de nuestro vivaxis, permanecemos conectados y podemos recargarnos a través de su conexión con la Tierra. Sin embargo, hay muchas fuerzas, tanto electromagnéticas como químicas y psíquicas, que pueden interferir con nuestro canal de vivaxis y es importante poder diagnosticar y limpiar estas alteraciones. En el capítulo 5 retomaremos el tema del vivaxis con mayor detalle con ejercicios para descubrir su dirección y uso.

Mientras tanto, tomando en cuenta lo anterior, en este capítulo empezaremos a explorar nuestra energía de la vida en lo que respecta a la madre Tierra, así como a explorar algunas técnicas que nos ayudarán a absorber las energías vitales de nuestro planeta.

En mi calidad de terapeuta naturista, he empleado terapias durante décadas para dar a la gente más energía. No obstante, en conjunto con nuestro estado psicológico, nuestro estilo de vida físico y nuestro ambiente básicos siempre deben entenderse como el telón de fondo de cualquier ayuda terapéutica. Si comprometemos la integridad de nuestras energías del cuerpo, el efecto de las vitaminas, los minerales, las hierbas, la homeopatía o las

Diagrama 1. Sentido del flujo bidireccional de frente a nuestro vivaxis

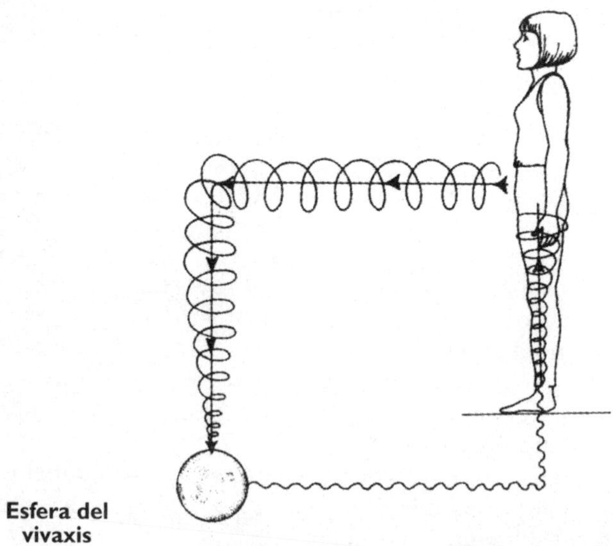

Las fuerzas del vivaxis se mantienen si estamos cerca o lejos de nuestro lugar de nacimiento.

energías del vivaxis disminuyen considerablemente —como si se vertiera agua en un pozo sin fondo. Algunas de las formas mediante las cuales perjudicamos nuestra salud incluyen: una mala alimentación, un ambiente ruidoso y contaminado, la introducción de energías conflictivas desde fuentes eléctricas artificiales, así como pensamientos y emociones negativas. Así que nuestra primera tarea en el camino hacia una mejor salud es liberar al cuerpo de esas alteraciones que provocan conflicto entre energías.

Nuestra facultad para descubrir direcciones planetarias

Analizamos brevemente las partes sutiles de nuestra constitución y el concepto de seres humanos y Tierra al haber interconectado y compenetrado los campos de energía. Resaltamos la función de la energía tanto en el macrocosmos (planeta) como en el microcosmos (hombre). Considero que en el futuro los seres humanos aprenderemos mucho más sobre nosotros mismos en lo que respecta a lo magnético y eléctrico. Sin embargo, no debemos restringirnos al actual entendimiento y medidas de la física. Hay polaridades eléctricas y afinidades y campos magnéticos en los niveles etéreos y más sutiles y nuestros instrumentos físicos sólo pueden hacer mediciones de forma indirecta. En este libro aprenderá a usar su cuerpo como un instrumento para sentir y probar las energías.

Como se mencionó, tenemos experiencia de nosotros mismos al estar compuestos por muchos campos y medios de interacción sutil. Por lo tanto, podemos utilizar nuestro propio cuerpo etéreo como un instrumento para evaluar las energías. Podemos idear y repetir experimentos donde podemos corroborar nuestros hallazgos con otros y, por lo tanto, contar con repeticiones y referencias cruzadas a nuestra investigación. Incluso podemos idear experimentos en los que ni el evaluador ni el operador conoce la naturaleza de los materiales que se usarán —los famosos estudios clínicos doble ciego de la ciencia médica. En otras palabras, podemos trabajar de una forma científica usando nuestro cuerpo como instrumento.

Un criterio cuidadoso le permitirá distinguir entre las energías etérea y psíquica; esto es de suma importancia debido a la compenetración de estos campos. Muchas personas que trabajan con las energías sutiles pierden credibilidad, ya que confunden el cuerpo etéreo o la parte más sutil del cuerpo físico con el cuerpo astral y las energías psíquicas. Por lo tanto, confunden sus hallazgos y los condicionan según sus deseos y anhelos; no se transmite información confiable. Así pues, nos movemos al área de los adivinos y al reino del glamour.

Ahora analizaremos el punto de contacto entre los niveles de energía etérea y física. Esto recae en la esfera electromagnética y se puede medir tanto en el planeta como en los humanos mediante instrumentos de física. Nuestra consideración de este tema nos dará algunas claves para nuestro propio sentido magnético inherente. Aprenderemos a usar este sentido sutil para conocer mejor nuestro cuerpo energético.

Estamos envueltos en el campo electromagnético de la Tierra y en cualquier punto de la superficie nos movemos en un mar de energía que existe entre la superficie de la Tierra y la ionosfera que, como se descubrió, cuenta con un potencial eléctrico de 400 voltios por metro cuadrado. Esto significa que hay una diferencia en el potencial eléctrico entre la superficie de la Tierra que está cargada con carga negativa y la capa inferior de la ionosfera que está 80 kilómetros por arriba de la Tierra y tiene carga positiva.[10] Nos sentimos tan cómodos en este campo que vibra unos 7.5 ciclos por segundo (las ondas de Schumann) que los primeros astronautas no dejaron de sufrir hasta que generaron estas ondas en sus cápsulas espaciales.

El investigador médico Robert Becker considera que la energía electromagnética ha regresado a ocupar una posición de prominencia en el estudio tanto de los fenómenos humanos y como de los geofísicos. Becker señala que con la sofisticación de los instrumentos modernos se revela que los seres vivos están íntimamente relacionados con el campo geomagnético de la Tierra y de él se deriva información básica vital.[11] Ninguna afirmación podría resumir mejor el fundamento del presente libro.

Los científicos han descubierto que muchos seres vivos con un sentido de dirección, incluyendo las abejas, las palomas y los peces, tienen una sustancia llamada magnetita que se encuentra en su cabeza. Una investigación realizada por el departamento de geociencias de la Universidad de California reveló que las ballenas y los delfines también tienen facultades similares para sobrevivir, amén de que la ballena pierde la dirección en áreas con una baja fuerza del campo. Al parecer, la ballena viaja a través de depresiones magnéticas que van de norte a sur. Se ha descubierto que incluso criaturas pequeñas como la salamandra tienen sistemas de navegación magnética por separado. De acuerdo con Becker:

> *...el órgano magnético que contiene magnetita que probablemente esté presente en la mayoría de las formas de vida incluyendo los humanos está estrechamente ligado con el cerebro. Con toda seguridad, se ha mostrado que es un órgano sensible que informa al organismo sobre la dirección del campo magnético de la tierra.*

Becker continúa diciendo:

> *...es probable que (el órgano magnético) también sea sensible a la información y la reporte en las frecuencias de micropulsación, aunque este aspecto aún no se ha estudiado.*[12]

A la luz de los descubrimientos de Fran Nixon, las afirmaciones de Becker son de mayor interés pues en breve describiremos cómo encontrar el norte magnético a través de la visualización de la frecuencia del sodio que se relaciona con el polo norte magnético. El Dr. Robin Baker de la Universidad de Manchester ha contribuido con nuevos datos a nuestro entendimiento del sentido magnético al localizar un foco magnético de actividad en la parte posterior de la cavidad nasal y justo delante de la glándula pituitaria —el seno etmoidal. Baker descubrió que los humanos pueden sentir el norte magnético y que esta sensación se ve afectada hasta por dos horas después de haber colocado un imán en forma de barra a lo largo de la frente durante quince minutos.[13]

En otras palabras, el imán en forma de barra afecta la orientación normal de nuestros cristales de magnetita, lo cual confirma los experimentos de Fran Nixon sobre las alteraciones provocadas por la aplicación de imanes al cuerpo. Asimismo, se ha descubierto que la epífisis es sensible al patrón cambiante del campo magnético de la Tierra y bien podría estar involucrada.

En resumen, podemos decir que nuestra sensibilidad a los campos externos se media a través de dos órganos bastante sofisticados que están conectados al sistema nervioso —el órgano magnético que contiene cristales diminutos de magnetita y la glándula endocrina llamada epífisis o glándula pineal que pasa sus secreciones directamente a la sangre. Estas estructuras nos ayudan a aprender las habilidades descritas en este libro, pero primero debemos eliminar los factores que interfieren con su funcionamiento, como son los efectos de los rayos X, los imanes y los campos electromagnéticos.

Eliminación de las alteraciones de energía: el efecto de los rayos X

Un problema común con nuestro propio campo electromagnético y, por consiguiente, nuestro cuerpo energético, es el efecto de los antiguos rayos X. A la mayoría de nosotros nos han tomado una placa de rayos X, ya sea por la fractura de alguna extremidad, por algún tratamiento quiropráctico o por algún problema dental. Fran Nixon descubrió que después de un estudio de rayos X, los átomos de carbono en nuestros huesos siguen una dirección alterada que no desaparece con el paso del tiempo. Por lo general, los átomos de carbono y calcio de nuestros huesos tienen direcciones de ondas o de energía hacia nuestro vivaxis y al verdadero norte y sur en nuestro planeta[14] (ver diagrama 2).

Al paso de los años, Fran descubrió que cuando hay alguna alteración en los átomos de carbono especialmente en el área de la espalda, los dolores de espalda, los problemas con el disco y los problemas musculares son frecuentes. Una vez que se ha desarrollado la técnica de grabar las energías del cuerpo, se puede probar el profundo efecto de los rayos X en el cuerpo. Esto no significa que nunca debemos dejar que nos hagan un estudio de rayos X, pero sí debemos entender las implicaciones y tomar las medidas necesarias para restablecer la integridad del cuerpo.

Se ha desarrollado una técnica muy sencilla para desaparecer el efecto de los rayos X: consiste en aplicar las frecuencias de carbono a todas las partes del cuerpo. Al parecer, el carbono tiene una función importante en mantener un flujo de energía correcto a través de los huesos. Las aplicaciones de carbono al cuerpo son, por lo tanto, valiosas después de una exposición a la radiación ionizante como ocurre con los rayos X.

Diagrama 2. Efectos de los rayos X en las energías de nuestros huesos

Hueso no alineado con su vivaxis, lo cual indica una confusión de energías. **Hueso alineado con su vivaxis, lo cual muestra un flujo coherente de energías.**

En este libro, cuando nos referimos a los elementos y su efecto en el cuerpo, nos estamos refiriendo a la energía o a las frecuencias de la sustancia y no a moléculas físicas reales. Así, cuando aplicamos carbono al cuerpo, producimos cambios en la frecuencia de nuestros átomos de carbono. No es necesario comer o inyectarse carbono en el sentido físico habitual. El mismo principio aplica en la ciencia de la homeopatía que se discutirá *grosso modo* en el siguiente capítulo.

Técnicas de purificación con carbón

1. Coleccione un poco de carbón de una fogata hecha de madera natural y colóquelo en una bolsa gruesa de plástico. La cantidad de carbón debe ser la suficiente para que la bolsa cubra unos 15 cm cuadrados de su cuerpo.
2. Párese aproximadamente hacia el norte y coloque la bolsa de plástico con carbón sobre su cabeza mientras enfoca sus pensamientos en el

carbón durante unos treinta segundos. Después continúe aplicando el carbón en sus brazos, el pecho (frente y espalda), la parte inferior del cuerpo y las piernas. Se debe frotar cada área con el pulpejo de la mano para remover las energías alteradas antes de aplicar el carbón. Se debe poner especial atención en las muñecas, los codos, los hombros, el cóccix, las rodillas y la mandíbula.

3. Lo mejor es tratar el cuerpo por secciones. Después de colocar el carbón en su cabeza y brazos, se debe balancear la energía del carbón alejando la bolsa de carbón hacia el sur y pensando al mismo tiempo en el calcio. Fran descubrió que el calcio es un homólogo del carbón y sus direcciones magnéticas están siempre en oposición de forma directa. Siga tratando el resto del cuerpo de esta manera.
4. Ponga especial atención en todas las áreas previamente expuestas a los rayos X. Para desvanecer el efecto de los rayos X en la dentadura, envuelva un pequeño pedazo de carbón en una bolsa de plástico y después presiónela y "mastíquela" entre los dientes y contra el paladar.
5. Se debe aplicar el carbón tanto en las superficies plantares (la planta) como en las dorsales del pie. Dé una patada en el suelo con cada pie después de la activación con el carbón.

Recuerde que el área afectada siempre es mayor al área sometida a la acción de los rayos X debido al efecto de la dispersión que se observa en éstos. La cadera, los huesos de la pelvis y las articulaciones de las rodillas se pueden estimular con unos bien marcados movimientos al estilo baile hawaiano mientras se sostiene el carbón en los huesos respectivos. Si tiene dificultades para alcanzar su espalda, puede utilizar una calceta llena con frijoles secos, la cual es una herramienta práctica para simular su columna vertebral antes de aplicar el carbón.

Una vez que haya aprendido a encontrar las capas o bandas energéticas de la Tierra, este procedimiento de purificación mejora cuando se para en dirección al oeste sobre el Flujo de fuerza 1 —el flujo del carbono—. Dado que la energía del carbón está relacionada con este flujo, se mejorará el efecto de la absorción del elemento. Hasta que aprenda a encontrar las capas de energía, deberá pararse en dirección al norte como se indicó previamente.

Localización del norte y sur verdaderos

Después del ejercicio de purificación con el carbón, deberá ser capaz de localizar las verdaderas direcciones de norte y sur a través de la respuesta magnética natural en su cuerpo hacia las direcciones magnéticas para el carbón y el calcio. Por alguna razón, estos elementos están asociados con el norte y sur verdaderos. (Más adelante, aprenderá a localizar el patrón de onda y la dirección para todos los elementos vitales.)

1. Párese en un piso nivelado y coloque las dos manos con firmeza sobre sus muslos con los pies juntos.
2. Visualice el elemento carbono. Al hacerlo, su cuerpo energético se adaptará a la frecuencia del elemento, la cual viaja por el planeta con dirección al norte verdadero. Deberá sentir una fuerte atracción en su cuerpo hacia el norte verdadero.
3. Visualice el calcio (gis blanco para pizarrón) y sentirá una atracción hacia el sur verdadero (ver diagrama 3).

Diagrama 3. Atracciones de carbono y calcio

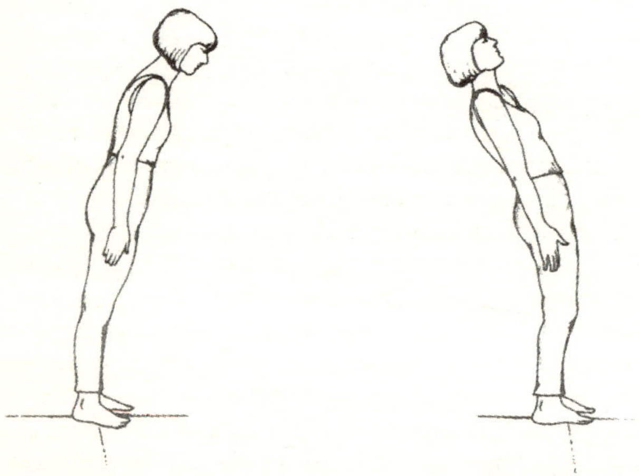

Al pararse con dirección al norte y visualizar el carbono, experimentará una atracción hacia delante mediante la influencia del flujo de la fuerza del polo norte en sus átomos de carbono. Las manos extendidas descansan sobre los muslos.

Al pararse con dirección al norte y visualizar el calcio, experimentará una atracción hacia atrás mediante la influencia del flujo de la fuerza del polo sur en los átomos de calcio.

La única información adicional que necesita para encontrar estas direcciones se detalla en el capítulo 2 y se refiere al hecho de que las frecuencias de calcio y carbono son interrumpidas varias veces cada veinticuatro horas, debido a la relación cambiante entre el Sol, la Luna y la Tierra que causa la marea diaria. Hasta que sepa cómo encontrar la marea, no sabrá cuándo desaparecen las direcciones horizontales y los vectores para el calcio y el carbono. No obstante, durante estos periodos cuando las ondas horizontales hayan desaparecido, puede encontrar las fuerzas del carbono y del calcio mediante sus ondas verticales. Ponga las manos en los muslos como lo hizo previamente, pero cierre las manos de tal modo que los dedos queden apuntando hacia arriba y, así, podrán responder a las ondas verticales del carbono y calcio.

De este modo, si no obtiene respuesta en su cuerpo al mantener las manos abiertas sobre sus muslos cuando visualice el carbono, entonces inténtelo con las manos cerradas descansando sobre los muslos. Probablemente se pregunte por qué no posponemos este ejercicio hasta el capítulo 3, cuando tengamos más información sobre la marea. A partir de la amplia experiencia con los estudiantes, considero que es mejor empezar con un ejercicio que esté relacionado con el elemento empleado en el ejercicio de purificación. Asimismo, las fuerzas del carbono y del calcio confirman que el ejercicio de purificación se ha completado satisfactoriamente.

Mientras que el norte y el sur verdaderos están relacionados con el carbono y el calcio, el norte y el sur magnéticos están relacionados con las frecuencias de la sal marina y el hierro, respectivamente. Para encontrar el norte magnético, visualizamos la sal marina y para el sur magnético visualizamos el hierro. Una vez más, el cuerpo debe sentir la atracción hacia el origen del elemento que se está visualizando. El norte magnético es un este de grado variable del norte verdadero. En verdad, los polos magnéticos han cambiado de lugar muchas veces durante la historia de nuestro planeta. Esto lo han descubierto investigadores que estudian el espín derecho e izquierdo de las moléculas preservadas en la corteza terrestre.

Encontrar el norte y sur puede ser muy útil si camina por una colina un día nublado cuando es difícil acertar la posición del Sol. Si no puede realizar este ejercicio correctamente, repítalo después de hacer el ejercicio de neutralización que sigue, ya que todavía podría estar teniendo una confusión de energías de campos ajenos.

En su libro sobre Gea, Lovelock menciona datos interesantes sobre los elementos carbono y oxígeno. Comenta que muchos científicos habían atribuido la cantidad de oxígeno en la atmósfera al entierro de carbono y a su liberación a través de los elementos de las rocas silíceas y a los procedimientos de la producción de metano. Esto contrasta con la hipótesis universalmente aceptada de la producción de oxígeno por las plantas y árboles vivos. Se podría argumentar, por supuesto, que si no hubiera árboles, el carbono desaparecería con el tiempo, así que la vegetación sigue siendo la causa indirecta de la producción de oxígeno.

En el contexto de la hipótesis de Lovelock, considero relevante el hecho descubierto por Fran Nixon de que las frecuencias de carbono y oxígeno están conectadas y que por salud necesitamos una buena alineación con estas frecuencias, las cuales, como sabemos, están relacionadas con el norte. Por otra parte, también descubrió que el carbono, el calcio y el oxígeno están relacionados con los flujos clave de energía en la superficie del planeta y que estos flujos se relacionan con nuestra propia energía individual o flujos de vivaxis (ver capítulo 4).

Esta relación entre el carbono y su homólogo, el calcio, así como entre el oxígeno y el cobalto se deriva del hecho de que los elementos de dichas parejas son opuestos magnéticamente. Sus direcciones en el espacio son los primeros de muchos patrones que aparecerán en este libro. Aprenderá a verificar estos patrones con su cuerpo. Investigaciones adicionales sobre estas frecuencias sin duda aclararán por qué los elementos se relacionan con diferentes direcciones del magnetismo.

Investigadores canadienses del vivaxis descubrieron que se puede crear un campo de energía entre una bolsa de plástico con carbono y un poco de gis blanco para pizarrón (calcio) colocados a 25 cm de distancia. Este campo es capaz de cancelar el campo perjudicial creado por los imanes. Su proyecto de investigación incluye la colocación de cuatro imanes en forma de barra, cada uno con una fuerza de 1200 gauss, en las cuatro direcciones del magnetismo. (El gauss es la unidad de magnetismo). Se descubrió un fuerte vector vertical de energía en el punto central entre los imanes. El carbono se colocó al noreste entre los otros dos imanes y el calcio, entre los otros dos imanes al suroeste. Se descubrió que el campo vertical de los imanes no se había cancelado.

Con toda seguridad, podemos afirmar que este hallazgo corrobora el beneficio de usar las frecuencias del calcio y del carbono para contrarrestar el efecto de los campos perjudiciales. Los imanes en el cuerpo humano o los usados cerca del cuerpo humano pueden dar pie a un campo ajeno de energías en nuestros propios circuitos. Mucha gente ha alterado sus circuitos de energía a través de la colocación habitual de imanes para aliviar el dolor, incluso aunque el alivio sea temporal.

Campos de energía ajenos

Además de la interferencia magnética y los tratamientos con rayos X, hay algunas razones más de por qué los individuos pueden manifestar una gran confusión de energías en su campo energético. Las posibles causas de los campos ajenos son la reflexología, los cardiogramas, los aparatos para el diapulso y la diatermia y, en algunas ocasiones, el calentamiento a través del contacto. El campo energético ajeno establece una relación permanente con las frecuencias que no son compatibles con nuestras propias. Así que mientras aún guardamos una conexión con nuestro propio vivaxis, también estamos conectados con un vivaxis ajeno. Esto provoca una condición caótica de energías en nuestro cuerpo etéreo.

La creación de un vivaxis ajeno sucede de la siguiente manera: cuando estamos conectados a una máquina con un campo electromagnético, como un aparato para la diatermia o a una unidad de tratamiento con una onda electromagnética pulsada, nuestras propias frecuencias se combinan con las del vivaxis relacionado con esa máquina. Anteriormente se explicó que un vivaxis se crea cuando se hace un imán. Cualquier máquina que emplee energía electromagnética mostrará tener un fenómeno de vivaxis asociado.

De forma alternativa, podríamos conectarnos al vivaxis de un terapeuta. Esto puede suceder cuando el terapeuta sostiene puntos bilaterales en nuestros meridianos, como ocurre con el Shiatsu o la kinesiología aplicada. En este caso, las rutas normales para ambos vivaxis se bloquean temporalmente y las longitudes de onda o las frecuencias se combinan de tal modo que el circuito se complete. Esto forma un nuevo vivaxis en el sitio del tratamiento que permanece todo el tiempo en ese sitio.

A partir de entonces, el cliente puede presentar una buena mejoría inicial en el área tratada en cuestión, porque el flujo de energía del nuevo vivaxis bloquea el impulso del dolor hacia el cerebro. Sin embargo, el resultado verdadero es que el cerebro y los receptores del cliente se conecten a los dos vivaxis. Esto provoca una congestión y caos en nuestros campos de energía, ya que ahora hay dos puntos de frecuencias que nuestro sistema está recibiendo en todo momento.

Los síntomas de un campo ajeno posiblemente incluyan dolores de cabeza, problemas de memoria, confusión, dolores musculares y cansancio —de hecho, son muchos de los síntomas que están agrupados bajo el encabezado de síndrome de fatiga crónica. Ésta puede ser la razón de por qué estos pacientes se resisten tanto al tratamiento y de por qué las terapias naturales comunes no siempre ayudan. La alteración en los receptores del cerebro también puede ser la causa básica del gran incremento en la enfermedad de Alzheimer.

Si tenemos un campo ajeno, estas energías siempre están afectando nuestras propias frecuencias y energías, incluso cuando estamos descansando física y mentalmente. Lo mejor es asumir que sí contamos con algunos campos ajenos; la siguiente técnica nos ayudará a eliminarlos.

Técnicas para eliminar campos de energía ajenos

La justificación para este procedimiento es atraer y saturar nuestro campo de energía con sus propias energías lo más que se pueda para que se eliminen las energías inducidas por ajenos. Para acentuar nuestras propias energías, hacemos circuitos con las puntas de los dedos y de los pies tocándolos de la siguiente manera:

Ejercicio de neutralización — versión larga

1. Encuentre un lugar tranquilo donde no lo distraigan y siéntese (ver diagrama 4). Junte la línea de sus dedos de las manos y de los pies. Los talones también deberán estar alineados.
2. Presione con firmeza las yemas de los dedos y las palmas de sus manos mientras inhala.
3. Durante la exhalación libere la presión en la yema de los dedos pero sin separarlas. Deberá mover sus manos como si estuviera tocando un acordeón. Durante este ejercicio podrá hacer breves pausas para descansar, siempre y cuando las yemas de sus dedos y los dedos de los pies estén conectados.
4. Continúe con el ejercicio durante cinco minutos completos.
5. Durante todo el tiempo mantenga los dedos de los pies y los talones en contacto cercano. Por intervalos, presione brevemente y libere la presión de los dedos de los pies y talones.
6. Es muy importante mantener los brazos separados del cuerpo para que las energías no hagan cortocircuito con la ropa.

Necesitará ejercer bastante presión en las manos para que este ejercicio sea efectivo. No obstante, la presión se deberá ejercer de tal manera que estimule el flujo de energía y no restrinja la circulación. Es útil que los terapeutas realicen una versión corta de este ejercicio entre consultas para

Diagrama 4. Ejercicios de neutralización de cortocircuito

Versión larga
Exhale y libere la presión; los brazos deben estar alejados de otras partes del cuerpo. Inhale y presione una mano contra la otra. Se emplea un movimiento de acordeón. Continúe durante cinco minutos.

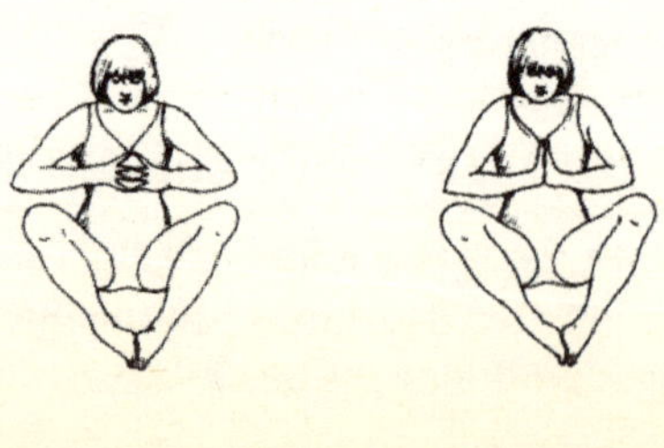

Versión corta
Tobillos y rodillas deben estar juntos. Complete el movimiento durante 30 segundos.

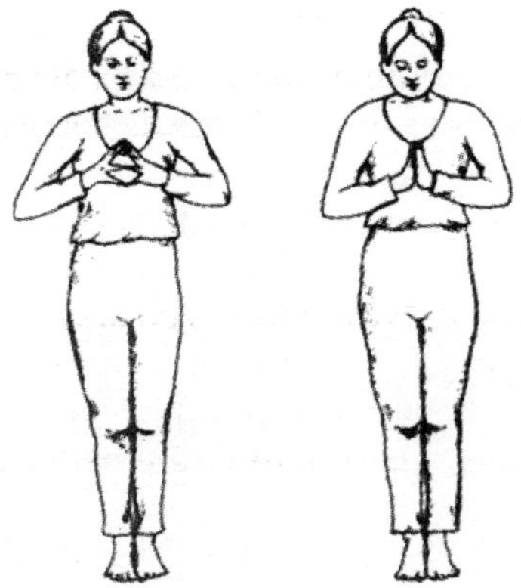

evitar que las energías del terapeuta sean drenadas por el paciente y, lo más importante, impedir la formación de un vivaxis ajeno entre cliente y terapeuta.

Ejercicio de neutralización — versión corta

1. Párese con las rodillas y los tobillos juntos.
2. Haga un circuito entre la yema de sus dedos y emplee la misma técnica de presión y liberación mientras inhala y exhala durante un minuto.

Al igual que con el ejercicio de purificación con carbono, el ejercicio de neutralización mejora cuando se realiza en el Flujo de fuerza 1. Se puede repetir más tarde si es necesario en ese flujo de fuerza. Ambos ejercicios deben realizarse entre tiempos de alta y baja marea (en la salida y puesta del Sol) que se explican en el capítulo 3. Mientras tanto, consideraremos la posibilidad de que este ejercicio se llevó a cabo durante la marea alta y baja, y deberá repetirla al día siguiente por lo menos dos horas antes o después de la primera vez que la practicó.

Los ejercicios de purificación y búsqueda de dirección respaldan todas las técnicas descritas en este libro. Sin la purificación de circuitos no podremos probar las energías de forma precisa. La búsqueda de direcciones en nuestro planeta es un buen comienzo para la aventura en las energías terrenales. A continuación, analizaremos el concepto total de estas vibraciones y frecuencias que podemos probar y sentir.

2

Vibraciones y frecuencias planetarias

En el capítulo anterior, consideramos escuetamente el panorama desde la óptica del espíritu, la energía y la materia, así como su interacción en el planeta y su relación con la constitución humana. Ahora analizaremos más a fondo la energía, vibración y frecuencia para poder comprender mejor los ejercicios prácticos que se ofrecen en este libro y que hacen uso de nuestras energías en la medida que éstas están relacionadas con el planeta Tierra.

El significado de la vibración y la frecuencia

La energía generalmente se manifiesta en ondas. La frecuencia se refiere al número de ondas que se presentan cada segundo, contando de cresta en cresta. El espectro electromagnético en el universo consta de un amplio abanico de ondas de frecuencia y amplitud (espacio entre los dos extremos de la onda) variables. La frecuencia oscila desde las frecuencias extremadamente bajas (ELF, por sus siglas en inglés) —como la que emiten las líneas de transmisión— hasta los rayos X y las microondas, que operan a frecuencias muy altas. Nuestro organismo es compatible con las ondas aun más lentas, las llamadas ondas alfa, con una frecuencia de 8-12 ciclos por segundo (hercios). Las ondas con la misma frecuencia se producen en la naturaleza; estas ondas planetarias del fondo se conocen como ondas de Schumann.

El campo energético consta de diferentes ondas con frecuencias variables. El lector probablemente se acordará de que un cable eléctrico está rodeado de un campo electromagnético. Este campo oscila con la frecuencia de 50 hercios en Europa y Australia y de 60 en EUA y Canadá. Lo anterior significa que la onda oscila 50 ó 60 veces por segundo, respectivamente. He aquí un ejemplo de la frecuencia extremadamente baja (ELF).

Si pulsamos la clave que corresponde a la nota do en el piano, la cuerda relacionada vibrará a una frecuencia de 256 ciclos por segundo. El oído humano es capaz de distinguir sonidos que están entre 16 y 25,000 hercios; algunos animales pueden discernir frecuencias mucho más altas. Las frecuencias del rango visual también son diferentes. El ultrasonido, las frecuencias de radio, los rayos X y la radiación infrarroja tienen sus propias gamas de frecuencia en el espectro electromagnético. El campo electromagnético que emiten los electrodomésticos alcanza 50 ciclos por segundo. Éste es un punto importante para nuestro análisis posterior del daño posible que producen los susodichos campos electromagnéticos naturales y artificiales en nuestros propios campos energéticos.

Todos los objetos en el planeta vibran a determinadas frecuencias, incluyendo nuestros órganos y tejidos. Debemos, asimismo, tomar en cuenta las frecuencias de nuestras emociones y pensamientos. Aquello que sentimos y pensamos condiciona nuestra energía psíquica, la cual a su vez emite vibraciones sutiles en el medio ambiente que influyen en otros humanos, animales y plantas que nos rodean.

Resulta evidente que la gama de frecuencias que tienen dichas vibraciones psíquicas sea mucho más sutil que el espectro electromagnético habitual. Si bien es imposible medir los campos físicos con los instrumentos físicos, se ha detectado el efecto de diferentes estados de ánimo en nuestro campo electromagnético mediante la fotografía de alta frecuencia: se toman imágenes de una persona que se pone en un campo de alta frecuencia, lo cual permite captar su campo electromagnético en una placa fotográfica. Esta técnica también se conoce como fotografía kirlian en honor a su descubridor, científico soviético Semyon Kirlian quien describió el efecto en 1938.

El aura de una persona en un estado emocional alterado, tal como la ira, muchas veces presenta el color rojo en las fotografías de alta frecuencia. En las investigaciones se demostró que el color de cada persona en la fotografía depende del tipo de sal que contiene su sudor. Los electrones que emite la piel en la presencia de un campo de alta frecuencia se colisionan con las moléculas del aire formando una corona o un aura iluminada alrededor del sujeto en la fotografía.

Si tomamos en consideración la frecuencia o los campos vibrantes u oscilantes, es útil considerar el siguiente ejemplo hipotético: el efecto de una persona que tiene un campo energético con la frecuencia de 90,000 hercios en el campo de un individuo que en ese momento vibra a 10-30,000 hercios. Desde luego que se trata de un caso simplificado, pues nuestro campo emocional vibraría a diferentes frecuencias, así como lo hacen todos los órganos de nuestro cuerpo. Sin embargo, se presentará un efecto general que va a variar en función de lo que sentimos: depresión, ira, tristeza, alegría o creatividad.

El siguiente ejemplo práctico constituye una buena analogía física que explica la manera en que nosotros influimos en nuestro medio ambiente. Imagínese una habitación con cinco relojes de pie, cuyos péndulos están completamente desfasados. Se ha descubierto que, al paso de un determinado espacio de tiempo, empieza a presentarse el proceso de sincronización, en el cual los péndulos poco a poco uniforman su marcha.

Si el ejemplo anterior se traslada al ámbito humano, tendremos una buena explicación de la llamada psicología de las masas. De esta manera, si una persona se encuentra en un grupo cuya frecuencia se diferencia de la suya, es posible que el campo energético de la persona se vea abrumado por la frecuencia predominante, lo cual se podrá experimentar ya sea como agradable o desagradable de acuerdo con la frecuencia que predomine. Cuando se está en compañía de alguien que padece de depresión, resulta bastante difícil resistir completamente el contagio de su humor negativo. La lucha por preservar nuestro propio ritmo puede llegar a ser extenuante y viceversa, una persona alegre es capaz de levantar nuestro espíritu. Los profesores sabrán que un niño problemático puede influir en el comportamiento de todo el salón, mientras que la conducta del niño puede ser un reflejo de la agresión y el desasosiego que vive en su casa. Aún queda por sistematizar las diferentes frecuencias de los pensamientos y las emociones.

¿Cómo se mide la vibración o frecuencia?

Los instrumentos como el espectrofotómetro permiten medir los elementos de acuerdo con su frecuencia relativa en el espectro electromagnético. Además, y esto es más importante, podemos usar nuestro cuerpo para medir energías sutiles. En el capítulo 1, aprendimos a encontrar direcciones planetarias incluyendo las magnéticas con el uso del cuerpo como instrumento para probar las energías. En este capítulo, estudiaremos el empleo de nuestro cuerpo como instrumento para comprobar los flujos de energía y las frecuencias vibratorias, tanto en el cuerpo como en el medio ambiente. En líneas generales, usamos el mismo sentido que emplean las personas que ejercen la búsqueda del agua con zahorí.

Muchos profesionales de las terapias naturales y representantes de diferentes corrientes de opinión han establecido frecuencias vibratorias apropiadas para cada órgano y tipo de tejido en el cuerpo. Algunos dieron un paso más al definir las frecuencias para los chakras, centros de energía en nuestros cuerpos sutiles. El primer grupo de médicos que logró encontrar las frecuencias particulares fueron los especialistas en la radiónica. David Tansley, un reconocido representante de esta corriente, consiguió compaginar esta forma de diagnóstico y tratamiento en un marco más amplio que al mismo tiempo incluye la ciencia y la sabiduría antigua.[15]

La práctica del zahorí implica el uso de la facultad del tacto extrasensorial para percibir las vibraciones. La justificación científica de esta actividad se basa en la existencia de los diminutos cristales magnéticos en el cerebro (ver pág. 29), así como una posible participación de la glándula pineal o epífisis. Asimismo, la revista *Nature* informó sobre los hallazgos del científico francés, profesor Yves Rocard, quien descubrió otros puntos sensibles al magnetismo en el cuerpo, incluyendo los arcos superciliares y algunas articulaciones de las vértebras. Según el investigador francés, estos puntos son cruciales en la actividad del zahorí.[16]

En mi opinión, la detección de energías mediante el cuerpo implica tanto el uso de nuestro sentido magnético relacionado con los cristales de magnetita como el uso de los centros etéreos (ver capítulo 8). A su vez, la actividad de dichos centros se regula por la glándula pineal, lo cual les permite influir en nuestro campo electromagnético y de ahí en el sistema nervioso. Muchas sustancias que examinamos en los ejercicios que ofrece este libro no son magnéticas en el sentido habitual del término, razón por la cual, siguiendo a Becker, permiten su detección por medio de la facultad que posee la glándula pineal.

Las más de las veces, los profesionales del zahorí utilizan algún soporte que les ayuda a desarrollar y expandir su sensibilidad. El aparato más sencillo puede consistir en un péndulo o dos varillas metálicas, generalmente dobladas en ángulo recto. Existen diferentes tipos de varillas de zahorí, hechas de materiales orgánicos o inorgánicos, además de modelos más sofisticados que sirven para intensificar los movimientos tenues de nuestro cuerpo y así acentuar las vibraciones percibidas.

La persona que ejerce el zahorí debe mantener la varilla frente a ella, de tal manera que su brazo horizontal esté paralelo a la tierra. Se debe conocer el significado de cada movimiento de la varilla, que además varía de persona en persona. Por ejemplo, el movimiento en una dirección puede ser señal de afirmación y en otro, de negación. Acto seguido, el zahorí hace preguntas sobre el sujeto en cuestión y lo visualiza. Las reacciones menos perceptibles que presenta el sistema nervioso en respuesta a estas preguntas se acentúan por el péndulo o las varillas.

Es difícil entender cómo se realiza el proceso anterior con el zahorí remoto, aunque en este caso es probable la participación de las facultades psíquicas más sutiles. Algunos zahoríes emplean el péndulo para formular preguntas de una índole más psicológica. La precisión de la respuesta disminuye cuando la energía psíquica forma parte del proceso. Por esta razón, el zahorí debe ser un individuo sumamente estable en el plano emocional y, además, ser imparcial, pues de lo contrario la respuesta se verá afectada por su propia psique.

Los practicantes de la radiónica desarrollaron instrumentos bastante complejos con diales y alambres. En un principio, las máquinas a menudo incluían un diafragma de hule sobre la cual el zahorí pasaba los dedos y ajustaba los diales a diferentes frecuencias en el diagnóstico de una persona o un espécimen. Cuando se topaban con una frecuencia que coincidía con la vibración de un tejido u órgano en cuestión, les costaba más trabajo desplazar los dedos sobre la superficie espolvoreada de hule. En los libros que tratan el tema se pueden encontrar episodios entretenidos, en los que algunos zahoríes obtenían los mismos resultados independientemente de que el aparato estuviera enchufado o no. Esto indica que en esencia el proceso está relacionado con la capacidad subjetiva del rabdomante.

Las frecuencias normales de los órganos sanos se encontraron por ensayo y error a lo largo de muchos años. En las enfermedades, se usan remedios como medicamentos homeopáticos o esencias florales que tienen la misma frecuencia que el órgano enfermo y así logran regresarlo a la normalidad. Con el tiempo, han ido apareciendo mejoras de dichos instrumentos radiónicos, aunque en cada caso es la respuesta subjetiva o sutil del médico la que define el diagnóstico. Desde la década de los años cincuenta, han aparecido en el mercado diferentes instrumentos electrónicos para el diagnóstico. Uno de los aparatos más populares en Europa, Estados Unidos y Australia se llama *Vegatest*, el cual se describe en otro libro que escribí, *Frontiers of Natural Therapies* (*Fronteras de terapias naturales*).[17]

El instrumento en cuestión es un dispositivo sólo parcialmente radiónico. Su función consiste en medir la resistencia de la piel, mientras que el médico coloca diferentes ampolletas en el sistema de circuitos para establecer un número de factores que permiten determinar si la enfermedad es crónica, detectar los órganos más afectados y los tratamientos apropiados. El instrumento puede usarse libremente en cualquier número de estudios. Sin embargo, el resultado depende en parte de las facultades del usuario, además de que la respuesta de la aguja parece estar relacionada con el efecto psicokinésico proveniente del médico. En otras palabras, la energía psíquica que emite el médico puede afectar el comportamiento del aparato.

Los fabricantes de las herramientas diagnósticas más recientes afirman que sus productos son capaces de medir las frecuencias del paciente por medio de la resistencia de la piel sin que el resultado se vea afectado por la interferencia del terapeuta. Si bien es probable que estos aparatos traduzcan las energías etéreas en las frecuencias electromagnéticas, debemos tener en cuenta que en cualquier examen de otra persona, aun realizado mediante dispositivos electrónicos, puede estar condicionado por nuestras emociones y pensamientos. Incluso en la física moderna se ha demostrado que los resultados de los experimentos científicos tienden a verse afectados hasta cierto grado por el investigador.

Un ejemplo evidente de la influencia que producen los seres humanos en los datos empíricos es la anomalía, estudiada por la física actual, que consiste en que no se puede determinar la masa de una partícula simultáneamente con su posición o velocidad. Se dice que tan pronto como centramos nuestra atención en la partícula, su función ondulatoria se colapsa, casi como si el objeto cambiara en el momento en que tuviéramos la intención de medirlo o enfocarnos en él. Así pues, podemos medirlo como una onda de energía o una partícula que posee masa y posición.[18] Por esta razón se recomienda medir las energías propias usando el cuerpo etéreo de la persona como instrumento.

Cuando empleamos nuestro cuerpo para medir las energías sutiles, para alcanzar mayor precisión es importante que nuestras emociones se encuentren en un estado sereno y la mente esté tranquila y abierta. Es necesario poder trabajar de una manera imparcial, enfocando la mente literalmente en el sentido común, lo cual nos permite evitar las situaciones usuales en las que la mente se ve constantemente afectada por los acontecimientos pasados y los estados emocionales. De esta manera, se desarrolla el verdadero sentido común, lo cual permite que la mente haga una importante síntesis de la información recibida mediante vista, oído, tacto y otros sentidos, convirtiéndose así en un órgano sensorial. Las meditaciones regulares resultan muy valiosas para este proceso.

El investigador De Broglie descubrió en 1925 que todo tiene su frecuencia específica o vibración.[19] De hecho, un instrumento llamado osciloscopio permite visualizar la frecuencia eléctrica de los elementos. Es un procedimiento sistemático que se diferencia considerablemente del enfoque subjetivo que emplean los profesionales de la radiónica para determinar las frecuencias mediante la sensación de zahorí. Es probable que con el paso del tiempo se halle una correlación entre ambos enfoques.

La medicina tradicional y las terapias naturales

Como hemos visto, existen dos vertientes principales en la medicina que pueden coexistir y complementarse entre sí. El enfoque usado en la medicina tradicional parte de los postulados de la física newtoniana que consideran el cuerpo como una máquina. Cuando una parte de ésta se desgasta, se le puede reparar o reemplazar. Los médicos que se especializan en ciertos órganos no necesariamente se interesan o comprenden otros sistemas del cuerpo.

En esta vertiente, escasa atención se presta al holismo. Los sentimientos y pensamientos del paciente no se toman en cuenta en el tratamiento que se le da, a menos que pongan obstáculos a los procedimientos médicos. En el caso de las infecciones graves, se administran antibióticos o esteroides para vencer la situación crítica. Las energías fundamentales del organismo no se reconocen ni se toman en consideración fuera de los procesos que se dan a nivel celular en la actividad bioquímica. Estoy generalizando, por supuesto, pues todos hemos oído hablar de los médicos comprometidos con sus pacientes que hacen caso a todos los pormenores de su situación.

El objetivo de la terapia natural consiste en mejorar y balancear las energías o frecuencias de vibración en el cuerpo. Para esto, emplea vitaminas, minerales, hierbas, métodos homeopáticos, esencias florales, terapias con colores y sonidos, acupuntura, tratamientos corporales basados en el sistema chino de meridianos y las energías de la Tierra. El factor a considerar en cada terapia es el efecto que produce en las energías o los campos energéticos del cuerpo. El enfoque holístico es inherente en la filosofía de la medicina naturista, porque se considera que cada órgano del cuerpo tiene una estrecha relación con los demás por medio de los campos energéticos. En todos los tipos de terapias, los remedios naturales ayudan a restablecer el ritmo y la vibración sanos, regresando la armonía a una parte del cuerpo que ha perdido la naturalidad y, por ende, se vió afectado.

La medicina naturista es preventiva, puesto que fortalece las defensas naturales del organismo al mejorar y balancear las energías básicas. Profesionales de esta rama de salud pueden observar cambios hacia lo peor en las energías corporales antes de presentarse el cuadro clínico de la patología. Harold Saxton Burr lo comprobó ya en 1938 en sus experimentos con la energía humana o el campo de vida (campo V), como él lo bautizó. Burr participó en el experimento en el cual se revisó el campo V de 1,000 mujeres. De las 102 personas que presentaron trastornos en sus energías, 96 tenían células anormales o malignas, según revelaron estudios posteriores.[20]

La medicina tradicional y las terapias naturales no necesariamente deben estar en conflicto. Siempre habrá quienes se rehúsen a colaborar con la naturaleza, reduciendo sus cuerpos al grado de necesitar medidas de emergencia para salvarles la vida, a veces al precio de perder una extremidad u órgano. Aún en estas circunstancias, las terapias naturales pueden ser útiles para preparar al paciente para la operación o ayudarle en la recuperación después de una intervención quirúrgica o una infección grave. En el caso de otros padecimientos, como las enfermedades del corazón o infecciones graves, se puede conseguir el mayor provecho gracias a la combinación de ambos enfoques. Las oportunidades de la cooperación sí existen; conozco algunos centros de medicina naturista que ya están recibiendo pacientes por recomendación de médicos tradicionales.

Las terapias naturales y su relación con la madre Tierra

El origen de la mayoría de las terapias se encuentra en la Tierra, aunque sí es cierto que en la preparación de hierbas, esencias florales, vitaminas y remedios homeopáticos se utiliza la tecnología moderna. Por lo general, los fabricantes de estos productos hacen uso de la tecnología que no destruye las fuerzas vitales del remedio. A diferencia de las compañías farmacéuticas, los preparados naturales contienen todos los ingredientes balanceados de una hierba, enfoque que permite eliminar efectos adversos.

La medicina china tradicional está ligada a las estaciones y ciclos del planeta Tierra. Hay cinco elementos que se dan en un ciclo continuo, en el cual la primavera (madera) se convierte en verano (fuego), seguido del verano tardío (tierra) y, por último, en otoño (metal o aire), que a su vez cede su lugar al invierno (agua). Cada uno de los elementos está relacionado con el sistema de órganos: la madera tiene vínculo con el hígado y la vesícula, el fuego con el corazón e intestino delgado, la tierra con el bazo y el estómago, el metal o el aire con los pulmones y el colon y el agua con los riñones y la vejiga.

El objetivo de todos los sistemas de la medicina naturista está relacionado con los bloqueos de energía que lleva a la acumulación de toxinas. La eliminación de estos bloqueos permite mejorar y balancear las energías. De acuerdo con las vertientes más esotéricas, el origen de las enfermedades tiene factores internos y externos. Los primeros son pensamientos y emociones trastornados que pueden remontar incluso a las vidas anteriores o, si se prefiere el enfoque psicológico jungiano, al subconsciente racial. En la opinión de los esotéricos como Alice Bailey, la enfermedad es producto de ambos factores que actúan simultánea y no consecutivamente.[21]

Al parecer, dentro de poco aparecerá un sistema que comprenderá todas las frecuencias vibratorias de todas las terapias naturales, las cuales entonces se podrán comparar con la frecuencia del órgano afectado establecida en el diagnóstico. Hasta cierto grado, esto ya se practica en la homeopatía, en la cual se seleccionan cuidadosamente los remedios que se adecuen al padecimiento de un paciente concreto. La desventaja de este enfoque radica en que se necesitan años para la preparación de un buen homeópata, además de que el diagnóstico puede tomar mucho tiempo debido a la cantidad de detalles que se necesitan considerar en cada caso.

Los programas informáticos facilitaron el trabajo tedioso que implica el tratamiento de un paciente por el médico homeópata e incluso pueden ayudar en la selección del tratamiento. Aun así persiste el problema de determinar la potencia adecuada de los remedios. Los medicamentos deben corresponder precisamente a la frecuencia vibratoria exacta de cada persona y su padecimiento para seleccionar la potencia y dosis exactas del remedio.

Así, es probable que una persona necesite una dosis de un medicamento homeopático diluida en 3,000 partes de la solución, mientras que para la otra es necesaria la proporción de 1:3,000,000. El sistema concreto que utilizan los químicos homeópatas suele basarse en el sistema decimal o centesimal. En el último caso, una gota del medicamento se mezcla con cien gotas de agua y la mezcla se revuelve. Después se agrega otra gota y se mezcla con otras cien gotas de agua; el proceso se repite las veces que sean necesarias. Después de 25 diluciones, no habrá moléculas físicas en la mezcla. Lo anterior recibió un sustento matemático por Avogadro; en la ciencia se habla del número de Avogadro de la dilución de una sustancia química en la cual ya no quedan moléculas físicas de la sustancia.

Ahora considere el caso de dos personas que necesitan el veneno de la culebra Lachesis. Aunque ambas pueden presentar los mismos síntomas, sus campos energéticos que determinan la salud física oscilarían o vibrarían a frecuencias bastante diferentes. Los expertos en la homeopatía se tardan años en aprender a distinguir la sensibilidad de diferentes individuos a un remedio y su vulnerabilidad frente a éste.

La dilución de los remedios homeopáticos proporcionan las armonías al remedio original de la misma manera que un color puede tener diferentes matices. La selección del remedio apropiado se traduce en la detención del proceso de la enfermedad de la misma manera que un cantante puede romper un vidrio si canta la nota que entre en la resonancia perfecta con la vibración del cristal. Esto se conoce como crisis curativa, la cual puede presentarse simultáneamente con el cambio y rebalanceo de la energía. Ésta puede manifestarse en forma de fiebre y la eliminación de la materia tóxica de los canales normales del cuerpo, como la piel, el intestino, los riñones y los pulmones. Este proceso puede durar unas semanas después de la administración del remedio.

Según parece, la utilización del sonido como terapia también puede constituir una manera muy específica de aplicar la vibración necesaria. Esta corriente muy sutil de terapia de vibraciones permite aproximarnos a lo que es el tema principal del libro: el uso de las energías curativas de la Tierra que carecen de forma física, a diferencia de los minerales, las hierbas y la mayoría de los suplementos naturales.

La aplicación del sonido a frecuencias curativas

En 1992, visité la clínica del Dr. Meter Guy Manners en Bretforten, una preciosa aldea en la región de Cotswolds en Inglaterra. Manners desarrolló un sistema terapéutico llamado Cimática, basado en la obra de Hans Jenny, científico suizo que estudió el efecto de las ondas sonoras y diferentes frecuencias en la materia inorgánica. El nombre de la cimática proviene de la palabra griega *kyma* que significa "onda". Hans Jenny descubrió que las sustancias que usó en los experimentos adquirían formas conocidas bajo la influencia de diferentes frecuencias, tales como criaturas marinas, órganos humanos y especies vegetales.[22] Según parece, el sonido tiene efecto muy formativo, además de que todas las formas en el planeta pueden ser originadas mediante el sonido.

Manners se empeñó en aplicar este concepto a la curación del organismo. Usando la ayuda de ingenieros acústicos, explicó, puso detectores en los cuerpos de estudiantes de medicina que se ofrecieron como voluntarios en el experimento, cuyo objetivo fue determinar las frecuencias vibratorias de todos los órganos y tejidos sanos del cuerpo. Posteriormente, los sonidos grabados fueron reproducidos a través de una cabeza vibratoria especial que se movía por la piel del paciente. Los órganos afectados recibieron tratamiento durante aproximadamente diez minutos para restablecer la frecuencia normal. Más recientemente, Manners convirtió el sistema para su uso en la computadora, con lo cual se eliminó la necesidad de usar cintas y permitió realizar tratamiento electrónico moderno. A pesar de las diferencias, el funcionamiento del sistema es parecido: el sonido se aplica al cuerpo de la misma manera usando un vibrador.

Las pruebas adicionales del poder curativo del sonido aparecieron más tarde. A finales de 1994, asistí al seminario organizado por Sharry Edwards, llamado *Signature Sound*. Edwards relató que había empezado a escuchar sonidos que no podía identificar, por lo que llegó a la conclusión de que padecía de acúfenos o tinnitus, fenómeno perceptivo del oído que produce la ilusión de escuchar un zumbido u otros sonidos molestos. El otorrinolaringólogo que la examinó descubrió que la gama auditiva de Edwards era más amplia que cualquier otra en su experiencia. Los sonidos que escucha son reales y, como demostraron sus propias investigaciones posteriores, todas las personas transmiten con su oído la frecuencia que necesitan para su curación. Así pues, la transmisión de la nota correcta emitida por el oído es un esfuerzo del cuerpo de curarse a sí mismo.

Además, Edwards descubrió que la nota (o la frecuencia) que necesita una persona en particular tampoco está presente en su voz, de manera que si el paciente recibía esta vibración como tratamiento, la nota que faltaba volvía a aparecer en su voz. Este hallazgo fue confirmado hace décadas por el ahora famoso médico francés Alfred Tomatis, quien mostró que la voz puede reproducir sólo lo que escucha el oído. De acuerdo con sus estudios, muchas personas eliminan sonidos particulares de su ambiente incluso antes de nacer con el fin de evitar el dolor psicológico producido por las relaciones negativas con la gente que les rodea.

Tomatis descubrió que, por lo general, los sonidos ausentes de la voz eran de frecuencia alta, además de que se pueden restablecer. El científico realizó grabaciones por medio de un oído electrónico para eliminar mediante filtros las frecuencias bajas de la música de los compositores clásicos, como Mozart. En el siguiente paso, la música filtrada se transmitió por un altavoz para el paciente en tratamiento.[23] Con el tiempo, el paciente adquiría la capacidad de "escuchar" los sonidos que no escuchaba su oído sin la ayuda de las grabaciones.

Probando los sonidos y sometiéndolos al tratamiento por computadora, Sharry Edwards estableció una correlación entre las notas o frecuencias particulares con todos los órganos y tejidos del cuerpo, todos los elementos conocidos en la naturaleza y con los productos farmacéuticos y remedios naturales. Sus colaboradores le ayudaron en el desarrollo de un sistema de diagnóstico que incluye dispositivos electrónicos y un programa informático que registra la voz gráficamente y detecta la nota más importante para la curación. Mediante un aparato especial, esta frecuencia se reproduce diariamente durante el curso del tratamiento.

Me llamaron la atención los estudios de Sharry centrados en las manifestaciones psicológicas de las frecuencias ausentes, así como su descubrimiento de que en el 80% de los casos dicha frecuencia estaba relacionada con la fecha de nacimiento astrológica. Otros investigadores que estudian el sonido han establecido correlaciones entre la escala musical occidental y los signos del zodiaco. Entre ellos, podemos mencionar a Ptolomeo, Kepler, Hendel y, en tiempos más recientes, Joscelyn Godwin. En la mayoría de los casos, la nota do corresponde a Aries, do sostenido a Tauro, re a Géminis y así sucesivamente a lo largo de la escala musical y los doce signos del zodiaco.[24]

Estos descubrimientos respecto al sonido nos remontan a las antiguas enseñanzas de Pitágoras: que todo en el sistema solar guarda relación con la escala musical o las frecuencias básicas que corresponden a las distancias entre los planetas y su alejamiento del Sol. Comenzamos a entender cómo las energías sutiles que emanan de nuestro planeta, como es el caso del vivaxis, pueden reflejar esta música cósmica y encontrar uso en la curación del cuerpo o la formación de la naturaleza.

Hemos contemplado el significado de la vibración y la frecuencia, así como la manera en que la verdadera esencia de las terapias naturales consiste en que son medicamentos energéticos. En resumen, el principio básico consiste en restablecer la vibración y la frecuencia en el cuerpo y el ambiente para que estemos en armonía con la Tierra. Aún no existen instrumentos para determinar objetivamente la terapia natural apropiada para cada frecuencia corporal. Nos estamos aproximando a la utilización de algunos aparatos electrónicos, pero el instrumento más preciso sigue siendo nuestro cuerpo. En la siguiente sección, veremos cómo usarlo en esta función para evaluar las energías que están en el cuerpo y el ambiente.

El uso del cuerpo como instrumento diagnóstico

En 1980, Fran Nixon me enseñó a medir la energía que fluye por el cuerpo y a encontrar bloques de energía sin el uso de aparatos carísimos, ni siquiera con el péndulo. Fran llamó a este enfoque diagnóstico "evaluación del flujo iónico".[25] Como sabrán algunos lectores, *ion* es un término químico que se refiere a una partícula eléctricamente cargada. Los iones negativos y positivos se encuentran tanto en la atmósfera como en nuestro cuerpo. De acuerdo con los científicos, la piel constantemente expide iones.

Un ion es un átomo o grupo de átomos que tienen carga eléctrica. El exceso de electrones produce una carga negativa y viceversa, la pérdida de electrones resulta en carga positiva. Desde el punto de vista de la vida planetaria, el flujo iónico está asociado con dos polos magnéticos: izquierdo y derecho. Se descubrió que en los periodos de condiciones climáticas extremas o durante los sismos se ve afectado el flujo iónico del área del planeta que comprende la zona del fenómeno. Los vientos calientes que soplan del sur en el hemisferio norte son una fuente conocida de molestias para muchas personas debido a que traen consigo o crean el exceso de iones positivos. En el hemisferio sur, los vientos calientes que provienen del norte son los que originan el mismo efecto.

Estoy convencida de que la manifestación del flujo iónico en el cuerpo es esencial para una buena salud, puesto que el cuerpo etéreo y el campo electromagnético correspondiente guardan una relación íntima con el flujo iónico. Fran Nixon descubrió que es posible medir el flujo iónico en el cuerpo mediante el uso del brazo para registrarlo. Durante el procedimiento, su brazo se moverá hacia atrás y hacia adelante, primero hacia fuera y después hacia el cuerpo con una velocidad que se aproxima a la de las palpitaciones del corazón. Usted puede comprobarlo al hacer ejercicio enérgicamente: podrá observar que los movimientos del brazo después del ejercicio van a ser mucho más rápidos que antes. El procedimiento exacto se describe a continuación.

Cuando un bloqueo de energía o un campo ajeno están presentes, el flujo iónico no se registra. Obsérvese que no estamos hablando de los bloqueos relacionadas con problemas cardiacos, sino de estancamientos de energías en cualquier parte del cuerpo.

He descubierto que las personas con muchos conflictos relacionados con el flujo de energía parecen registrar los flujos iónicos con suma facilidad, pero al examinarlos más cerca se nota que el brazo se mueve en muchas direcciones. El que estas personas no presenten un ritmo nítido se debe al exceso de energías, las cuales están a rebosar. A menudo, se trata de médicos que hacen muchos ejercicios relacionados con meridianos con sus clientes pero no han comprendido cómo protegerse de los campos de energía provenientes de los otros. Estos individuos deben dedicar más tiempo a limpiar sus campos antes de proceder a hacer los ejercicios que se describen aquí y a continuación, pues de lo contrario sus evaluaciones corren el riesgo de no ser precisas. Un campo en el cual las energías están en conflicto y se sobrecargan es tan malo como un campo de energía deficiente.

Cuando estamos relajados y nuestro cerebro está en el ritmo alfa, el corazón actúa como un sistema de resonancias que permite que la frecuencia del cuerpo coincida con la frecuencia planetaria básica de aproximadamente 8 hercios.[26] Ello podría ser el motivo por el cual la velocidad del brazo registrador en las mediciones del flujo iónico corresponde con los latidos del corazón. Los conflictos emocionales afectan el corazón y pueden forzarnos a que rompamos la conexión con las energías de la Tierra, que fomentan la salud. Numerosos sistemas de meditación, terapias psicológicas y ejercicios que se ofrecen en este libro ayudan a recuperar la frecuencia básica, restableciendo así el ritmo de la madre naturaleza.

Para una interacción eléctrica sana, nuestro cuerpo necesita un equilibrio de iones positivos y negativos. Las sustancias que contaminan el medio ambiente, tales como el plomo, el dióxido de azufre o el cadmio, distorsionan el flujo normal de los iones y producen acumulaciones de dióxido de carbono, lo cual baja el nivel de oxígeno en la sangre. El exceso de iones positivos es producto de la contaminación, el funcionamiento de las máquinas eléctricas y electrónicas, la niebla tóxica, los materiales sintéticos, los vientos cálidos y los calentadores. Los sismos, las cascadas y las condiciones que siguen a las tormentas eléctricas son propicios para el exceso de los iones negativos. Cuando la atmósfera se altera a consecuencia de fenómenos relacionados con los ciclos solares, los sismos, las erupciones volcánicas y los ensayos nucleares, es recomendable revisar regularmente el flujo iónico tanto en el ambiente como en el cuerpo.

Evaluación del flujo iónico o de energía

En el ejercicio que está a continuación, vamos a usar el brazo como instrumento para registrar el flujo de energía en cualquier parte del cuerpo. Es importante que primero realice los ejercicios de purificación que se describen en el primer capítulo (pág. 37). Asimismo, es muy recomendable que en un inicio haga este nuevo ejercicio en buenas condiciones climáticas y en un estado de tranquilidad emocional. Para muchos, el tiempo ideal para hacer los ejercicios sería después de la meditación, ya que por lo general nuestras emociones afectan profundamente las energías corporales pero después de la meditación se encuentran tranquilas. El objetivo de este ejercicio es evaluar el flujo iónico en todas las partes del cuerpo.

1. Quítese el reloj y las joyas. Cualquier objeto metálico o la pila del reloj pueden afectar los flujos de energía. Debe llevar ropa hecha de fibras naturales de colores suaves; el negro definitivamente no es aconsejable, pues este color anula el efecto del flujo de la luz. Quítese cinturones apretados y corbatas.
2. Abra las piernas un poco, baje los hombros y relaje los brazos, dejando que caigan de forma natural.
3. Primero pruebe un lado del cuerpo y después el otro como se explica a continuación. Coloque la punta del dedo medio sin presionar en la parte del cuerpo que desea probar. Deje que su mente se relaje lo más que pueda. Deje que el otro brazo registrador caiga naturalmente pero asegúrese de que la manga no roce el cuerpo, pues esto impide la evaluación. Para aprender a mantener el brazo relajado y a un pequeño ángulo para que no toque el cuerpo se necesita un poco de práctica (ver diagrama 5). Cuando el dedo medio de una mano toque las diferentes

Diagrama 5. Técnicas de registro

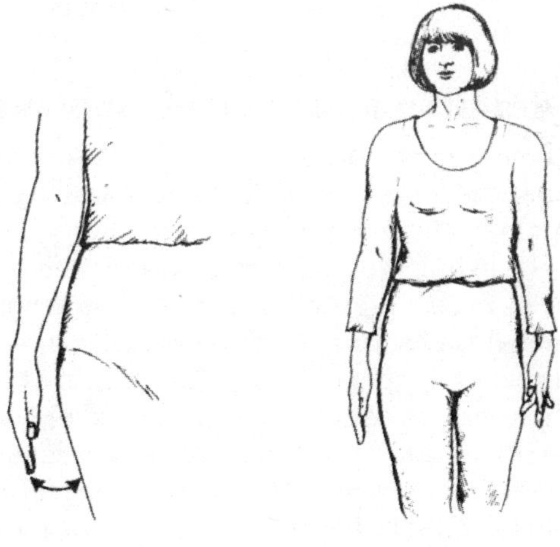

Registre el flujo iónico o el flujo horizontal con las oscilaciones del brazo manteniendo los dedos unidos.

Evaluación del flujo iónico

- **Relaje y baje los hombros.**
- **El brazo registrador no debe tocar el cuerpo.**
- **Sólo el dedo medio del otro brazo puede tocar el cuerpo.**
- **El brazo debe oscilar ligeramente.**

partes del cuerpo, la respuesta quedará registrada por una ligera oscilación del otro brazo. En un principio, antes de que se acostumbre a usar su brazo para este fin, es probable que el flujo de energía produzca hormigueo en el dedo.

4. Con el dedo medio de la mano derecha, toque y evalúe diferentes partes del lado derecho del cuerpo y, con el dedo medio de la mano izquierda, para explorar el lado izquierdo del cuerpo. No cruce la línea que separa los dos lados con el dedo receptor.
5. Para restablecer el flujo iónico equilibrado, haga el ejercicio enérgicamente y durante periodos cortos viendo primero hacia el norte y después hacia el sur, en condiciones climáticas estables. Cuando haya asimilado el material ofrecido en el capítulo 6, puede empezar a restaurar y mejorar el flujo iónico mediante los ejercicios con el flujo de energía correspondiente. El flujo de magnesio mejora los iones negativos, mientras que el flujo de fósforo actúa favorablemente sobre los positivos.

Cuando realice este ejercicio por primera vez y vea que su brazo se mueve hacia atrás y hacia adelante, ¡puede llegar a pensar incluso que se lo está imaginando! Pero también es probable que necesite practicar algunos días durante 15 minutos antes de percibir algún movimiento. Para algunas personas, aprender a relajar los brazos y hombros toma tiempo.

Evaluación del flujo iónico en el ambiente

Una vez que maneje con facilidad el ejercicio anterior, podrá notar que en condiciones climáticas inestables el flujo iónico que registra es más débil cuando está viendo hacia una dirección particular. Con "flujo débil" nos referimos a que el movimiento del brazo es apenas perceptible. En general, es preferible que los iones negativos en el cuerpo predominen ligeramente. Esta situación nos hace sentir con más energía, a diferencia de los días cuando predominan los iones positivos y somos más apáticos.

Para conocer su propio equilibrio de iones, colóquese viendo hacia el norte. Si el equilibrio es estable, el flujo iónico debe ser aproximadamente igual de los dos lados del cuerpo. Esto indica que el lado derecho está viendo hacia el este y el izquierdo, hacia el occidente. Los iones negativos tienden a llegar del noroeste, mientras que los positivos entran del sudeste. De esta manera, si nos volteamos podemos sentir que el brazo registrador se vuelve más débil cuando estamos viendo a una dirección particular.

Generalmente nos sentimos cansados cuando los iones positivos se acumulan en demasía, lo cual es habitual en muchos edificios con calefacción centralizada y aire acondicionado. Puede probarlo colocándose viendo hacia el norte y después hacia el sur en una habitación muy caliente. El que los iones del lado occidental del cuerpo estén débiles confirma que los iones negativos vienen del occidente. Ahora salga al aire libre y haga el ejercicio enérgicamente viendo primero hacia el norte y después hacia el sur. Paso seguido, vuelva a evaluar el flujo iónico de ambos lados del cuerpo viendo hacia el norte y después hacia el sur. El equilibrio debe de haberse restablecido, siempre y cuando este día la atmósfera permanezca balanceada. Los desequilibrios de iones pueden afectar todo el sistema linfático. Los anticuerpos del sistema inmunológico dependen de los intercambios regulares de energía entre nuestro vivaxis (ver capítulo 5) y los puntos receptores de estas energías. Se ha observado que las epidemias e infecciones son más frecuentes después de los periodos prolongados de iones positivos en la atmósfera.

El registro del flujo iónico es una manera muy precisa de hallar los bloqueos de energía en el cuerpo sin tener que usar aparatos electrónicos. Una vez que se acostumbre a evaluar el flujo iónico en el cuerpo usando el tacto, intente escanear otros objetos que lo rodean con la vista pero sin dejar de usar el brazo para su registro. Todos los sentidos son capaces de detectar flujos de energía. Empezamos con el tacto porque el dedo apunta a un área particular, lo cual es más específico.

Es mucho más rápido usar los ojos para escanear una serie de objetos, sobre todo si se encuentran lejos. Puede comenzar revisando todos los muebles y accesorios en su casa. Muchos objetos suaves, como cortinas o alfombras, no presentan flujo iónico normal si están hechos de poliestireno expandido o si están rellenos de materiales sintéticos, como vinil, nailon o acrílico. Tome nota de la enorme diferencia en las energías que se registran en un árbol o una flor y la superficie pintada o hecha de plástico.

Incapacidad para registrar los flujos iónicos

Puede haber una serie de razonas por las que uno no es capaz de registrar los flujos iónicos. Si no hizo el ejercicio de purificación de manera apropiada, los efectos provenientes de los rayos X aún pueden ocasionar bloqueos de energía en los brazos y hombros. En ocasiones, los bloqueos se presentan en la cabeza, provocados en parte por el estrés y las emociones negativas. Muchas veces dichos bloqueos corresponden a las lesiones antiguas en el lado opuesto del cuerpo. Puede darse el caso cuando un campo ajeno muy persistente requiere la purificación a lo largo de unas semanas por medio del ejercicio de neutralización descrito en el capítulo 1 (pág. 37).

Si las dificultades persisten, puede ser necesario que requiera la ayuda de un especialista en estas ciencias para encontrar el punto problemático. Puesto que es imposible encontrar un campo ajeno persistente si usted no puede evaluar su flujo de energía, el especialista estaría en un apuro doble. En este caso, necesitan que una persona preparada les asista. Sin embargo, este problema persistente se presenta en menos del 10% de los individuos después de realizar los ejercicios de purificación descritos anteriormente.

Diagnóstico del campo ajeno

En los casos cuando el brazo registrador detecta un movimiento circulatorio mientras que se está evaluando un área específica del cuerpo, sabemos que se trata de una onda horizontal agitada. En el caso de un campo ajeno, también se presentará una onda vertical que une la parte del cuerpo con el vivaxis ajeno. Para evaluar esta onda vertical, ponemos la mano registradora con los dedos apuntando hacia arriba (diagrama 6). Una respuesta en la mano registradora significa que obtuvimos la señal de un campo ajeno, siempre y cuando éste esté combinado con la onda vertical agitada.

Evaluación de los alimentos y medicamentos apropiados

La capacidad de evaluar las energías probando el flujo iónico nos permite monitorear el flujo de energía en nuestro cuerpo, medio ambiente, casas, autos, alimentos; es una herramienta valiosa para alcanzar la salud tanto

Diagrama 6. Flujo vertical

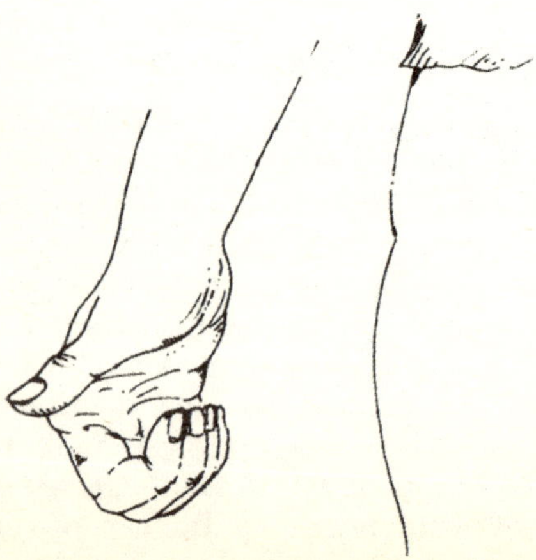

Registre el flujo vertical con el movimiento oscilatorio de la mano con los dedos doblados apuntando hacia arriba.

en el hogar como en la calle. Esta técnica puede emplearse para elegir los alimentos y medicamentos adecuados, encontrando la dosis y potencia necesarias para nosotros, nuestra familia y amigos. La única regla de oro que debe recordar consiste en que la mente y las emociones deben permanecer neutrales durante la evaluación; toda la atención ha de centrarse en el objeto o persona que se está evaluando. Es sumamente útil meditar antes para evitar afectar la prueba de iones con sus propias emociones y pensamientos.

Para probar el alimento destinado para su uso, simplemente mantenga la muestra en una mano registrando energías con la otra. Un habitual flujo iónico fuerte durante el proceso indica que el alimento es compatible con su campo de energía. Después de practicar un poco con los alimentos, puede evaluar vitaminas y minerales de la misma manera, así como determinar la dosis. Cuando se va de compras o come en un restaurante, es más apropiado realizar las evaluaciones al observar el alimento percibiendo reacciones con la mano registradora que pueda levantar discretamente.

3
Ciclos y ritmos planetarios

Si bien este libro está dedicado a las energías de la Tierra, no podemos separar nuestro planeta de los demás cuerpos celestes ni de los efectos electromagnéticos que ejercen en él. Asimismo, hay una importante influencia por parte de la Luna que produce la marea. Su fuerza de gravedad cambia durante la rotación diaria de la Tierra y también en diferentes etapas de la revolución anual del planeta alrededor del Sol.

Algunos efectos astronómicos en la vida planetaria

Los cuerpos celestes y su efecto sobre nosotros han sido la inspiración no sólo de astrólogos, sino también de poetas, músicos y filósofos a lo largo de los siglos. Isaac Newton, siendo físico clásico, defendía apasionadamente no sólo las leyes astronómicas, sino también las astrológicas.

La astrología a veces se considera el primo pobre de la astronomía, pero las investigaciones científicas empiezan a cambiar esta percepción. El psicólogo francés Michel Gauquelin y su esposa investigaron las cartas astrales de miles de individuos y llegaron a la conclusión de que ciertos planetas tenían una relación con los puntos prominentes o "ángulos" en dichas cartas, indicando tanto el temperamento como la actividad o profesión. Entre los grupos estudiados había muchos deportistas célebres con la prominencia de Marte y científicos con la prominencia de Saturno; médicos que presentan zonas de Luna y actores, políticos y diplomáticos exitosos con un Júpiter prominente.[27]

Regresando a nuestro tema de las energías de la Tierra, se descubrió que dichas influencias planetarias están enfocadas principalmente a través del punto del zodiaco en el horizonte oriental en el momento de nacer (la fase ascendiente tradicional), así como en el punto del zodiaco que corresponde al punto más alto del cielo durante el nacimiento. Tradicionalmente, éste se conoce como Médium Coeli y nunca está directamente en lo alto con excepción del ecuador. El ángulo entre el ecuador y la eclíptica —que indica la trayectoria de la Tierra alrededor del Sol— explica por qué en las latitudes extremas la noche o el día pueden durar veinticuatro horas.

Conforme la Tierra orbita el Sol, se forman relaciones angulares diferentes con cada uno de los demás planetas, mismas que siguen sus propias trayectorias celestes. Se crean millares de pautas que afectan la vida en la Tierra. En el área de la astronomía, las investigaciones científicas han revelado que ciertas relaciones angulares entre Marte, Saturno y Júpiter corresponden con los ciclos solares y las epidemias.[28]

La rotación de la Tierra y los ritmos diarios

La rotación de la Tierra alrededor de su eje durante el lapso de veinticuatro horas propicia la creación de diferentes ritmos corporales que se conoce como ritmo circadiano. Dichos ritmos determinan nuestra manera de dormir y alimentarnos, así como una serie de funciones glandulares. Recorrer distancias largas durante un tiempo corto (por ejemplo, en avión) puede afectar profundamente nuestros ritmos. Una vez alcanzado el destino, nos sentimos aletargados todo el día y muchas veces nos cuesta trabajo dormir en la noche. Además, tenemos ganas de comer fuera de nuestro horario normal y presentamos irregularidades en la digestión. Muchas mujeres presentan también anomalías en la menstruación cuando viajan. En pocas palabras, nuestro reloj biológico enloquece.

Uno de los órganos que regulan la percepción del tiempo mediante el organismo es la glándula pineal, la misma que rige el sistema endocrino. Lo anterior significa que la glándula pineal o la epífisis dirige la actividad de otras glándulas, tales como la pituitaria (la hipófisis), la tiroidea, timo, la pancreática, las suprarrenales y las gónadas. La glándula pineal es un pequeño órgano en forma de pino situado en el centro del cerebro. Una de las hormonas que produce es la melatonina, cuya secreción se rige por los ciclos de noche y día; cuando viajamos, esta pauta se ve afectada. La producción pico de la melatonina es entre las 2 a.m. y las 4 a.m., el periodo de mayor oscuridad durante el ciclo de veinticuatro horas.

Algunas personas son muy sensibles a los cambios en la intensidad de la luz, razón por la cual se sienten sumamente deprimidos en el invierno, problema que se conoce como "trastorno afectivo estacional" o simplemente "depresión de invierno". El tratamiento consiste en la exposición a una luz intensa todos los días durante una hora.[29] Asimismo, se han realizado estudios clínicos para tratar este trastorno con la ayuda de medicamentos o melatonina. La glándula pineal produce otra hormona, la serotonina, que tiene una función central en el relajamiento; probablemente, ésta es una de las razones por las que viajar durante la noche puede provocar trastornos de sueño en las noches subsecuentes.

Uno de los primeros descubrimientos con respecto a la melatonina consistió en que su funcionamiento es antagónico a las glándulas reproductivas. Se halló que mujeres con problemas de infertilidad lograron concebir cuando durante la ovulación se dormían en una habitación iluminada. Dicho de otro modo, la producción excesiva de la melatonina en las horas nocturnas suprime la función de los ovarios; resulta que la luz puede ayudar a vencer este problema. Sería interesante saber si estas mujeres también padecían depresión.

El capítulo 9 relata la historia del descubrimiento hecho por Fran Nixon en cuanto a que las capas de energía en la Tierra que corresponden a la frecuencia de la glándula pineal se activan cuando el Sol está próximo al meridiano: esto es, de 10 a.m. a 2 p.m. El lapso concreto puede variar un poco dependiendo de la latitud del lugar en el planeta. Existen métodos para mejorar el estado de la glándula pineal usando las frecuencias provenientes de las mencionadas capas energéticas. La glándula parece que está relacionada con la recepción de la luz tanto física como espiritual, así que su salud es importante desde muchos puntos de vista. Su funcionamiento no sólo se ve afectado por el ciclo del día y la noche, sino que también puede reflejar las relaciones entre el Sol, la Luna y la Tierra.

La revolución diaria del planeta crea energías conocidas desde hace mucho tiempo por los gurús de las prácticas espirituales o de meditación. Una de las recomendaciones que siempre nos dan es meditar en la madrugada, tan cerca del alba como sea posible. Se cree que una energía especial fluye hacia nosotros cuando el Sol se alza por el este, energía que es bastante diferente a la que proviene del calor solar cuando el astro se encuentra en su punto máximo en el cielo. Muchas personas que ejercen la meditación han descubierto que hay tres puntos importantes en el día para la meditación: el alba, el mediodía y el ocaso. Cada uno de estos puntos trae consigo un tipo particular de energía fundamental para nuestro equilibrio espiritual.

La relación entre el Sol, la Luna y la Tierra

La Luna es el cuerpo celeste más cercano a nuestro planeta y ejerce la fuerza gravitacional más notoria que se manifiesta en forma de mareas oceánicas que ocurren una vez cada veinticuatro horas. Con la luna llena y la luna nueva se produce otro tipo de marea, conocida como marea viva. La luna nueva y luna llena se producen cuando el Sol, la Luna y la Tierra se encuentran alineados en la misma longitud celestial. De vez en cuando, ocurre que los tres cuerpos se encuentran en la misma latitud, lo cual hace que la luna obstruya la luz solar o que el Sol bloquee la luz que refleja la Luna. Estos fenómenos se denominan eclipses solares o lunares. Hablamos del eclipse solar cuando la Luna se interpone entre éste último y la Tierra durante la fase de luna nueva.

Las personas supersticiosas siempre han considerado estas desapariciones temporales de luz como un mal augurio. Es comprensible, pues la ausencia de la luz física bien puede simbolizar la huida de la espiritual. Como dato curioso, mencionaremos que a principios de la Guerra del Golfo Pérsico en los primeros meses de 1991, se registró un eclipse solar. Cabe mencionar que esta guerra surgió en respuesta casi universal, cuando muchas naciones se aliaron en contra del agresor, Irak. Las reacciones de los países de mundo a la Guerra de Golfo se pueden considerar como un hito en el sentido espiritual, no obstante ciertas segundas intenciones con respecto a las reservas de petróleo en el Medio Oriente. Por lo tanto, a pesar de que el eclipse presagiaba catástrofe desde muchos puntos de vista, la guerra se convirtió en el primer acto de la humanidad como aldea global del que se tiene conocimiento.

Si analizamos los procesos que posiblemente ocurren durante las alineaciones entre el Sol, la Luna y la Tierra, podemos llegar a la siguiente consideración. Cuando se produce la luna nueva, ésta se encuentra entre la Tierra y el Sol, de modo que sería lógico suponer que su efecto gravitacional sobre la Tierra fuera considerable. Dado que en todas las religiones y culturas el Sol simboliza la luz espiritual, no sería errónea la interpretación de la luna nueva como símbolo de una obstrucción temporal de la luz espiritual que ilumina el planeta. Es por ello que en algunas culturas se considera que éste es el periodo cuando tradicionalmente el mal encuentra un camino más fácil al mundo. Durante los eclipses solares, se cree que este efecto aumenta.

En cuanto a las influencias más individuales de la Luna, recuerdo haber leído sobre una investigación médica, según la cual la hemorragia durante la cirugía era más probable cuando había luna llena.[30] Puede suceder que el efecto gravitacional de la Luna en los fluidos sea más fuerte en este periodo, lo cual afectaría la circulación sanguínea. Si bien la ciencia médica no lo ha comprendido bien, no corremos ningún riesgo porque la tecnología moderna permite evitar este peligro.

Otro tipo de eclipse se produce durante la luna nueva cuando la Tierra se interpone entre el Sol y la Luna. Desde la perspectiva astronómica, esto significa que la Luna se encuentra del otro lado de la Tierra y bloquea toda la luz proveniente de la Luna que cae en un lado del planeta. Una vez más, este efecto se produce debido a la alineación del Sol, la Luna y la Tierra en la longitud y la latitud, puesto que este fenómeno que implica la desaparición de la luz solar, tradicionalmente no se considera como periodo de peligro.

En efecto, en el periodo que ocurre durante la alineación mensual del Sol, la Tierra y la Luna podemos experimentar una penetración más profunda y cercana en los niveles espirituales. Es buen tiempo para tomar la energía de una constelación particular detrás del Sol para curar nuestros propios males, así como los del planeta y los reinos naturales. Durante este proceso, la Luna refleja a la Tierra las energías que le llegan del Sol y las constelaciones lejanas en vez de transmitir su propia energía.

En contraste con otros planetas del sistema solar, la Luna se considera un planeta muerto y en estado de desintegración que brilla solamente por reflejar la luz que proviene del Sol. Según las enseñanzas de la sabiduría antigua, los planetas principales se consideran como cuerpos físicos dotados de gran inteligencia... menos la Luna.[31]

En el transcurso del año, tenemos la oportunidad de recibir la energía de cada uno de los signos de zodiaco conforme la Tierra gira alrededor del Sol. Dichas energías se perciben de una manera más plena en las meditaciones grupales, debido a que el canal que se crea en este caso es más ancho. La otra ventaja de meditaciones grupales consiste en proteger a sus integrantes del contacto de las energías más potentes. Cada mes, muchos individuos y grupos en todo el mundo celebren la luna llena como un festival espiritual.

Los budistas celebran la luna llena del mes de mayo durante un festival religioso llamado Vesak. Esta luna llena con frecuencia se llama la luna llena de Tauro, puesto que en este lapso la constelación de Tauro está alineada con el Sol. El citado festival también representa un día ensalzado para un importante grupo de occidentales, quienes se reúnen para transmitir las energías espirituales a nuestro planeta. Alice Bailey es una de los autores que en sus obras se concentra en el tema de la luna llena como medio de encontrar el equilibrio con la jerarquía espiritual o los maestros internos en los reinos planetarios subjetivos.[32]

En la cultura celta, el primero de mayo era un día importante marcado por el festejo de un ritual pagano para celebrar la fertilidad de la tierra, en el cual los participantes se unían en una orgía sexual. La idea era transmitir esta expresión de fertilidad humana a la tierra para bendecir la cosecha. Con el paso de los siglos, este impulso espiritual que la cultura celta daba al festejo probablemente se fue desvaneciendo hasta perder su significado inicial.

La influencia de la marea en nuestra energía

Día con día, conforme la Tierra gira alrededor de su propio eje, se produce un ciclo menor, en el cual las alineaciones entre el Sol, la Luna y la Tierra originan las mareas diarias. En un lapso de veinticuatro horas, ocurren dos mareas altas y dos bajas (pleamar y bajamar, respectivamente). La pleamar empieza cuando la Luna está directamente encima del sitio en cuestión y también cuando se encuentra del lado opuesto del planeta. Durante los dos bajamares que se dan al día, la Luna forma un ángulo recto con respecto al lugar en la Tierra donde se observa la marea; esto es, al este o al oeste del sitio en cuestión.

Durante la luna llena y la luna nueva se registran mareas adicionales, las llamadas vivas o sizigias. Las mareas muertas o de cuadratura se producen cuando el Sol y la Luna forman un ángulo recto uno con respecto al otro. La diferencia entre las mareas diarias y mensuales consiste en que éstas se producen a causa de la rotación de la Tierra y aquéllas, debido a la influencia del paso de la Luna alrededor del planeta.

El científico médico H.S. Burr llevó a cabo un experimento de treinta años de duración para estudiar el impacto de las mareas en el reino vegetal. Lo que hizo fue sujetar eléctrodos al cámbium —el tejido vegetal— de algunos árboles que estaban en sus tierras en el estado de Connecticut, Estados Unidos. Sus investigaciones estaban diseñadas para demostrar la influencia de los ritmos planetarios en los campos de vida (campos V).[33]

Burr determinó que el movimiento giratorio de la Tierra alrededor de su propio eje, las lunas nuevas y llenas, así como las temporadas que surgen conforme el planeta orbita el Sol, definitivamente dejaban un impacto en el campo electromagnético (el campo V) de los árboles que estaba estudiando. La intensidad del campo V oscila de acuerdo con los movimientos planetarios. Sería un tanto complicado reproducir semejante experimento con humanos, pero no cabe duda de que si un reino natural da indicios de ser afectado de esta manera, podemos inferir que los demás reinos también son propensos a dicha influencia.

Otro ejemplo de la repercusión de la marea en los seres vivos se reveló hace mucho por los científicos que estudian los ostiones. Unas semanas después de que estos moluscos fueron transportados a miles de kilómetros de su hábitat, el tiempo cuando abrían las conchas cambió de acuerdo con la nueva posición geográfica.[34] En otras palabras, en el nuevo lugar los ostiones se adaptaron a la alineación entre el Sol, la Luna y la Tierra. Esto indica que el efecto gravitacional de la Luna sobre los seres vivos se percibe también cuando se trata de especies que viven lejos del mar y no experimentan directamente las mareas.

El ciclo menor de la marea diaria también puede usarse con fines espirituales y para la meditación. De acuerdo con las experiencias de las personas que se dedican a la meditación en cuanto a que el alba y el ocaso son periodos apropiados para la meditación, se puede afirmar que la bajamar, cuando la Luna está en el horizonte, también es propicia para dicha actividad, pues fomenta el equilibrio y la penetración espiritual. Desgraciadamente, sucede que las mareas diarias se producen con una hora de diferencia, por lo que es imposible meditar con la marea baja todos los días a la misma hora. Sin embargo, alrededor de cada unos doce días la bajamar coincide con el alba y el ocaso, creando la energía que se ve reforzada aun más con el Sol y la Luna alineados en nuestro horizonte planetario.

De mi colaboración con Fran Nixon surgió una razón práctica por la que los movimientos de los planetas pueden tener influencia en nuestra conciencia. Fran descubrió que el pensamiento creativo se veía estimulado por los receptores corporales asociados con el vector vertical del elemento llamado cromo. La mayoría de los elementos en el cuerpo humano tienen vectores verticales y horizontales. Usamos el término vector porque a la vez que indica dirección también denota fuerza y velocidad. No obstante, por el afán de sencillez, a lo largo del libro utilizo principalmente los términos flujo, onda o dirección, más que vector.

Muchos receptores de elementos en el cuerpo humano se inactivan durante los periodos de luna nueva y llena y de marea alta y baja.[35] Pero los receptores verticales de cromo son más potentes durante las pleamares y bajamares; es probable que constituyan el medio físico de la conexión con los niveles superiores de manifestación.

Asimismo —y esto parece ser más importante—, Fran descubrió que las relaciones angulares o matemáticas entre los tres cuerpos celestiales (el Sol, la Luna y la Tierra) se reflejan en el canal vertebral de la columna vertebral entre la altura del ombligo y el timo. Se descubrió que durante la pleamar los vectores de la luz que acompañan este fenómeno entran en la espina dorsal verticalmente, mientras que durante la bajamar los vectores de la luz están a ángulos rectos.

En muchas disciplinas espirituales se considera que los canales sutiles asociados con la espina dorsal albergan los flujos de energía que guardan una relación directa con nuestro crecimiento y práctica espirituales. La filosofía oriental destaca tres canales: Ida, Píngala y Sushumna. El primero es masculino, el segundo femenino y el canal central, Sushumna, es andrógino. Estos canales están conectados con los chakras —centros de energía— que se analizan en el capítulo 8.

A medida que se activan y se purifican nuevos centros, las energías en el canal vertebral suben hacia la cabeza. Estos canales sutiles y corrientes vertebrales se conectan con glándulas endocrinas en la cabeza mediante los dos chakras de la cabeza. La glándula pituitaria está conectada con el canal femenino, el cual a la vez se enlaza con dos chakras responsables por nuestra vida creativa: el chakra esplénico y el laríngeo. El canal masculino depende de otros dos chakras: el plexo solar y el corazón. El canal central está relacionado con el chakra fundamental y el coronario, que se activan en el último lugar.

El tercer ojo se desarrolla a partir de la unión de los campos magnéticos que rodean la glándula pituitaria y la glándula pineal. La conexión entre las dos nace en la etapa de nuestra vida espiritual cuando las energías pueden viajar sin obstáculos por los canales vertebrales. Esto coincide con la apertura de todos los chakras y el alineamiento entre ellos. Visto desde una perspectiva psicoespiritual, hay un paralelo con el equilibrio entre la personalidad íntegra y el alma, la esencia interna. Esto se conoce como el verdadero matrimonio en el cielo y nos permite experimentar el cielo en la Tierra.

Durante la marea alta y baja, así como en los periodos de luna nueva y llena, la influencia gravitacional del Sol y de la Luna puede afectar los fluidos en la columna vertebral, lo cual puede verse reflejado en las corrientes de energía más sutiles en los canales vertebrales. He observado que muchas veces la meditación es más poderosa durante la marea baja. No olvide que las mareas diarias ocurren con una hora de diferencia, por lo que no siempre podemos usar el mismo horario para las meditaciones. Sin embargo, es útil saber cuándo se puede esperar el próximo ciclo de la marea. Gracias a Fran Nixon aprendí un método valioso para determinar la posición exacta de la marea sin tener que consultar ninguna tabla o mapa.

Fran llama este método "localización del flujo solunar". Este término significa el lapso entre el pleamar y bajamar con una duración aproximada de seis horas. Los pescadores siempre han usado los tiempos de las mareas para determinar la mejor hora para la pesca. Durante las vacaciones en la playa puse a prueba el método desarrollado por Fran, utilizando para esto las tablas que publican la mayoría de los periódicos locales. Fran se refería a la marea baja como el periodo menor, el cual dura aproximadamente veinte minutos; la marea alta es el periodo mayor y tiene una duración de más de una hora. Estos ritmos se reflejan en el organismo sin importar la distancia del mar.

Antes de describir el método, es necesario que el lector encuentre el dedo apropiado para la prueba. Para fines de este ejercicio no vamos a utilizar el dedo medio ni el que usamos para la evaluación del flujo iónico. Una vez que determinemos qué dedo se va a usar, vamos a emplear este mismo dedo para todas las evaluaciones que realicemos de la cintura para arriba. Si se está encima o debajo de su vivaxis, se debe usar el índice o el anular, respectivamente. Si estamos encima del vivaxis, la función del dedo registrador lo va a tener el índice y el anular si estamos abajo. No olvide que usó el dedo medio para la evaluación el flujo iónico y que este dedo será el que se va a usar para esta finalidad independientemente de nuestra ubicación.

Hasta que conozca el método para determinar la posición con respecto al vivaxis, el enfoque más sencillo que puede utilizar consiste en intentar primeramente el índice y después el anular hasta que sienta la respuesta en la mano registradora. Se usa la mano izquierda, ya que el flujo de nuestro vivaxis se recibe por el brazo y la pierna izquierdos.

Métodos para encontrar las mareas y los periodos de flujo solunares

Primer método

Las influencias gravitacionales del Sol y la Luna se desplazan hacia arriba y hacia abajo por una banda de 1.28 cm de ancho que Fran Nixon llamó tracto del flujo solunar. Comienza en el punto de encuentro de las clavículas justo en el centro y baja hasta el ombligo. El principio del comienzo del tracto está encima de una glándula llamada timo. La parte superior del tracto sirve para recibir energía durante el periodo mayor (el cual corresponde a la marea alta), mientras que la parte que se encuentra a la altura del ombligo corresponde al periodo menor o marea baja (ver diagrama 7).

Diagrama 7. Determinación del flujo solunar y de las mareas alta y baja

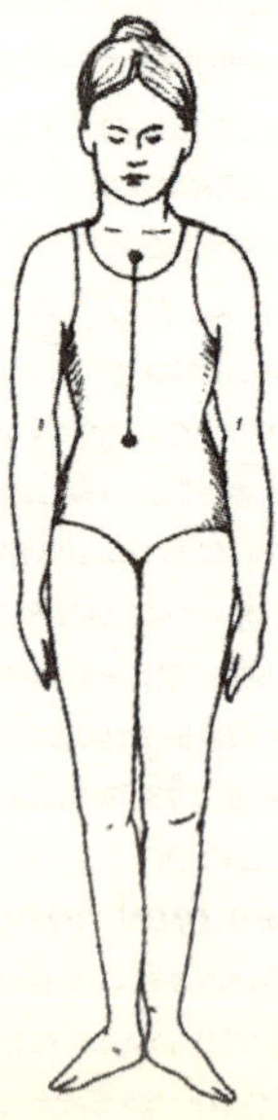

El ciclo que consiste en la marea alta, la marea baja y el periodo intermedio se llama periodo de flujo solunar y se registra en el tracto solunar.

Dado que los términos periodo mayor y menor no son de uso universal, me limitaré a los de marea alta y baja.

1. Viendo hacia los cuatro puntos cardinales, evalúe el flujo iónico para asegurarse de que esté lo suficientemente balanceado. Si es necesario, equilibre el flujo iónico antes de proceder con la localización del flujo solunar. Póngase viendo hacia el oeste y concentre sus pensamientos en el Sol. (Ignoro por qué el Sol está relacionado con el oeste y la Luna con el sur, pero la práctica confirma estas experiencias. En otras palabras, si está viendo hacia el oeste y se concentra en la Luna, la respuesta del brazo registrador será nula. De igual manera, si está viendo hacia el sur y registra los movimientos de la Luna, el brazo registrador dejará de responder tan pronto como se concentre en el Sol.)
2. Sin presionar, coloque la punta del dedo de prueba (el índice o el anular de la mano izquierda) en el punto superior del tracto. Prepare la otra mano para registrar apartándola un poco del cuerpo y manteniendo los dedos relajados pero extendidos.
3. Gradualmente baje el dedo de prueba a lo largo del tracto en pequeñas porciones. No jale el dedo, porque esto produce interferencia en la superficie del cuerpo. Es asimismo importante que no presione sobremanera; dado que está midiendo energías sutiles, la prueba se puede llevar a cabo haciendo que el dedo se deslice por la superficie sin tocarla por completo. En un punto a lo largo del trayecto, el brazo registrador comenzará a moverse. Detenga el dedo en este momento y espere unos treinta segundos. Pasados unos segundos, los movimientos del brazo registrador cesarán, debido a que la columna vertebral ya registró un pequeño cambio en la posición de la marea.
4. Ahora necesita saber si el movimiento se realiza hacia la marea alta o la baja. Mueva el dedo de prueba un poco para determinar la nueva posición. Dado que el flujo puede ascender o descender durante la evaluación, puede que necesite mover el dedo hacia arriba o hacia abajo por el tracto solunar para encontrar la nueva posición de la marea. De esta manera, podemos averiguar si nos estamos moviendo hacia una marea alta o una baja. El punto en el tracto solunar donde se ha registrado el flujo en cualquier momento nos puede dar un estimado del tiempo transcurrido entre la marea alta y la baja, esto es, qué tanto nos adentramos en el periodo del flujo solunar.
5. Para algunas personas puede ser más fácil concentrarse en la Luna que en el Sol, aunque en este caso necesitan orientarse hacia el sur durante el ejercicio. El oeste y el sur están relacionados con las posiciones del Sol y la Luna tal y como el cuerpo las percibe. Si la persona que está realizando el ejercicio se orienta hacia otras direcciones, se re-

gistraría diferente posición del cuerpo con respecto al flujo de la marea, dando un resultado menos exacto. Es de suponer que esto tiene que ver con el hecho de que la relación angular del Sol y la Luna con respecto a la Tierra está de alguna manera asociada con el oeste y el sur.

6. Es probable que sea necesario saber el tiempo que falta para que la marea alta o la baja concluya. Para evaluar el tiempo restante de la primera, mantenga el dedo de prueba en el punto que está encima del timo e incline la cabeza lentamente hacia atrás. En un punto de este movimiento, el brazo registrador dejará de registrar. El ángulo total entre la posición vertical y la horizontal equivale a ochenta minutos; así, si el registro cesa cuando la cabeza esté a mitad del ángulo, le quedarán cuarenta minutos. En el caso de la marea baja, la cabeza se inclina hacia delante hasta que el brazo deje de registrar. El cálculo es parecido al anterior con excepción de que el periodo menor, correspondiente a la marea baja, dura sólo veinte minutos. Por ejemplo, si la cabeza está a la mitad del camino entre dos posiciones extremas cuando el registro cese, sabemos que transcurrió la mitad del periodo menor, esto es, diez minutos.

Segundo método

Las energías gravitacionales del Sol viajan siguiendo un arco a lo largo del hueso llamado mastoides que está detrás de la oreja derecha, mientras que las de la Luna siguen la misma trayectoria del lado izquierdo. En la evaluación de las mareas utilizando los oídos, la posición de la marea alta y la baja se encuentra invertida con respecto a su posición en la columna vertebral: el periodo mayor, correspondiente a la marea alta, se encuentra en la parte inferior del oído, en tanto que el periodo menor —la marea baja— está en su parte superior.

1. Al igual que con el primer método, revise el flujo iónico. Si está usando el oído derecho, colóquese viendo al oeste y concentre sus pensamientos en el Sol. Coloque la punta del dedo de prueba en la mastoides y mueva el dedo en pequeñas porciones siguiendo un arco que va de la parte inferior a la parte superior de la oreja. Registre la posición exacta de la marea del mismo modo que con el primer método.
2. Si prefiere usar el oído izquierdo, colóquese con dirección al sur y concéntrese en la Luna, moviendo lentamente el dedo de prueba a lo largo de la mastoides de igual manera que en el inciso anterior. Para saber el tiempo que falta para la conclusión del periodo mayor o menor, se usa el mismo procedimiento que en el primer método.

Descubrí que en mis clases es más problemático usar el segundo método, puesto que muchas personas tienen antecedentes clínicos de enfermedades de oídos, lo cual parece que afecta el registro de energías mediante esta parte del cuerpo. Además, es un área muy reducida en comparación con el tracto entre el timo y el ombligo, lo cual permite una mayor diferenciación. Sin embargo, el primer método también puede tener ciertas dificultades si el paciente ha padecido problemas de espalda. Por esta razón resulta apropiado tener dos alternativas.

Conforme vayamos viendo los diferentes tipos de flujos energéticos y minerales que alberga el cuerpo, la importancia de saber trabajar con las mareas se volverá más obvia. Durante la marea alta y baja, algunos de estos flujos desaparecen hasta el regreso del flujo solunar. Por ende, no podemos trabajar con dichas energías durante la marea. He descubierto que el mismo fenómeno, aunque de mucho mayor duración, ocurre cuando hay luna nueva y luna llena. En este periodo desaparecen una serie de flujos cuatro horas antes y cuatro horas después.

Este fenómeno nos puede explicar por qué algunas personas pierden el equilibrio durante la luna llena. Por ejemplo, si uno tiene carencia de minerales que coinciden con las frecuencias que van a desaparecer, probablemente se sentirá más perturbado en contraste con los individuos que tienen reservas más amplias de dichos minerales. Podremos citar el ejemplo del cromo, el cual participa en la regulación de la concentración de azúcar en la sangre realizada por el páncreas. Es posible que algunas personas estén más propensas a sufrir hipoglucemia —bajo nivel de glucosa en la sangre— durante la luna nueva y la luna llena, así como en los periodos de mareas altas y bajas. La deficiencia de zinc puede tener consecuencias parecidas. Los homeópatas constantemente observan que el estado de salud de los individuos con desequilibrios de sílice suele empeorar durante la luna nueva.

El saber localizar las mareas no sólo es útil para mejorar la calidad de la meditación, sino también desde el punto de vista práctico para poder determinar el mejor horario para conectarse con las frecuencias de diferentes minerales esenciales para una buena salud.

4
El baile vibratorio de los elementos

Uno de los avances más emocionantes de la medicina naturista es la información que estamos recopilando con respecto a las frecuencias vibratorias vitales. Cada vez es más obvio que la buena salud se alcanza mediante la restauración de las frecuencias apropiadas en diferentes órganos del cuerpo. Con el paso del tiempo aprenderemos exactamente qué sonido, color, mineral, hierba, remedio homeopático o esencia floral pueden corregir el desequilibrio en las frecuencias de nuestro cuerpo. Encontraremos remedios apropiados para el estado de enfermedad que restablecerán el estado de salud y la armonía de las personas.

La ciencia ya estableció las frecuencias de los elementos que conforman la tabla periódica. Cada uno de los elementos emite cierta frecuencia relacionada con el peso atómico del elemento. En este capítulo, conoceremos las frecuencias exactas vitales para la salud y aprenderemos a localizar los receptores de dichos elementos en nuestro cuerpo.

Frecuencias vitales y la salud

Nuestro cuerpo contiene todos los elementos de la tabla periódica que son esenciales para la salud y la vida: hidrógeno, oxígeno, nitrógeno, carbono, calcio, sodio, magnesio, azufre, potasio, cloro, flúor, fósforo y muchos más. Desde luego que numerosos elementos que se pueden encontrar en el planeta son perniciosos para la salud. Los elementos dañinos son: plomo, cadmio y mercurio, por citar sólo algunos.

Fran Nixon descubrió que el cuerpo tiene receptores para todos los elementos vitales. Muchos receptores clave se encuentran en los dedos de las manos y los pies, así como alrededor de ojos y en la cabeza. Fran halló que dichos receptores son responsables de transmitir energía de una parte del cuerpo a otra, además de que están relacionados con el movimiento de cualquier parte de cuerpo. En todos los casos que estudió de parálisis o imposibilidad de moverse normalmente, Fran descubrió receptores bloqueados en la cabeza, los dedos de las manos y los pies.

En las enseñanzas de medicina china, aparecidas hace miles de años, se establece que la energía corporal corre por conductos especiales llamados meridianos. Tradicionalmente se destacan doce meridianos principales, además de muchos secundarios que sólo recientemente se han convertido en el tema de muchos estudios. Los puntos de acupuntura a lo largo de los meridianos tienen una resistencia eléctrica más baja en comparación con la piel que las rodea. Los métodos actuales permitieron detectar los puntos al medir la resistencia de la piel con instrumentos físicos sencillos. Los médicos que ejercen la acupuntura utilizan dichos puntos para unir los meridianos entre sí con la finalidad de restablecer el equilibrio energético en el cuerpo. Así, si se descubre que el hígado se encuentra congestionado con exceso de energía, se colocan agujas en puntos determinados, lo que permite desviar el exceso de energía del hígado a otro órgano que, en contraste con el hígado, puede presentar déficit energético.

Si bien Fran Nixon no tenía absolutamente ningún conocimiento previo de acupuntura, los científicos han descubierto que muchos de los puntos que ella llamó receptores corresponden a los puntos de acupuntura. Tampoco es de sorprender que Fran haya logrado encontrar minerales relacionados con los receptores, puesto que los minerales son necesarios para las corrientes eléctricas, incluso las corrientes más débiles que fluyen en el organismo. En mi experiencia, algunos individuos responden mejor a la acupuntura que otros, lo cual debe de estar relacionado con el vínculo parcial que existe entre la respuesta y el nivel de minerales en su organismo.

Sin embargo, el cuerpo sólo puede absorber los minerales que están en una forma fácil de asimilar, ya sea con los alimentos vegetales —que, por cierto, representan el alimento y medicamento idóneo para los humanos— o mediante preparados coloidales con una suspensión muy diluida de minerales. Los minerales son el material de construcción primordial de las células, razón por la cual su presencia en el cuerpo, dado que está equilibrada y tiene las frecuencias adecuadas, es de suma importancia para la salud.

Como habremos de ver a continuación, estas frecuencias están disponibles directamente del planeta, lo que es a la vez más barato y más sencillo. Podemos hacerlo alineándonos con las capas energéticas que atraviesan toda la Tierra (ver el capítulo siguiente para una descripción más detallada). Por ahora debemos aprender a trazar el mapa de minerales en nuestro cuerpo, proceso que mejor se lleva a cabo con las manos.[36]

Frecuencias minerales en las manos

Ahora que ya sabemos evaluar el flujo de los iones, podemos proceder con la localización de minerales relacionados con el cuerpo. Para esto, necesitamos tener los circuitos purificados (ver pág. 31) y estar seguros de que estamos dentro del periodo del flujo solunar (el espacio entre la marea alta y la baja). Es durante este periodo de seis horas cuando todas las frecuencias elementales están presentes y equilibradas. Por ende, ésta es la hora más apropiada para hacer casi todos los procedimientos de evaluación y corrección de los flujos energéticos.

Antes de proceder con la revisión de los receptores de elementos en el cuerpo, debemos aprender a visualizar mentalmente cada una de las sustancias. Para este propósito, puede ser útil guardar una colección de muestras minerales. Empiece a formar su colección con una pequeña cantidad de uno de los elementos más importantes, el óxido de cromo, que puede encontrar en muchas tiendas que venden artículos de alfarería o cerámica. Viene en forma de polvo y es de color verde pasto. Es importante que grabe su frecuencia en la mente, porque vamos a necesitar visualizar el cromo a la hora de buscar las capas energéticas. Una vez que haya aprendido a visualizar mentalmente el cromo en su forma material, podrá evocar su frecuencia con tan sólo pensar en la muestra. No siempre es necesario tenerla frente a los ojos cuando se están realizando las pruebas.

Los lectores seguramente conocerán las frecuencias de muchos elementos de sus experiencias cotidianas. Por ejemplo, todos conocemos el aspecto del cobre (en tubos), hierro (clavos), calcio (gis) y sodio (sal común). Otras sustancias, tales como el yodo o el zinc, se venden en farmacias, mientras que los elementos más raros, como es el selenio, están disponibles con los proveedores de sustancias químicas. Puede conseguir algunos de los elementos en las tiendas naturistas o de nutrición; así, el magnesio se comercializa en forma de óxido de magnesio. Adquiera pastillas en las que la sustancia que busca no esté combinada con otras vitaminas o minerales para evitar confusiones a la hora de absorber una longitud de onda en particular.

El aprender a distinguir las frecuencias minerales del cuerpo nos permite abrir un capítulo nuevo de nuestra vida gracias a la nueva capacidad de visualizar y diagnosticar las frecuencias de cualquier objeto en el planeta, además de poder determinar su compatibilidad con nuestra salud. A lo largo de los años aprendí que la manera más fácil de reconocer las diferentes frecuencias es empezar con aquellas que se pueden hallar en nuestro propio cuerpo.

Método para determinar frecuencias minerales

1. Levante la palma de la mano a una distancia cómoda para los ojos y concentre la mirada en el centro de la yema del dedo medio. Visualice cromo en este sitio y asuma la posición de registro del flujo iónico con

la otra mano para detectar la presencia del cromo. Los dedos de la mano registradora deben estar extendidos. Ésta es la posición de la mano para registrar el flujo horizontal de un elemento.

Si no detecta ninguna respuesta, mantenga la mano registradora en la misma posición pero en esta ocasión doble ligeramente los dedos hacia arriba (ver diagrama 6 en la pág. 57). Esta posición permite registrar el flujo vertical. En una mano, los receptores horizontales de cromo estarán en la yema del dedo, mientras que en la otra mano tendrán la forma del flujo vertical en la yema. El reverso de los dedos, la uña, registrará el fenómeno contrario; esto es, si el flujo horizontal se detecta en las yemas, el de las uñas va a ser vertical.

Ahora que ha encontrado el sitio de los receptores verticales y horizontales de cromo, podemos proceder con otros elementos en los dedos. Los dedos índice y anular son un tanto más complicados, ya que pueden tener receptores de cualquiera de los tres elementos.

2. Todos tenemos receptores de la frecuencia de hierro en ambas manos, ubicados ya sea en el índice o el anular de tal manera que los dedos no se repiten: por ejemplo, si tiene el hierro en el índice de la mano derecha, también lo tendrá en el anular de la izquierda. Por lo general, los flujos horizontales se ubican en las yemas de dichos dedos, mientras que los verticales están en las uñas. Usando los mismos procedimientos que en el caso del cromo, visualice el hierro y evalúelo.
3. Primero trate de detectar flujos horizontales en el índice y el anular al visualizar el hierro en las yemas (imagínese unas uñas metálicas) y, si éstos no se pueden detectar, busque el flujo vertical visualizando el hierro mientras mantiene la mano registradora en la posición vertical. Una vez que conoce el dedo que tiene la frecuencia del hierro, podemos trabajar con el índice y el anular restantes. Es útil preparar un bosquejo para que le ayude en este tipo de evaluaciones (ver diagrama 8 en la siguiente página).
4. El anular y el índice que quedan tienen receptores de zinc o de yodo dependiendo de la persona. Aún no se ha comprendido por qué algunas personas tienen afinidad con el yodo y otros con el zinc, pero esta relación puede estar vinculada a las glándulas endocrinas. El zinc suele asociarse con gónadas —ovarios o testículos—, en tanto que el yodo tiene relación con la tiroides. Gracias a mi experiencia de muchos años en la enseñanza de estas técnicas, aprendí a reconocer casi de inmediato el tipo de mineral de una persona simplemente por su personalidad y constitución.

Son más comunes los individuos afines al zinc. Generalmente son de una constitución más robusta; a diferencia de ellos, las personas con receptores de yodo son más activos intelectualmente. Estas diferencias

Diagrama 8. Grupos de elementos en el centro del dedo

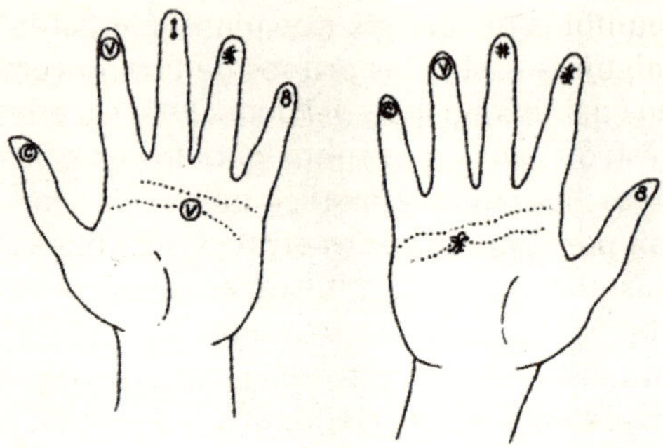

© cobre
Ⓥ grupo gravitacional
↨ cromo vertical
✱ grupo magnético
8 selenio
cromo horizontal

adquirirán mayor significado cuando analicemos los chakras o centros de energía en los capítulos posteriores. Primero evalúe su afinidad con el zinc al imaginarse la crema de zinc en los dedos y si esto no le ayuda, trate de visualizar el yodo.

5. Así pues, nos quedan el pulgar y el meñique, los cuales están relacionados con el cobre y el selenio. Si la yema del pulgar de la mano derecha es afín al selenio, en el pulgar izquierdo tendríamos cobre. Las posiciones del cobre y selenio en el meñique y el pulgar son cruzadas: esto es, si tenemos cobre en el meñique derecho, en el izquierdo se detectará selenio. Repita el procedimiento al igual que con los otros elementos, primero visualizando el cobre y después el selenio en el centro de la yema del pulgar. Lo más probable es que tenga que adquirir una pequeña cantidad de selenio con algún fabricante de sustancias químicas para poder imaginar este elemento (la mayoría de las pastillas que tienen selenio éste está mezclado con otros ingredientes). Una vez que sepa si el cobre está presente en la yema del pulgar o el meñique, puede asumir sin temor a equivocarse que el selenio está en el dedo opuesto al que tiene cobre.

En resumen, todos tenemos pares verticales y horizontales de los elementos en ambos manos. El sentido en el que corre el flujo cambia de dirección dependiendo del dedo; la posición de los minerales también varía de mano a mano. Como se mencionó anteriormente, si el hierro se detecta en la yema del índice derecho, también estará en la yema del anular izquierdo. Además, si tenemos hierro con un flujo vertical de un lado del dedo, se podrá detectar el flujo horizontal del citado elemento del otro lado.

Todos estos cambios de energía nos mantienen atentos a los eventos del registro. En algunos casos, los grupos de cromo vertical y horizontal estarán mezclados del mismo lado del dedo. Esto sucede cuando estamos viendo hacia nuestro vivaxis o estamos parados en una capa energética. En estas posiciones las ondas gravitacionales y magnéticas, al decir de Fran, se desplazan paralelamente. En otras posiciones se encuentran a un ángulo recto unas con respecto a las otras, como sucede alrededor de un cable eléctrico.

Cuando se está visualizando estos elementos, ayuda mucho imaginar que el dedo en realidad tiene el elemento en cuestión. De esta manera, podrá evitar estar consciente de la vibración o la frecuencia sólo a nivel mental. Algunas personas tienen más talento que otras para las visualizaciones, aunque pocas veces me ha tocado un cliente que de plano no pueda evaluar los elementos en las yemas.

No es raro que alguien tenga dificultades para encontrar un mineral si presenta deficiencia del mismo en el organismo. Me acuerdo que en uno de mis seminarios, una señora no podía encontrar el hierro porque era propensa a la anemia. Cuando le ayudamos a "canalizar" el hierro de la capa energética correspondiente, logró practicar el ejercicio con mejores resultados. Muchas personas presentan deficiencias de zinc y selenio, mientras que otras pueden necesitar suplementos de cromo y yodo.

La posición exacta del receptor está en el centro de la espiral en la yema del dedo. Si observa atentamente su mano, verá que en su superficie se ve una multitud de líneas delgadas llamadas dermatoglifos. En las yemas de los dedos, estos surcos generalmente forman una hélice o, cosa mucho menos frecuente, una especie de espiral. No hay necesidad de mirar precisamente a este sitio cuando se están evaluando; dirija su mirada en el centro aproximado de la yema del dedo.

La visualización del elemento central en el dedo es importante porque existen otros minerales característicos para cada persona y que se disponen alrededor del mineral central. El proceso de visualización de un mineral particular permite centrar nuestra atención en este elemento; esta concentración automáticamente impide que otras frecuencias entren en nuestra conciencia.

Nuestros receptores están trabajando sin parar en nuestra vida cotidiana, absorbiendo frecuencias del medio ambiente. Más adelante conoceremos cómo dichos receptores se pueden equilibrar mediante dosis de frecuencias apropiadas de los flujos de energía.

Localización del dedo de prueba mediante la determinación de la falda energética

Ahora necesitamos averiguar qué dedo vamos a usar para la evaluación, porque muchos de los procedimientos que siguen requieren el uso del dedo de prueba correcto. Nuestras opciones son el anular o el índice de la mano izquierda, debido a que las energías del vivaxis entran en el cuerpo verticalmente a través del pie y la mano izquierda y salen por el otro pie y la otra mano. Si estamos encima de nuestro vivaxis, se deberá usar el índice como dedo de prueba para evaluar las áreas de la cintura para arriba, tales como el tracto del flujo solunar. Si estamos más abajo del vivaxis, se deberá usar el anular como el dedo registrador para las mismas áreas del cuerpo. La elección del dedo apropiado está relacionada con los elementos que tenemos en los dedos y con su relación con los elementos en nuestras capas auricas o en la falda energética.[37]

La determinación del dedo de prueba es más fácil de lo que podría pensarse y no implica haber localizado el vivaxis, amén de que es un ejercicio muy interesante por otra razón: nos permite definir la magnitud de nuestro campo energético en cualquier momento. En el diagrama 9 se presenta la estructura general del aura y sus dos capas energéticas principales: la magnética y la gravitacional.

Diagrama 9. Dos capas energéticas en nuestra aura

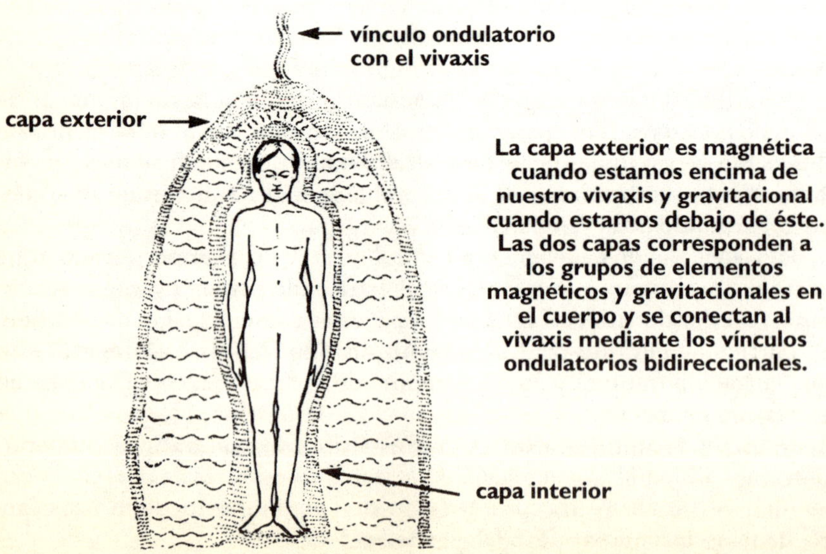

Nuestro campo energético posee dos capas, externa e interna, mismas que corresponden a las dos fuerzas que actúan en las capas energéticas de la Tierra misma y que estudiaremos a continuación. Si nos encontramos encima del vivaxis, la capa exterior será magnética y la interna, la gravitacional; si estamos más abajo, las posiciones de los campos serán invertidas. El elemento central de la capa magnética es el hierro, el cual ya hemos localizado en dos dedos. La capa gravitacional cuenta con yodo o zinc como el grupo principal; al igual que con el hierro, ya tenemos identificados estos dos elementos en los dedos. Así pues, podemos proceder a visualizar estos elementos en nuestra falda energética.[38]

Cuando la capa exterior del aura consta de frecuencias magnéticas como las de hierro, el receptor en el índice izquierdo reaccionará a la frecuencia de dicho elemento, por lo que el índice será el registrador para todas las evaluaciones de la cintura para arriba, con excepciones de las del flujo iónico. Las evaluaciones que se pueden realizar con la ayuda de este dedo incluyen la evaluación de los receptores y la localización del flujo solunar. Cuando la banda magnética asume la función de la capa exterior de nuestro campo energético, la mano derecha tendrá una disposición invertida con la frecuencia de hierro en el anular derecho.

Si estamos más abajo de nuestro vivaxis, todas las posiciones mencionadas anteriormente se invierten. La banda gravitacional que contiene la frecuencia de yodo o zinc se convertirá en la capa exterior de nuestra falda energética; asimismo, veremos que las posiciones en los dedos también están invertidas. El anular izquierdo responderá a la frecuencia magnética o a la de hierro. Este dedo va a ser el de prueba en las áreas de la cintura para arriba, en tanto que el índice derecho va a contener la frecuencia de hierro.

Para saber cuál es la capa exterior, piense en algún elemento magnético, como el hierro o el cobre. Sin dejar de visualizarlo, gradualmente extienda la mano izquierda en forma horizontal. Cuando las yemas de los dedos toquen la capa exterior, el brazo registrador tendrá una reacción. Si la banda magnética se encuentra en el exterior, podemos asumir que estamos encima del vivaxis y que la banda interior es la gravitacional. Si no obtiene reacción alguna del brazo registrador durante la visualización del hierro, repita el procedimiento concentrándose en el yodo o zinc (dependiendo de cuál de estos dos elementos localizó en las manos durante los ejercicios anteriores). Una reacción obtenida con uno de ellos le indicará que se encuentra debajo de su vivaxis. Resulta interesante determinar la magnitud del campo energético en momentos de cansancio y compararla con la que tiene al estar lleno de energía después de la canalización o meditación. En otras palabras, ¿qué tanto tiene que extender el brazo antes de tocar la capa exterior del campo energético?

El área comprendida entre estas dos capas es en la que se deben mantener las manos registradoras durante todos los procedimientos de evaluación. Desgraciadamente, si uno se encuentra muy agotado, es probable que no pueda evaluar nada, ya que sus capas energéticas estarán demasiado cerca del cuerpo. No vamos a tomar en cuenta la posibilidad poco probable cuando las reservas energéticas de alguien son tan grandes que ni siquiera es posible alcanzar la capa exterior con la mano registradora. Esta situación puede surgir después de la canalización; sin embargo, en la mayoría de los casos sus dedos tocarán la capa exterior antes de que pueda extender el brazo por completo.

En resumen, si se encuentra encima de su vivaxis, use el índice izquierdo para evaluar las áreas del cuerpo del ombligo para arriba y el anular izquierdo cuando evalúe las áreas que están debajo de la cintura. Si se encuentra más abajo del vivaxis, el procedimiento se invierte: esto es, se usa el anular izquierdo para las evaluaciones encima del ombligo y el índice izquierdo para las evaluaciones de áreas más abajo del mismo. El dedo medio se usa para evaluar el flujo iónico sin importar la posición.

Las tríadas en el cuerpo

Los elementos en las yemas de los dedos son parte de un grupo llamado tríada que se encuentran en todo el cráneo y el esqueleto. Su nombre se debe al hecho de que constan de una unión de tres elementos. En las páginas que siguen aprenderá a usar dichos grupos en los dedos y piernas para encontrar el vivaxis (ver capítulo 5). Entretanto, puede localizar una de las tríadas de los elementos en la línea central de la frente que va debajo del nacimiento del cabello. Es el grupo de cromo; deberá averiguar si el receptor superior es el cromo vertical u horizontal.[39] Las tríadas horizontales de cromo se alternan con las verticales de cromo a medida que desciende el dedo de prueba por la línea del medio.

De ambos lados del grupo de cromo en la frente hay una línea de receptores que están relacionados con otros elementos localizados en los dedos: hierro y zinc o hierro y yodo. Como se puede observar en el diagrama 10, los grupos de selenio y cobre también están presentes entre cada uno de estos grupos. Cada grupo magnético (hierro) y gravitacional (yodo o zinc) exhibirá ondas horizontales en la parte frontal y ondas verticales en el reverso dependiendo de la posición con respecto al vivaxis. Esta distribución refleja la ubicación de las ondas verticales y horizontales en los dedos.

Cabe agregar que el espín —el movimiento giratorio— de las tríadas varía de izquierdo a derecho con el descenso a lo largo de la línea. Si bien esto suena muy complicado, una vez que lo haya practicado un par de veces se percatará de la increíble simetría y coherencia de los diferentes flujos energéticos.

Diagrama 10. Las tríadas del vivaxis

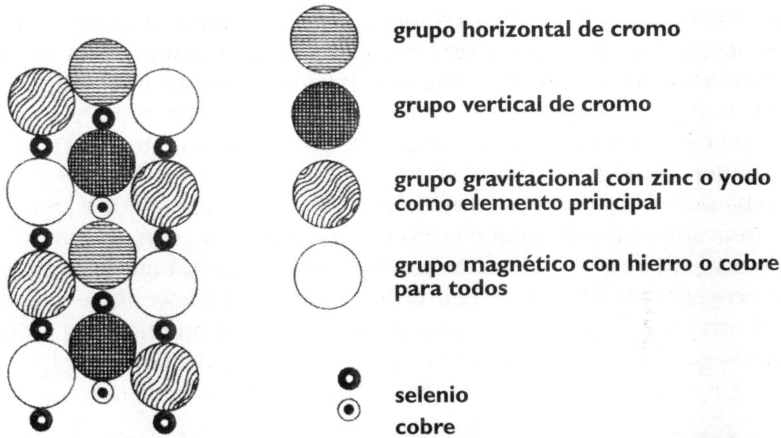

Evaluación de las tríadas

1. Comience la evaluación en la frente y la nuca. Toque la línea central de la frente con el dedo de prueba adecuado justo debajo del nacimiento del cabello, al mismo tiempo busque el flujo horizontal con la mano registradora e imagine el óxido de cromo. Ver diagrama 11(A). Si no detecta ninguna respuesta, busque el flujo vertical con la mano registradora.
2. Sin presionar, deslice el dedo por la frente y repita el movimiento; si el flujo anterior era vertical, el que sigue debe ser horizontal. Descienda el dedo y repita el procedimiento varias veces más.
3. Sin presionar, deslice el dedo de prueba a un lado de la línea del medio y busque el grupo de hierro mediante la visualización de dicho elemento y la detección del flujo horizontal o vertical. Cuando haya determinado si es vertical u horizontal, recuerde que todos los flujos de energía en la parte frontal del cuerpo son iguales salvo los de los grupos de cromo, los cuales incluyen flujos horizontales y verticales a la vez.
4. Mueva el dedo un poco más y visualice el otro mineral que anteriormente encontró en los dedos, yodo o zinc. Continúe el movimiento por la misma línea, tomando en cuenta que el hierro se alterna con yodo o zinc.

5. Ahora coloque el dedo de prueba en la nuca a un lado de la línea del medio. Deslice el dedo hacia abajo hasta encontrar el grupo de hierro. Observe que el flujo energético difiere del que percibió en la frente; esto es, si en la frente encontró un flujo vertical, en la nuca será horizontal. Si continúa el movimiento por la nuca, podrá encontrar otros grupos minerales que incluyen zinc o yodo y cromo. Ver diagrama 11(B).
6. Por último, regrese a la frente y busque el espín inverso de las tríadas al descender por la línea de minerales. Doble ligeramente los dedos de la mano registradora y oriéntela de modo que el pulgar apunte hacia arriba como se indica en el diagrama 11 (C). Pase el dedo de prueba hacia abajo por la línea de las tríadas, tomando en cuenta que cada grupo consecutivo tiene el espín invertido con respecto al grupo anterior. Dicho de otra manera, en una tríada la mano registradora detectará movimiento a una dirección (v.gr., en el sentido de las manecillas del reloj), mientras que la tríada siguiente tendrá una dirección inversa.

Diagrama 11. Evaluación del cromo horizontal y vertical

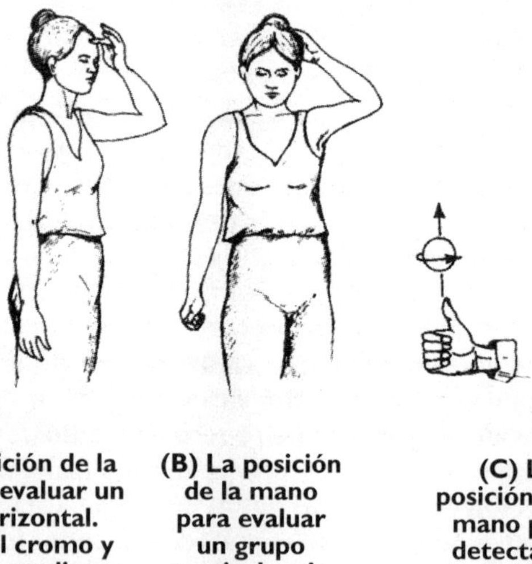

(A) La posición de la mano para evaluar un grupo horizontal. Visualice el cromo y use el dedo medio, ya que su yema tiene más receptores de cromo.

(B) La posición de la mano para evaluar un grupo vertical en la nuca. Los dedos de la mano registradora apuntan hacia arriba.

(C) La posición de la mano para detectar la dirección del espín.

El descubrimiento y la descripción de las capas energéticas

Las habilidades que adquirimos para visualizar y evaluar los elementos en el cuerpo pueden ser aplicadas al divertido ejercicio de localización de las capas energéticas relacionadas con nuestro vivaxis.[40] Dichas capas, que contienen las frecuencias del vivaxis, se pueden someter a evaluación sólo durante el periodo de flujo solunar, tiempo en que todos los elementos se activan y fluyen del vivaxis al cuerpo y de regreso.

Después de aprender cómo puede evaluar la presencia de las frecuencias vibratorias de los diferentes elementos en el organismo, podemos empezar a buscar las capas energéticas en el suelo. En este paso podemos darnos cuenta de las verdaderas capacidades curativas de la Tierra.

Al igual que en muchos de sus descubrimientos, el pensamiento creativo de Fran le permitió descubrir el fenómeno de capas energéticas por pura casualidad. Fran estaba evaluando el sentido del flujo que venía de uno de los receptores de cromo en su cabeza, cuando se percató de que éste parecía estar dirigido a un punto específico más alto en la pared de la cabaña donde se encontraba. Más tarde, se determinó que el punto representaba la capa energética que estaba más cerca de la parte superior de su cabeza, además de que Fran sintió la atracción del flujo de cromo en esta capa particular.

A partir de aquel entonces, Fran y un colaborador suyo, investigador químico, comenzaron a realizar de manera sistemática un mapa con todas las frecuencias vitales conocidas en las capas energéticas. Al terminar, hubo una banda que medía unos 41 cm en corte transversal. Durante los años siguientes, el progreso de la ciencia permitió agregarle otras bandas (ver diagrama 12).

Estas bandas, o mejor dicho capas energéticas, fluyen constantemente, cubriendo la superficie de la Tierra como las capas superpuestas de la cebolla. La distancia entre las capas varía de 2.5 a 3.5 metros dependiendo del lugar. Al igual que la mayoría de los fenómenos relacionados con la vibración y la frecuencia, las capas tienen una naturaleza ondulatoria. Es quizá por eso que la distancia entre capas varía en algunos sitios.

Si caminamos cuesta arriba a una colina, cada diez o quince pasos (su número varía en función de la inclinación de la colina y la magnitud de los pasos) entraríamos a una capa nueva. Como se imaginará el lector, todas las colinas, montañas y cerros en el planeta atraviesan las capas; en otras palabras, éstas últimas no siguen todas las elevaciones y depresiones de la superficie terrestre. Por consiguiente, es fácil detectar las capas en cualquier superficie vertical apropiada (v.gr., un árbol). Las capas se encuentran a un intervalo aproximado de tres metros y se elevan hacia el espacio.

No cabe duda de que las numerosas ventajas de las caminatas por las colinas nacen del efecto benéfico de atravesar diferentes capas energéticas (ver diagrama 13).

Diagrama 12. Elementos principales en la sección transversal de la fuerza

flujo blanco superior	0.64 cm	
banda de la mano	9.53 cm	
banda portadora de magnesio	6.99 cm	
Flujo de fuerza 1	0.64 cm	**cromo, calcio, carbono, oxígeno, cobalto horizontales**
Flujo de fuerza 2	0.64 cm	**cromo, hidrógeno, helio verticales**
Flujo de fuerza 3	2.54 cm	**hierro, cobre, selenio, plata, oro**
Flujo de fuerza 4	2.54 cm	**yodo, zinc, litio**
banda portadora de fósforo	6.99 cm	
banda del pie	9.53 cm	
flujo blanco inferior	0.64 cm	

no cambiar la escala

Diagrama 13. Los flujos de energía cambian con la altura

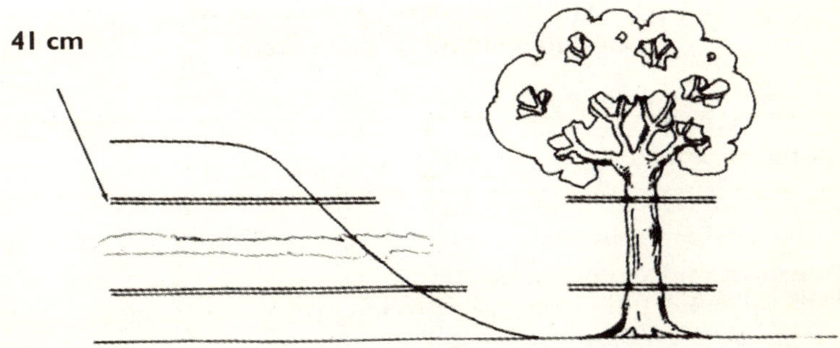

Cada capa completa tiene un grosor de 41 cm y consiste de una serie de flujos de fuerza.[41] Existen cuatro flujos de fuerza principales en cada capa completa, así como otros flujos que junto con las primeras cuatro, ascienden a diez. Cada flujo emite frecuencias características que están relacionadas con los elementos esenciales básicos para la vida. El límite inferior y superior se llama flujo blanco inferior y flujo blanco superior, respectivamente; dichos flujos energéticos están relacionados con la glándula pineal. Su presencia sólo se detecta entre 10 y 14 horas, cuando la cantidad de la luz solar llega a su máximo.

Más abajo encontramos un flujo que asociado con la mano tiene una profundidad de 9.53 cm. Posee una sección para cada uno de los dedos de la mano y puede usarse para tratar los problemas de esta extremidad como son los receptores estáticos o trastornados, así como padecimientos médicos como la artritis.

El próximo flujo de fuerza está relacionado con el magnesio. Fran lo bautizó como banda portadora por su capacidad de transferir las frecuencias de otros elementos además del magnesio. El magnesio es el elemento más importante en el organismo; en mis veinticinco años de práctica naturopática, he usado los compuestos de magnesio mucho más seguido de cualquier otro elemento. Esta banda tiene un ancho de 6.99 cm. Además, el flujo de fuerza de magnesio está relacionado con los iones negativos.

En la proximidad al portador de magnesio, encontramos el flujo horizontal de cromo, que Fran llamó Flujo de fuerza 1, probablemente por haberlo descubierto primero y también porque este flujo representa el medio que usamos para localizar las capas de energía. Este flujo incluye las frecuencias de cromo, oxígeno, carbono, cobalto y calcio. Asimismo, es uno de los dos flujos que desaparecen durante las mareas altas y bajas, así como durante la luna nueva y llena (por ocho horas), lo cual significa que en estos periodos no podemos recibir las frecuencias del flujo. Los receptores asociados en los dedos y otras partes del cuerpo, por ende, permanecerán silenciados. Este flujo está vinculado con la fuerza gravitacional que ejerce el Sol en la Tierra, por lo que a veces se denomina banda solar. Al igual que el flujo siguiente, mide tan sólo 0.64 cm de ancho.

El flujo vertical de cromo que sigue se llama Flujo de fuerza 2 y está relacionado con el vínculo ondulatorio de la Tierra con su vivaxis en el Sol. Las frecuencias relacionadas son las de hidrógeno, helio y cromo vertical. Este flujo es más fuerte durante las mareas, periodo cuando el flujo propicia la meditación y el pensamiento creativo gracias, probablemente, a su relación con el Sol. Puede ser que esta onda vertical esté relacionada con nuestro alineamiento espiritual con los planos superiores de la existencia. Sabemos que en muchas religiones el Sol es el símbolo del Ser supremo espiritual.

Los Flujos de fuerza 1 y 4 desaparecen durante los periodos mayor y menor debido al efecto gravitacional que se produce en ese entonces entre el Sol, la Luna y la Tierra y que hace que las fuerzas se cancelen mutuamente. Estos flujos están relacionados con nuestro vivaxis, el cual podría llamarse conexión de la Tierra, por lo que no nos sorprendería que si estos flujos de la Tierra desaparecieran nos costaría menos trabajo conectarnos a nuestra fuente espiritual. Los receptores del cuerpo relacionados con la frecuencia vertical de cromo, así como otras frecuencias del Flujo de fuerza 2, permanecen activos a toda hora. Nuestra conexión con el Flujo de fuerza 3 —la capa magnética— también persiste todo el tiempo.

Fran llamó al Flujo de fuerza 3 capa magnética. Contiene las frecuencias de hierro, sodio, oro, cobre, plata y selenio. Todos estos elementos en su forma material pueden ser usados para transportar la corriente eléctrica. Fran dio a esta capa el nombre de magnética tras haber encontrado su relación con el polo magnético norte y sur. Así pues, el agua salada del polo norte y el agua dulce del polo sur pueden contemplarse desde el punto de vista magnético. Algunos de los primeros experimentos que realizó Fran tenían que ver con la investigación de los flujos de energías relacionados con hielo hecho a partir de agua dulce y salada. El Flujo de fuerza 3, además, está asociado con los iones negativos y puede usarse para fortalecer el flujo iónico en el organismo. El Flujo de fuerza 3 mide 2.54 cm de ancho.

El Flujo de fuerza 4 mide lo mismo de ancho que el anterior y contiene las frecuencias de yodo, zinc y litio. Es el segundo de los flujos que desaparecen durante las mareas. Dado que ambos tienen una conexión con el Sol (Flujo de fuerza 1) y la Luna (Flujo de fuerza 4), podemos llamarlos flujo solar y lunar, respectivamente. Al igual que los elementos vinculados con el Flujo de fuerza 1, el cuerpo no puede registrar los del Flujo de fuerza 4 durante las mareas. El Flujo de fuerza 4 está asociado con los iones positivos.

La próxima capa es la banda portadora de fósforo que está a la par de la banda de magnesio y tiene el mismo ancho. Al igual que la banda portadora de magnesio, transmite las otras vibraciones y frecuencias además de su mineral principal y, al igual que el Flujo de fuerza 4, está asociada con los iones positivos. La banda del pie se sitúa debajo de la de fósforo, tiene una sección para cada dedo del pie y es del mismo ancho que la banda de la mano. Por último, tenemos la capa blanca inferior, la cual se asemeja a la superior en su asociación con la glándula pineal (ver discusión más adelante).

Además de los elementos ya mencionados, el químico investigador que colaboró con Fran descubrió que entre los flujos de fuerza se encuentran las frecuencias de selenio y germanio, cuya función aparente es la de una especie de una compuerta unidireccional para el flujo de energía. En la electrónica moderna, ambos elementos tienen un uso similar. Se descubrió que el selenio estaba relacionado con las corrientes o energías que ascienden a través de las capas, mientras que el germanio guarda relación con las corrientes descendientes.

La localización y una utilización regular de dichas energías de la Tierra pueden contribuir para mejorar el estado de salud y el bienestar. Es recomendable que realice estas actividades en un lugar cómodo. Se deben marcar los flujos correspondientes para su uso posterior en la canalización y otros ejercicios.

Localización de capas y flujos de fuerza

Como una medida preliminar, asegúrese de que su ropa no esté hecha de materiales sintéticos, poniendo especial énfasis en que los zapatos tengan suela de piel o goma. La manera ideal para hacer este ejercicio es quitarse el calzado. Si trae puesto sombrero o anteojos, quíteselos a la hora de tratar de localizar las capas, puesto que estos accesorios crean distorsiones en el proceso de registro. Como en cualquier evaluación, quítese el reloj, monedas, collares y pulseras. Los aretes chicos por lo general se pueden dejar.

1. Escoja un horario durante el flujo solunar, esto es, entre la marea alta y baja. No olvide verificar que el ambiente tenga un flujo iónico normal.
2. Colóquese frente una cuesta poco empinada, en la cual las bandas serán lo suficientemente anchas para trabajar con ellas. Entre más empi-

Diagrama 14. El efecto de la pendiente en la marcación de las capas energéticas

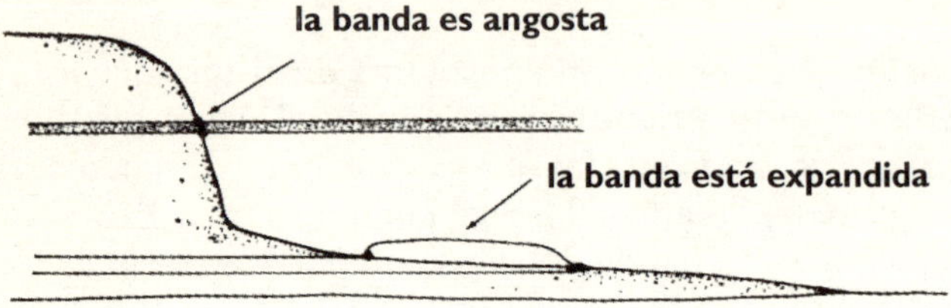

Las capas de energía se encuentran expandidas y más fáciles de marcar en una cuesta poco pronunciada.

nada sea la cuesta, más estrecha será la banda; además, es difícil mantenerse completamente erguido durante los ejercicios de canalización cuando la pendiente está demasiado abrupta.

3. Asegúrese de que esté en el terreno neutral al poner la mano izquierda con la palma hacia el suelo a la altura del corazón. Si no percibe movimiento en la mano derecha (registradora), está en terreno neutral. Ello significa que no se detecta ningún flujo de fuerza en particular ya sea de las capas energéticas, acuíferos, circuitos eléctricos u otras fuentes. Estar parado en uno de los flujos mencionados interfiere con la precisión de la localización de otros flujos, porque en este caso estamos condicionados por el flujo en el que estamos parados.
4. Localice el Flujo de fuerza 1 al tararear una melodía con los ojos cerrados, viendo hacia la cuesta y gradualmente inclinando la cabeza de adelante para atrás. La melodía estimula los receptores horizontales de cromo en la cabeza, los cuales están conectados al siguiente flujo horizontal de cromo que se encuentra más arriba en la cuesta. Sin dejar de tararear, empiece a balancear una mano y cuando el punto central del cerebro esté alineado con el Flujo de fuerza 1, empiece a balancear ambas manos. Mantenga la cabeza quieta en este punto y abra los ojos sin mover la cabeza para verificar la posición del Flujo de fuerza 1 en el suelo (diagrama 15).

Para encontrar la posición exacta de cromo, mantenga los ojos abiertos y visualice el elemento en la posición que percibió durante el tarareo. Marque el lugar con una varita o palito. Puede verificar este flujo mediante la visualización de uno de los siguientes elementos en la banda, como el carbono o el calcio, observando una respuesta positiva en la mano registradora. Es recomendable variar las frecuencias que se

Diagrama 15. Localización de las capas de energía

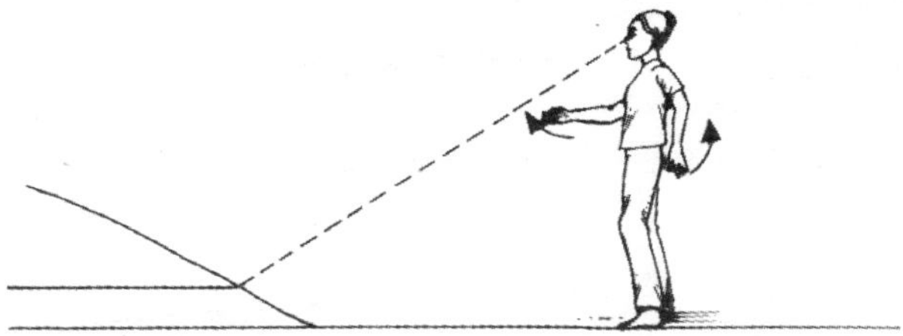

Con una mano registre el flujo cuando esté estimulando los receptores tarareando una melodía. Cuando la glándula pineal se alinea con el Flujo de fuerza 1 (cromo horizontal), ambas manos registrarán un movimiento oscilatorio.

visualizan para no sobresaturar el organismo con la misma frecuencia al concentrarse en ella por demasiado tiempo.

5. Voltee diez grados a la derecha o izquierda y repita el procedimiento. La finalidad de esto es asegurar que no esté viendo en dirección a su vivaxis o sus cuatro puntos cardinales cuando marca la posición de cromo. Cuando uno está viendo en dirección a su vivaxis, siempre va a percibir una respuesta positiva al cromo, calcio y carbono, por lo que es probable que obtenga una dirección falsa hacia la posición de la capa de energía. Si ha localizado correctamente el flujo de cromo, también detectará una respuesta positiva diez grados a la izquierda o derecha de su posición original.
6. Tras haber marcado la cima del Flujo de fuerza 1, escanee las partes inferiores de la cuesta visualizando el cromo y marque el lugar donde el brazo deja de registrar: éste será el fin del flujo de fuerza o la banda. Observe que en una cuesta poco empinada dicha banda tendrá un ancho más grande que en la superficie vertical, en donde alcanza solamente 0.64 cm. Si selecciona una cuesta más llana, puede extender el ancho hasta 30 cm para los propósitos del ejercicio.
7. El final del Flujo de fuerza 1 marca el límite o el comienzo del Flujo de fuerza 2, el cual es el flujo vertical de cromo. La mano registradora debe permanecer en la posición vertical con los dedos doblados apuntando hacia el cielo. No deje de visualizar el cromo y marque el punto en el que termina este flujo de fuerza como en el paso anterior. Éste es el único flujo vertical que aparece en las capas.
8. El próximo flujo que debe marcar es el Flujo de fuerza 3; lo puede hacer al imaginar el hierro o cobre bajando la vista por la cuesta. Este flujo es

cuatro veces más ancho que el anterior. Marque todas las capas debajo y arriba del Flujo de fuerza 1 usando el diagrama 12 como guía de los elementos, su ubicación y ancho.

No intente marcar las capas blancas, las cuales se detallan en un capítulo posterior después de la discusión de las glándulas endocrinas y su conexión con los flujos de energías.

Método alternativo para encontrar la posición apropiada del Flujo de fuerza 1

Para aquellos que tienen problemas de vista o dependen más del sentido del tacto, he desarrollado un sistema alternativo para encontrar las capas energéticas. De todas maneras va a necesitar visualizar el cromo pero durante este proceso va a sentir dicho elemento con los pies más que examinarlo con la vista. Esto puede ser cansado, sobre todo si está preparando diez series de bandas para un seminario, como yo lo hecho en múltiples ocasiones. Desde luego que el método también puede emplearse para revisar el funcionamiento del primer sistema.

Si decide hacer este ejercicio usando calzado, es de especial importancia que éste tenga suelas de piel o goma, lo cual es esencial para poder sentir correcta y precisamente los flujos de energía. Además, es necesario que tenga la habilidad de no perder el equilibrio parado sobre un pie al estar marcando los límites de las bandas.

1. Siga los pasos 1-3 del procedimiento anterior; después, ponga la mano registradora en la posición para detectar los flujos verticales y visualice el cromo. Al mismo tiempo, busque un grupo de cromo con el dedo de prueba en el centro de la frente. Esto le va a ayudar a conectarse con la capa del Flujo de fuerza 2 que se encuentra más arriba en la cuesta del lugar donde está parado. Esta distancia puede llegar a varios metros. La distancia vertical se indicará por el número de oscilaciones circulares de la mano durante la visualización del cromo (ver diagrama 16). Si bien en este ejercicio está localizando el Flujo de fuerza 2 y no el 1, como en el ejercicio anterior, ambos flujos de cromo se hallan muy cerca.

   Su mano hará cierto número de oscilaciones en una dirección antes de invertir el sentido. Cada oscilación corresponde a aproximadamente 28 cm de altura arriba de su posición hacia la capa de cromo. Por ejemplo, si la banda que sigue está a unos 110 cm encima de su cabeza, la mano registradora realizará cuatro oscilaciones completas. Este movimiento de la mano continúa con un número reducido de oscilaciones conforme nos acercamos cuesta arriba hacia las capas de cromo.

2. Suba por la cuesta hasta que la mano deje de oscilar, lo cual le indicará que ha alcanzado la capa de cromo.
3. Marque este nivel de cromo y descienda por la cuesta para revisar la cima del Flujo de fuerza 1 y 2 repitiendo los pasos 4-5 del primer método. Ésta es una manera valiosa para verificar de nuevo las posiciones del Flujo de fuerza 1. Posteriormente puede regresar por la cuesta y seguir con la marcación de las bandas con los pies.
4. Una vez que haya marcado la cima del Flujo de fuerza 1, póngase en posición transversal, con el borde del pie en la cima de la banda del cromo horizontal. Visualice el cromo, calcio o carbono y detecte estos flujos con la mano registradora. Para revisar los hallazgos, visualice otro elemento que esté más abajo en la banda, como el zinc; su brazo registrador debe parar. En otras palabras, estamos registrando lo que se encuentra bajo los pies. Levante una pierna y evalúe cualquier cromo horizontal que pueda estar atravesando el lugar más bajo de la tie-

Diagrama 16. Número de movimientos giratorios para el flujo de fuerza de cromo

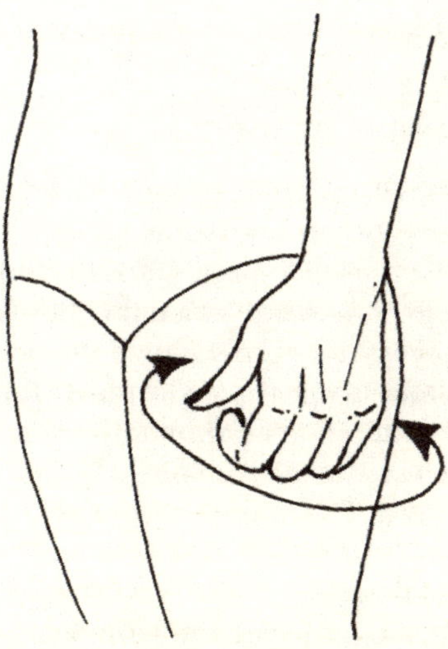

Su mano describirá un número de movimientos giratorios, primero hacia una dirección y después hacia la otra. El número de círculos disminuye conforme se acerca al flujo de fuerza de cromo más cercano.

rra bajo su pie derecho. Ponga este pie más abajo por la cuesta y evalúe si ahora ya se encuentra en el área de cromo vertical al poner la mano en la posición vertical con los dedos doblados apuntando hacia arriba.

5. Descienda por la cuesta imaginando los elementos en cada capa y marcando las posiciones conforme vaya atravesando los niveles. Puede mover el pie centímetro por centímetro hasta encontrar el límite preciso de la banda. Una vez que domine este método, puede realizarlo más rápido al ponerse primero sobre un pie y después sobre el otro, a medida que desciende poniendo los pies transversalmente a la subida.

   La razón por la cual necesita levantar un pie mientras está evaluando es para reducir el área cubierta simultáneamente con los dos pies. Por ejemplo, puede tener un pie sobre el Flujo de fuerza 2 y el otro sobre el Flujo de fuerza 3, lo cual imposibilitaría saber exactamente dónde se debe marcar cada uno de las bandas, pues estaría registrando los elementos de ambas bandas al mismo tiempo.

6. Marque la banda del pie y la banda de magnesio que está encima de la de cromo, usando el mismo procedimiento. No obstante, Fran no recomendaba estar parado en la banda de la mano. Para marcarla, póngase a un lado de los flujos de fuerza en el terreno neutral y proceda con la marcación utilizando el primer método. Visualice la mano en el área encima del flujo de magnesio y observe el área en el suelo donde se termina de percibir la respuesta en la mano registradora.

Evaluación de los flujos de fuerza

Ahora pasaremos a descubrir cómo se pueden usar las bandas de energía. Si usted está trabajando con otra persona, sería bueno pedirle que revise las posiciones que había marcado para todos los flujos de fuerza. Nuestro objetivo en este ejercicio consiste en evaluar el flujo de energía de diferentes objetos y, de ser necesario, regresarlos a un estado de equilibrio. Recuerde que la energía sana se registra en forma de flujo iónico sin importar si el objeto que se está evaluando es animado o inanimado. Comience por elegir los objetos que presentan alteraciones de flujo iónico. Podemos usar las capas energéticas de la Tierra para restablecer el flujo iónico normal de la siguiente manera.

Encuentre un objeto de plástico o nailon y evalúe su flujo iónico. Puede usar un juguete de plástico para este fin, aunque no es obligatorio. Evalúe el flujo iónico del objeto mientras está parado en el terreno neutral a una distancia considerable de las bandas. Generalmente, la mano registradora hará un movimiento circular, lo cual indica la confusión de energías en el objeto de plástico. Podemos usar cualquiera de los flujos de fuerza para revigorizar el objeto, pero yo personalmente prefiero utilizar el Flujo de fuerza 1 debido a su conexión con el oxígeno. En un caso ideal y si dispone de suficiente tiempo, se deben colocar los objetos que se van a tratar en todos los flujos de fuerza durante un minuto, de manera que estén expuestos a la gama completa de las frecuencias vitales.

Así pues, coloque el objeto en el Flujo de fuerza 1 y apártese. Vuelva a evaluarlo en el terreno neutral después de unos 20 segundos. El brazo registrador debe detectar un movimiento oscilatorio, lo que le indica un flujo de energía normal y sano. Actuando de esta manera, puede desactivar toda su ropa interior de nailon, así como otros objetos sintéticos, de todas las energías malignas. A pesar de que llevo quince años haciendo estos experimentos, me cuesta trabajo creer con mis propios ojos cuando observo los cambios permanentes que se producen en los materiales sintéticos con la ayuda de dichas energías.

El único material sintético que no se somete a mejoras usando bandas de energía es el acrílico. Debe de haber algo en su estructura molecular que impide los flujos de energía. Probablemente ésta sea la razón por la que el acrílico se puede usar para protegerse de la radiación ionizante que emiten las televisiones y pantallas de computadora. Sin embargo, la ropa hecha de acrílico no deja pasar las energías sanas que provienen de la Tierra. Hoy en día, muchos tipos de ropa y calzado contienen acrílico, lo cual representa un problema desde el punto de vista de alteraciones en el flujo normal de energía entre la Tierra y el organismo. Puede usar un suéter de acrílico y poner a prueba esta afirmación.

Usted puede preparar su propio programa de investigación. Para esto, coleccione diferentes objetos hechos de plástico o nailon. Divídalos en dos grupos y trate un grupo en los flujos de fuerza. Ponga una marca secreta a los objetos tratados y pida a sus colegas que determinen mediante el flujo iónico qué objetos han sido tratados. He realizado experimentos parecidos en muchos seminarios y descubrí un alto grado de correlación entre los resultados de los participantes que sabían hacer evaluaciones precisas usando el flujo iónico.

Ejercicios en las capas de energía

Usted puede emplear las capas energéticas para deshacerse de la estática en el organismo, lo cual es un paso necesario antes de proceder con la búsqueda de su vivaxis. Empezando en el nivel de magnesio, haga el ejercicio en cada nivel durante unos dos minutos. Mantenga los pies en el suelo; gire en diferentes direcciones frotando el cuerpo con el pulpejo de la mano, lo cual es necesario para purificar las áreas estáticas arraigadas para que los flujos de fuerza puedan correr libremente. Ponga especial atención en las áreas donde ha sufrido lesiones o que han estado expuestas a los rayos X. Termine el ejercicio en la banda del pie.

En este procedimiento es fácil saturar el organismo con el exceso de energías, por lo que es recomendable terminarlo al salir de la banda y colocarse en el terreno neutral durante diez segundos. En este momento, su estado energético es apropiado para buscar el vivaxis, pero para comprender el funcionamiento de los flujos de energía necesitamos hablar un poco sobre los flujos verticales. Fran los descubrió después de haber investigado los flujos horizontales durante algún tiempo.

Para comprender el funcionamiento de los flujos de energía de una manera tridimensional imagine lo siguiente. Las capas de energías que atraviesan toda la Tierra y su atmósfera se parecen a las capas sobrepuestas de una cebolla. Las capas están conectadas por los flujos verticales que se pueden visualizar como hilos de algodón que conectan las capas de una cebolla. Además, existen los vectores de los flujos de fuerza para cada elemento que se dirigen a todos los puntos cardinales y que probablemente llegan a nuestro planeta del espacio, lo cual es nuestro vínculo con el universo.

Flujos verticales de energía

En 1981, Fran estudió las conexiones entre las capas horizontales. Estos flujos se llaman flujos verticales por razones evidentes. Consulte el diagrama 17 para ver las formas y la distribución de dichos flujos, así como una lista de elementos asociados con cada uno de ellos. Mientras que las capas horizontales son continuas en el plano horizontal, las bandas verticales pueden contemplarse como alambres delgados de energía que conectan las bandas o los flujos horizontales. Esto se puede verificar por medio de la visualización y el registro a través de los pies conforme se está desplazando de un flujo vertical al otro.

Las series verticales se repiten cada 14 cm. Son menos estables que las bandas horizontales, pues la contaminación los afecta de alguna manera. Es útil incluir tanto los flujos horizontales como los verticales cuando estamos energizando el agua. Por esta razón se debe usar una botella de por lo menos 15 cm de alto, para que cruce también los flujos verticales cuando la hacemos rodar.

Método para la localización de los verticales

Póngase en un terreno muy nivelado y mueva los pies de lado formando un arco. Al mismo tiempo, mantenga la mano en la posición de registro para detectar los flujos verticales, con los dedos apuntando hacia arriba; visua-

Diagrama 17. Bandas verticales de conexión y sus flujos de energía

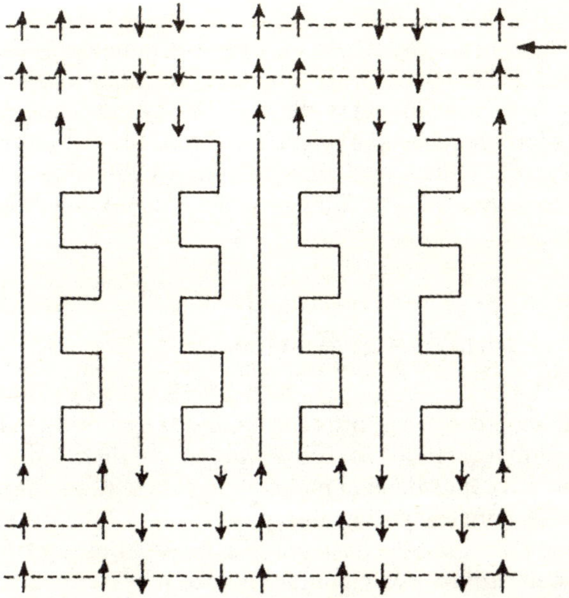

flujos horizontales

A: flujo ascendiente de cromo

B: flujo ascendiente de magnesio

C: flujo descendiente de cromo

D: flujo descendiente de fósforo

A B C D A B C D A

Los flujos ascendientes y descendientes se encuentran a unos 14 cm de distancia.

lice consecutivamente el magnesio, fósforo y cromo. Cuando el pie contacte uno de los elementos, va a percibir una de las siguientes respuestas:

Flujo descendiente de fósforo: tirón hacia atrás en el talón.
Flujo ascendiente de magnesio: tirón hacia atrás o adelante en los dedos.
Flujo ascendiente de cromo: tirón hacia atrás o adelante en los dedos.
Flujo descendiente de cromo: tirón hacia atrás en el talón.

De la forma de los flujos verticales en el diagrama puede observar que es fácil confundir las bandas verticales con las horizontales cuando se está viendo el flujo de fuerza horizontal por primera vez. Esto puede explicar por qué los principiantes a veces marcan el flujo horizontal de cromo en lugares extraños. Para evitar este error cuando se está buscando el Flujo de fuerza 1, examine toda la pendiente para ver si no hay cromo horizontal a la misma altura y a corta distancia a la izquierda o derecha de la primera ubicación. Además, debe mover el pie unos centímetros a la izquierda o derecha para estar seguro en caso de que esté parado en el flujo vertical para el cromo.

Es necesario aclarar un punto importante. Como seguramente se dio cuenta, en la capa horizontal llamada Flujo de fuerza 2, que incluye helio e hidrógeno, tenemos el cromo pero en una onda vertical. La única explicación que tengo para este fenómeno es que puede ser el resultado de algún mecanismo de fijación entre los flujos vertical y horizontal. Curiosamente, el flujo vertical de cromo nunca se interrumpe por los movimientos del Sol, la Luna y la Tierra.

Localización de los puntos cardinales para los elementos

Hasta ahora hemos trabajado con los puntos cardinales de carbono y calcio (ver capítulo 1). Sin embargo, todos los elementos tienen dichos puntos. Podemos pensar que las capas de energía en el planeta actúan como placas de tierra para las frecuencias que nos llegan del espacio. Puesto que esta rama de la ciencia aún no está bien desarrollada, no estamos seguros de que las direcciones sean similares en cualquier punto en la Tierra.

A lo largo de los años, los investigadores que trabajan con estos flujos de fuerza han recopilado una tabla de direcciones de todos los elementos. Los miembros de la Sociedad Internacional para el Estudio de las Energías del Vivaxis, con sede en Vancouver, Canadá, han desempeñado un papel primordial en la evaluación de estas direcciones. La mayor parte de los datos en el diagrama 18 se basan en sus hallazgos. Las direcciones de los puntos cardinales en este esquema deben contrastarse con las de otras áreas, aunque yo personalmente descubrí que los elementos comparten las direcciones en el hemisferio sur.

Para trazar las direcciones de los puntos cardinales, usted puede usar los mismos procedimientos para la visualización de carbono, descritos en el capítulo 1. Durante el periodo del flujo solunar, póngase a una distancia de la banda de energía en terreno neutral y visualice el elemento en cuestión. Un brazo deberá moverse hacia la dirección del elemento. Después, debemos voltearnos en esta dirección y frotar fuerte las manos contra los muslos sin dejar de visualizar el elemento. En este momento, en todo el cuerpo se debe percibir un fuerte jalón hacia la dirección del elemento. Mantenga una brújula en la mano para registrar el resultado pero colóquela a cierta distancia del área de la evaluación. Al igual que los imanes, la

Diagrama 18. Desviación del norte verdadero para los elementos principales

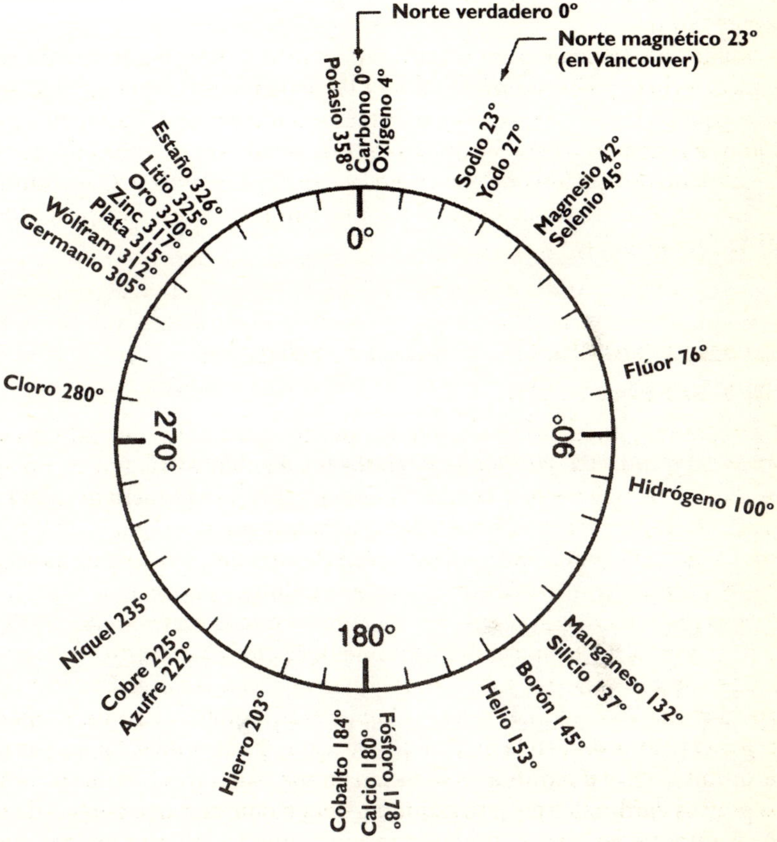

brújula es capaz de distorsionar los resultados; sin embargo, necesitamos usarla para determinar el ángulo entre el polo magnético y cada uno de los elementos.

Para fines de investigación, es recomendable que varias personas evalúen las direcciones de los elementos sin consultarse entre sí y que después vuelvan a revisar los resultados. También es útil hacer estos experimentos en diferentes horarios y en diferentes días para encontrar la dirección básica y esencial de cada elemento.

5
La conexión del vivaxis

Ahora empieza a extender el patrón eléctrico. En realidad somos seres eléctricos con un campo de energía asociado con un cuerpo físico que contiene miles de receptores de energía. Cada receptor es como un pequeño transformador, capaz de recibir las sutiles corrientes que fluyen cuando las frecuencias minerales correctas están presentes en el receptor y correctamente sintonizadas con nuestro vivaxis.

Descubrimiento del fenómeno de vivaxis

A la gente siempre le fascina cuando le cuento la historia de cómo Fran llegó a descubrir lo que llamó el vivaxis. Hemos discutido el hecho de que la Tierra es un cuerpo vivo con un campo de energía que compenetra cada reino en la naturaleza. El campo etéreo y electromagnético del planeta, por lo tanto, condiciona nuestras energías como seres humanos. También hemos explorado la idea de que cada individuo tiene una energía o un cuerpo etéreo que funciona en conjunto con el cuerpo físico a través de un campo electromagnético, el cual se puede medir a cierto grado mediante instrumentos físicos. Así pues, resulta lógico que haya una conexión entre nuestro campo energético y el de la Tierra.

Fran Nixon y su esposo se retiraron a un hermoso lugar justo a las afueras de la isla de Vancouver, llamada Isla Thetis. Necesitaban abastecimiento de agua para su hogar y Fran aprendió por sí misma a buscar agua con varillas de metal. Se convirtió en toda una experta en este arte y encontró agua para algunos habitantes de la isla. Un día, decidió experimentar con varillas para buscar agua mientras sostenía diferentes sustancias con la mano.

Después de varios experimentos con objetos inanimados, recogió unas hojas caídas de un árbol y se sorprendió al descubrir que la varilla se hundía en dirección hacia el árbol. Le pareció que había un flujo de energía entre la hoja que sostenía con la mano y su árbol progenitor o entre la hoja y la posición del árbol. También le inquietaba saber si la gente tenía una conexión energética con algún punto de origen. Experimentó con varias personas y las capacitó para encontrar el flujo de energía que las conectaba con la Tierra. Llamó este haz de energía, mediante el cual nuestras energías se conectan con las de la Tierra, el vivaxis.

Según cuenta Fran, en el descubrimiento del vivaxis utilizó dos cadenas de las que se usan con los tapones para la tina. Una mañana se despertó con la fuerte impresión de que todos debemos aprender a aprovechar nuestras propias energías de curación. Estando parada en posición erguida y con los pies separados, se volteó lentamente unos cuantos grados en dirección a las manecillas del reloj, todo en un solo movimiento, y se percató del movimiento en las cadenas sostenidas una en cada mano. Cuando se colocó frente a su lugar de nacimiento, Vancouver, las cadenas oscilaron fuertemente hacia atrás y hacia delante en movimientos alternados. El mismo movimiento se realizó cuando se posicionó en dirección opuesta y, entonces, cuando se colocó en ángulo recto entre su lugar de nacimiento y esta posición, las cadenas comenzaron a oscilar al unísono.

Fran describió nuestro vivaxis como un duplicado de energía de nosotros mismos que graba todos los cambios energéticos que se realizan en nuestro cuerpo físico y en nuestras emociones. Ella lo tomó como si estuviera envuelta en intercambios de energía y como un reservorio; como si estuviera recibiendo canales para las energías que pulsan de los elementos profundos dentro de la Tierra, así como de las influencias sobre la Tierra.

Con más investigaciones, Fran concluyó que este haz de energía se había establecido en un lugar en particular durante los últimos dos meses del embarazo. Así, el vivaxis no necesariamente está en el hogar paterno, sino que se puede encontrar en cualquier lugar en el que haya estado la madre durante los últimos dos meses del embarazo. Su posición no cambia incluso si viajamos al otro lado del globo terráqueo.

El vivaxis es el nombre dado al punto geográfico donde se introdujo una alineación magnética permanente en la estructura atómica de nuestros huesos mientras se solidificaban antes del nacimiento. Cerca de la hora del nacimiento, cuando los huesos se solidifican, la estructura magnética se fija en los huesos y adquiere características magnéticas específicas de esa posición en la superficie de la Tierra.[42] Podemos detectar una conexión bidireccional con nuestro propio vivaxis individual. Las energías fluyen hacia nosotros a través de una mano y un pie y salen hacia el vivaxis a través de la otra mano y del otro pie.[43]

La creación del vivaxis

El fenómeno del vivaxis no se limita al ser humano. Algunos procedimientos pueden causar una conexión bidireccional permanente entre el objeto del experimento y el lugar del experimento o evento.[44] Para probar el sitio de cualquier vivaxis, coloque la palma de una mano hacia abajo sobre el sitio y utilice su brazo registrador para identificar ondas horizontales y verticales. La onda horizontal asociada con un vivaxis siempre provocará un movimiento horizontal en la mano registradora.

Los siguientes ejercicios demuestran qué tan fácil se puede crear un vivaxis.

- Imante una barra de acero golpeándola con un imán. El vivaxis se formará en el lugar donde golpee los dos objetos. En este caso, el nuevo imán tiene dos vivaxis: uno en su lugar de imantación y el otro conectado al vivaxis del primer imán en el sitio original. Esto se debe a que las energías introducidas a la barra de acero están influidas por las energías del vivaxis del imán original. Quizá este ejemplo sea el más importante para ilustrar la confusión de energías que puede ocurrir en nuestros propios campos de energías si nosotros mismos nos exponemos a tratamientos con imanes.
- Haga el experimento con algunas semillas en una charola de retoños. Descubrirá que tienen un vector o dirección fija a su lugar de retoño después de algunos días de riego. Por lo general, retienen su vivaxis después de trasplantarlos en otro lugar. Éste es un ejemplo sencillo que cualquiera puede hacer.
- Cree un vivaxis dibujando dos líneas. Me parece que ésta es la forma más sencilla y demostrativa de ilustrar el punto del vivaxis. En una hoja de papel sujetada en el lugar, dibuje dos líneas de 2.5 cm aproximadamente partiendo de extremos opuestos y una tras otra, de tal modo que forme una línea de 5 cm. Espere unos segundos a que se forme el sitio del vivaxis mediante una onda horizontal y vertical.

También se crea un vivaxis cuando se imanta una barra de acero al colocarla en un cable enrollado con una corriente eléctrica directa (CE). El diámetro del vivaxis se determina por la longitud de la barra de acero. Durante la vida del imán se da un flujo de ondas de energía que contienen direcciones horizontales y verticales entre el imán y su posición de origen: su vivaxis. No importa qué tan lejos esté el imán de su punto, podrá sentir una onda horizontal y vertical sobre el vivaxis si lo hace mediante la forma tradicional de prueba al colocar su mano sobre el vivaxis. El imán necesita estar debajo de su vivaxis de tal manera que pueda sentir las ondas verticales mientras que coloca su mano de prueba sobre el vivaxis.

Un vivaxis se crea con un relámpago. Éste crea un vivaxis fuerte y permanente y el radio del vivaxis es proporcional a la longitud de tronco o polo del árbol. En el capítulo 11, se describe el efecto de transferir este vivaxis a otro lugar.

De estos ejemplos, se puede observar que un vivaxis es una esfera permanente de energía, cuyo tamaño varía de acuerdo con el tamaño de la entidad correspondiente, y la cual tiene una conexión bidireccional permanente con el sujeto sin importar la distancia del lugar de origen. Se ha descubierto que las energías viajan verticalmente hasta que alcanzan el nivel del sujeto y posteriormente cambian a dirección horizontal hasta que alcanzan al sujeto (ver diagrama 1 en la pág. 27). Una vez que haya desarrollado la habilidad de sentir las ondas horizontales y verticales, será fácil evaluar estas fuerzas asociadas con un vivaxis.

Fran descubrió esto para pruebas precisas y para una buena salud; necesitamos tener circuitos energéticos limpios para recibir estas energías dadoras de salud. Muchos problemas creados por el hombre pueden provocar estática y bloqueos de energía a estos circuitos. Ya se abarcó en el capítulo 1 cómo se purifican nuestros circuitos. El hecho básico que se debe recordar es que nuestro cuerpo energético tiene tanto componentes magnéticos como eléctricos. Esto se ha demostrado mediante el trabajo de Harold Saxton Burr sobre los campos L y se desarrolló más detalladamente gracias a Robert Becker en su trabajo con la regeneración de huesos. Becker descubrió que la información sobre el crecimiento y recreación de huesos se transmite mediante campos electromagnéticos que en realidad están fuera del sistema nervioso.

En su libro, *Electromagnetismo y vida*, Becker afirma que:

> *...la evidencia parece ser contundente en cuanto a que hay corrientes eléctricas directas fijas que fluyen fuera de las neuronas propiamente dichas por todo el cuerpo. Estas corrientes no son de la naturaleza iónica y se asemejan a las corrientes de tipo semiconductor. Las células perineurales parecen ser el lugar más probable en donde se generan y transmiten las corrientes.*

Más adelante, Becker afirma que este fenómeno constituye un sistema de transmisión de datos muy básico.[45]

Alteraciones electromagnéticas de nuestro vivaxis

Además, Becker realizó contribuciones importantes al estudio del efecto de los campos electromagnéticos artificiales en los que se producen en el cuerpo humano. Al parecer, nuestra naturaleza eléctrica delicada se satura con facilidad mediante los campos que provienen de cables de alta tensión, televisiones, pantallas y transformadores. La interferencia electromagnética de una frecuencia mucho mayor viene de los transmisores de microondas, que ya se encuentran a lo largo y ancho de todo el globo terráqueo. Becker investigó la forma cómo los campos electromagnéticos de los electrodomésticos, tales como refrigeradores, secadoras para el cabello, computadoras, cobijas eléctricas y algunos circuitos eléctricos y teléfonos celulares, han mostrado tener efectos perjudiciales para el cuerpo.

Desde que Fran realizó sus descubrimientos, nuestra exposición a muchos de estos campos se ha incrementado enormemente. El último capítulo de este libro está dedicado a explorar esta área con mayor detenimiento. En esta etapa de nuestro estudio, debemos observar por un momento estos hechos sobre los campos electromagnéticos y su efecto en las energías del vivaxis para entender la necesidad de purificar nuestros circuitos de energías ajenas.

Otros ataques a nuestros propios circuitos de energía incluyen exposiciones a estudios médicos como rayos X, ultrasonidos, tomografías axiales por computadora, resonancias magnéticas nucleares y electrocardiogramas. Muchos de los químicos en los medicamentos y los alimentos también pueden afectar nuestras energías. He descubierto alteraciones en algunas personas provocadas por aparatos electrónicos que utilizan algunos naturoterapeutas. El sistema de circuitos eléctricos en el aparato puede generar un vivaxis ajeno que podría confundir la energía de la persona. Hay personas se encuentran literalmente en un mar ardiente de energía y se pueden detectar vivaxis ajenos en sus campos.

Una de mis clientas que habían estudiado el vivaxis conmigo se sometió a un tratamiento con otro naturópata; dicho tratamiento involucraba un aparato que emitía energías a diferentes frecuencias. El aparato se empleó con muchas personas para cada sesión y a una frecuencia particular. Un día este naturópata trataba a pacientes con cáncer; otro día, recibirían tratamiento pacientes asmáticos y, otro más, se trataría a pacientes con artritis. Esta situación permitió que estos pacientes establecieran una conexión permanente (eléctricamente hablando) a través del aparato. Mi clienta regresó conmigo tras experimentar sensaciones como de electrochoques en el cuerpo y se percató de lo que le habían hecho a su vivaxis.

Al escanear su campo, descubrí que tenía un campo ajeno conectado a su muñeca en el punto en donde se había sujetado el electrodo de la máquina durante el tratamiento. Ella no me había comentado sobre este punto de contacto antes de que realizara el escaneo. En su caso, después de intentar en vano erradicar el problema, tuvimos que crearle un nuevo vivaxis personal (ver capítulo 10).

Métodos para eliminar alteraciones de nuestro canal de vivaxis

A lo largo de los años, se han empleado algunos métodos para purificar los bloqueos de energía de los circuitos del vivaxis. Todos involucran técnicas que neutralizan o eliminan el exceso de energía eléctrica, particularmente en la forma de estática.[46]

El método del aro metálico

Este muy sencillo método requiere que se pare en un aro metálico galvanizado. Un extremo del alambre del aro debe estar apuntando hacia el círculo y el otro, hacia fuera. El círculo debe medir un metro de diámetro. Usted debe pararse dentro del círculo con las manos sobre los muslos, los pies separados pero sin tocar el alambre. Sólo necesita pararse dentro del círculo treinta segundos. La justificación para esto es obvia: el extremo que apunta hacia dentro del círculo recoge el exceso de energía de la persona y lo saca. Es preferible realizar este método de purificación en un lugar exterior, debido a los diferentes circuitos electrónicos que haya en su hogar.

Este método es apropiado para problemas sencillos de estática o exceso de energía. Es una técnica antigua que se ha empleado durante muchos años. Por ejemplo, con frecuencia se amarraba un alambre o una correa a un carruaje de tal forma que arrastrara por todo el camino y era de suponer que eliminaría la estática que se había acumulado durante el viaje. Se suponía que esto evitaría que se descompusiera el carruaje.

El baño de soda y sal

Añada medio kilogramo de bicarbonato de sodio y la misma cantidad de agua de sal marina no refinada al agua de la tina de baño. Debe sumergirse en el baño de soda y sal durante unos diez minutos y sumergir la cabeza una que otra vez. Una vez más, este método es principalmente apropiado para la estática general y funciona mejor con agua pura, la cual no está disponible en todas las ciudades hoy en día. Muchas sustancias químicas que contiene el agua de la llave pueden interferir con el intercambio de energía entre la soda, la sal y el cuerpo. Este procedimiento no debe realizarse durante los tres días posteriores al periodo de luna llena porque entonces la energía transmitida por estos compuestos temporalmente estará inestable.

Rocío de ducha caliente

Éste es un medio por el cual a usted se le estimula mediante los iones negativos que están presentes en el agua corriente. Los iones negativos tienden a eliminar la estática y a vigorizar el cuerpo. Debe sumergir la cabeza y el agua debe entrar por su boca para estimular la lengua, los dientes y las áreas de alrededor. Una vez más, muchas impurezas que contiene el agua hoy en día pueden desmerecer la efectividad de este método. Si nos agarra el temporal de lluvias, también estaremos siendo bombardeados por iones negativos, lo que puede explicar la sensación de sentirse vigorizado (siempre y cuando no haya bajas temperaturas).

Ejercitación de las capas de energía

Ejercitar estas capas (ver pág. 87) es el método más eficaz que hemos descubierto para eliminar los bloqueos de energía y revigorizar el cuerpo con todas las frecuencias necesarias para una vida saludable. Recuerde ejercitar cada una de los flujos de fuerza con sus pies firmemente puestos en el suelo, sus puños cerrados frotando cada parte de su cuerpo, al mismo tiempo que retuerce y gira su cuerpo en diferentes direcciones. La acción de hacer girar el cuerpo es importante porque cada elemento vital está conectado a una dirección particular en el espacio.

Ejercitar de esta manera las capas de energía nos permite recoger las frecuencias a través de nuestros pies desde la capa en la que estamos parados; asimismo, recibimos frecuencias desde diferentes direcciones magnéticas gracias a las diferentes direcciones que tomamos debido a los movimientos del giro del cuerpo. La dirección magnética exacta para cada elemento se muestra en el diagrama 18 en la pág. 99. Aunque éstas son las direcciones principales, también se sabe que los elementos provienen en cierto grado de otras direcciones, dependiendo de la posición de la Tierra a cierta hora del día.

Unas dos minutos de ejercitación de cada uno de los seis flujos de energía centrales es suficiente después de que haya purificado su cuerpo con carbono. La purificación con carbono es mucho más efectiva si se realiza con dirección al oeste y está parado en la capa que contiene la frecuencia de carbono. Como se describió en el capítulo 1, si no está parado sobre las capas de energía, el carbono se localiza si se para con dirección al norte y no al oeste. De alguna manera la dirección del carbono cambia según la energía fluye a través de las capas de energía de la Tierra.

El ejercicio de neutralización es otro ejemplo en donde hay una mejora en el procedimiento al sentarse en el Flujo de fuerza 1.

El campo de energía humana

Antes de describir cómo encontrar el vivaxis, es necesario que abarquemos el campo de energía humana con mayor detalle. En la enseñanza transhimalaya clásica, hay siete capas de conciencia y siete vehículos para cada una. Ya abarcamos estos niveles de conciencia en los dos primeros capítulos. El cuerpo físico es sólo el abrigo externo y el primer vehículo de importancia se entiende como campo de energía que subyace en todos los órganos y tejidos físicos. En el Occidente, al cuerpo energético se le llama con frecuencia cuerpo etéreo. El propósito de este cuerpo energético es triple:

- Proporcionar el patrón para todo el crecimiento y regeneración física —el plano descrito por Burr en su investigación sobre los campos internos.
- Recibir energía del Sol y transportarla a cada parte del cuerpo físico.
- Actuar como mediador entre los estados elevados de conciencia y el cerebro y el sistema nervioso.[47]

Según parece, el punto de contacto entre el cuerpo etéreo y el físico es el campo electromagnético. Becker claramente estableció que la información para el crecimiento y regeneración dentro del cuerpo se transmite mediante este campo. Su investigación explica lo que en la actualidad es inexplicable en la embriología, es decir, por qué una oreja crece en la cabeza y no en el pie. El cuerpo etéreo es el que proporciona el plano o patrón que se transmite mediante el campo electromagnético a las células. La base científica para el cuerpo etéreo se abordó en mi libro anterior, titulado *Frontiers of Natural Therapies* [*Fronteras de las naturoterapias*].[48]

La electrofotografía o fotografía kirlian resalta el campo electromagnético del cuerpo humano y muestra cambios en éste antes de que la enfermedad visible ocurra. El objeto o sujeto a fotografiar se coloca en un campo de alta frecuencia que provoca una aceleración de electrones que se emiten de la piel. Entonces, estos electrones se colisionan con las moléculas en el aire, las cuales crean una luz que se manifiesta como un aura en la película sin la necesidad de ninguna fuente de luz externa para la foto. El nombre científico para este efecto es descarga coronal.

Por lo tanto, es entendible que al vehículo etéreo se le llame con frecuencia cuerpo de luz. Ahora sabemos que los electrones acelerados pueden convertirse en partículas de luz o fotones que tienen movimiento pero no masa. Se ha descubierto que el cuerpo humano emite partículas de luz todo el tiempo y algunos científicos enfocados en la electrónica atraídos por la vanguardia de la medicina han estado investigando cómo grabar este cuerpo de luz.

Uno de los líderes en el campo es Harry Oldfield en el Reino Unido. Él diseñó una cámara de video y un programa informático que captura el cuerpo de luz en una pantalla de computadora, lo que permite que se capten huellas de colores sin la necesidad de un campo de frecuencia elevada. Los bloques de color en las imágenes recibidas se interpretan como bloqueos de energía y se ha descubierto que corresponden a problemas físicos en el sujeto. Hasta la fecha no hay material detallado publicado sobre su tecnología o investigación, pero algunos antecedentes de su trabajo se pueden encontrar en su libro *The Dark Side of the Brain* [*El lado oscuro del cerebro*].[49]

Siempre necesitamos ser cuidadosos para distinguir el campo electromagnético alrededor del cuerpo etéreo, el cual probablemente esté más allá del rango del espectro electromagnético. No obstante, al parecer el cuerpo etéreo se compenetra internamente y se expresa a través del campo electromagnético; así, la fotografía de la alta frecuencia y la técnica más refinada de Oldfield pueden darnos información indirecta pero importante sobre las energías etéreas de una persona.

A partir de la información de Fran, el cuerpo etéreo parece tener una banda de dos capas fuera de la piel (esto se describe en el capítulo anterior), ya que se asocia con la frecuencia de los dos grupos particulares de esenciales elementos vitales. La gente saludable tiene un libre flujo de energía bidireccional dirigido hacia atrás y hacia delante a partir de esta envoltura alrededor del cuerpo y hacia el vivaxis. Anteriormente consideramos el punto de contacto desde la tecnología hecha por el hombre en esta envoltura eléctrica de energías alrededor de nuestro cuerpo. Este efecto perjudicial ocurre porque en el cuerpo humano nos ocupamos de milivoltios y de un campo electromagnético muy débil en comparación con los campos electromagnéticos mucho más fuertes asociados con la tecnología moderna.

No es de sorprenderse que Fran haya descubierto alteraciones en la conexión del vivaxis en mucha gente. Muchos investigadores médicos ya han establecido una conexión cercana entre el sistema nervioso y el sistema inmunológico. Dado que también hay una conexión entre el campo electromagnético del humano y el sistema nervioso, es entendible que el sistema inmunológico pudiera estar seriamente comprometido por interferencias electromagnéticas.

La búsqueda de su vivaxis

Cuando Fran primero comenzó a enseñar a la gente cómo encontrar su vivaxis, utilizó dos alambres con ángulos galvanizados doblados en ángulo recto con el brazo vertical sostenido en un manguito de cobre. En búsqueda de su vivaxis, la persona se volteaba alrededor lentamente en un círculo y cuando estaba en el canal de su vivaxis, los alambres se cruzaban perfectamente en las puntas. De forma alternada, se usaba un alambre que colgaba hacia la punta del dedo índice de la otra mano al estar frente al vivaxis. La posición del cuerpo era importante; la columna vertebral estaba muy derecha, la cabeza erguida y los alambres caían por el frente del cuerpo con el manguito de cobre en posición vertical y el pulgar en posición vertical sobre el manguito de cobre.[50] Con propósitos de investigación, algunas veces todavía juego con un par de alambres en ángulo, por lo general de cobre; incluso sin ningún manguito que cubra un brazo del alambre puedo hacer observaciones interesantes. Para probar las energías del cuerpo o la búsqueda de cualquier tipo, los alambres deben estar sostenidos de tal modo que la porción horizontal del alambre sea paralela al suelo. El alambre debe poder girar libremente por encima del primer dedo y del pulgar que está sosteniendo el brazo vertical del alambre. Descubrí que si uno está libre de alteraciones energéticas y se concentra muy bien en una dirección en particular, un alambre se volteará con fuerza hacia el vivaxis y el otro hacia la dirección que le dicte el cerebro.

Conforme pasaron los años, Fran descubría cada vez más acerca de los elementos y sus frecuencias. Se percató de que las impurezas como las frecuencias principales en el alambre se absorbían en el cuerpo y afectaban la habilidad de registro de los estudiantes. En esta etapa, comenzó a capacitar a gente para usar su brazo como instrumento de registro en lugar de usar una varilla o un péndulo. Concuerdo con estos hallazgos: tras experimentar en un inicio con los alambres, hoy en día me parece más natural usar mi brazo y mano.

Hay muchas técnicas que pueden usarse para encontrar su vivaxis. La purificación de sus circuitos es esencial antes de intentar localizarlo. Deberá hacer la purificación con carbono para limpiar los rayos X, el ejercicio de neutralización y el ejercicio de los flujos de energía antes de llevar a cabo el siguiente paso. También deberá estar consciente de que si tiene los senos paranasales bloqueados, puede ocurrir que no encuentre su vivaxis —probablemente esto se deba a que su sentido magnético está localizado cerca del seno etmoideo, cerca de la raíz de la nariz, y pueda estar alterado con la sinusitis.

Como interesante preludio a este ejercicio, trate de detectar el flujo del vivaxis en cada costado de su mano. De los ejercicios previos con las tríadas, ya está acostumbrado a encontrar hierro y zinc o yodo en estos grupos. Habrá un flujo del grupo magnético que incluya hierro en la parte inferior de un costado de la mano y, en la parte inferior del otro lado, el flujo incluirá yodo o zinc como el elemento principal del grupo gravitacional (diagrama 19).[51]

Recordará que éstos corresponden al mismo grupo de minerales de las capas energéticas de la Tierra. Nuestro vivaxis nos conecta con estos flujos de energía. Visualice el hierro mientras examina un costado de su mano y, si no hay respuesta en su mano registradora, piense en el elemento en el grupo gravitacional que ya ha establecido, como zinc o yodo. Una vez que haya desarrollado la habilidad de conectarse con el vivaxis, descubrirá

Diagrama 19. El vivaxis fluye a lo largo de los lados de las manos

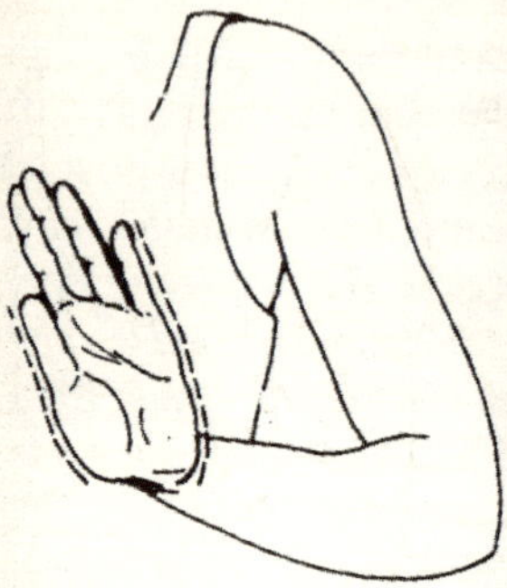

El flujo magnético estará en un costado de su mano y el flujo gravitacional en el otro. Esto forma parte de su flujo bidireccional hacia atrás y hacia delante hacia su vivaxis.

que en cuanto escoja uno de los vivaxis que fluyen en su cuerpo su brazo registrador se moverá en la dirección de su vivaxis mientras se concentra en ese elemento. Sin embargo, por lo mientras los siguientes métodos le ayudarán a encontrar la dirección exacta para los flujos conectados con su vivaxis.

Primer método

1. Pruebe un terreno neutral y encuentre un área a por lo menos 2 metros de distancia de los edificios y árboles y por lo menos a 18 metros de distancia de los cables de alta tensión y a unos dos metros de distancia de los cables de luz que dan hacia su casa.
2. Evalúe el flujo iónico en usted mismo e incluya su ambiente al girar en el sentido de las manecillas del reloj. Nunca realice ningún ejercicio si su mano registra un movimiento circular que indica energías caóticas en uno mismo o en el ambiente.
3. Pruebe su flujo solunar porque durante las corrientes altas y bajas la conexión del vivaxis no está completamente presente.
4. Encuentre las capas energéticas y colóquese en el Flujo de fuerza 3 (banda magnética). Coloque los tres dedos medios de una mano sobre el costado del muslo a la altura que lleguen sin estirar ni encoger los hombros; aquí se localiza una tríada o grupo triple. Después deberá mover la mano registradora respecto al flujo iónico. Los tres dedos harán la relación con sus tres grupos similares en el muslo —hierro, cromo y zinc o yodo— y cuando levante el dedo medio sus otros dedos permanecerán conectados con los flujos de vivaxis de los grupos magnético y gravitacional (diagrama 20).

Diagrama 20, Descubrimiento de las tríadas en los muslos

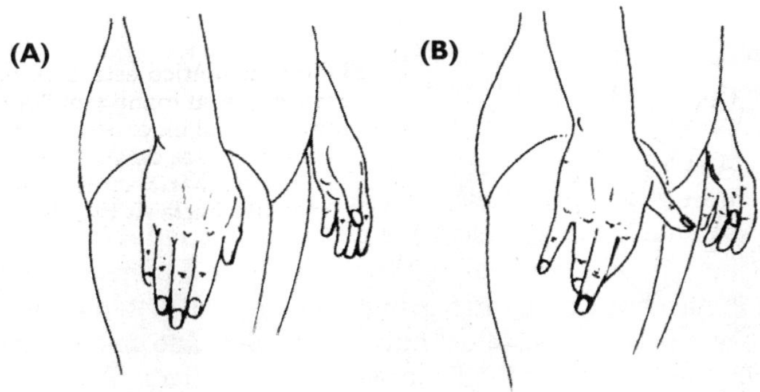

Cuando sus tres dedos estén correctamente colocados sobre el costado del muslo (A), su brazo registrador se moverá hacia atrás y hacia delante (al igual que el flujo iónico). Levante el dedo medio que deja los dedos del vivaxis en los grupos de vivaxis (B) y su brazo registrador ahora comenzará a moverse en la dirección de su vivaxis. Después de girar con dirección a su vivaxis, ambos brazos comenzarán a balancearse hacia atrás y hacia delante hacia su vivaxis.

5. Después de que haya levantado el dedo medio, su mano y brazo registrador comenzarán a girar y a balancearse hacia el vivaxis siguiendo las energías relacionadas con los dedos del vivaxis. Intente girar en diferentes direcciones, ya que en algunas posiciones el cuerpo puede encontrarse en la misma dirección del brazo balanceándose hacia su vivaxis. Las diferentes direcciones también reconfirmarán la dirección del vivaxis.
6. Marque la posición con un palo y coloque los pies de tal modo que apunten directamente hacia su vivaxis. Coloque sus manos firmemente sobre sus muslos y tararee una melodía que haya aprendido en sus primeros años de vida como una canción infantil. La razón para cantar una canción infantil es porque esta melodía está muy bien registrada en sus barras de memoria a cierta edad antes de que ocurriera cualquier alteración de su vivaxis. Por consiguiente, revivir una memoria musical de los primeros años de su infancia provoca una fuerte atracción hacia su vivaxis y probablemente todo su cuerpo sentirá una fuerza que lo jale hacia este punto.

Observe que cuando se coloca en el Flujo de fuerza 3 y con dirección a su vivaxis, sentirá una fuerza que lo jala hacia adelante cuando visualiza cualquiera de los elementos en el flujo de fuerza, como el hierro, el cobre o el selenio. Por esta razón, cuando se prueban las direcciones magnéticas para los elementos como se describe en el capítulo anterior, es importante que no se coloque con dirección a ninguno de los cuadrantes del vivaxis porque cuando está parado frente a su vivaxis, en dirección opuesta o en ángulos rectos, sentirá una fuerza que lo jala al visualizar cualquiera de los elementos.

Si en cualquier momento siente una fuerza que lo jala hacia atrás al momento de colocarse con dirección a su vivaxis, esto significa que probablemente haya una tormenta eléctrica o alguna otra influencia de alteración en el área del vivaxis; por lo tanto, deberá posponer la prueba o canalización hasta que desaparezca la influencia. No obstante, en las primeras etapas vale la pena verificar que no esté colocado de espaldas al vivaxis. Verifíquelo cambiando de dirección y tarareando una canción infantil nuevamente.

Segundo método

1. Colóquese en el Flujo de fuerza 3 y repita los pasos 1-3 del primer método. Después coloque el dedo medio de su mano izquierda ligeramente sobre su ombligo.
2. Gire lentamente en la misma dirección de las manecillas del reloj si se encuentra en el hemisferio norte (hemisferio septentrional) y en sentido opuesto a las manecillas del reloj si se encuentra en el hemisferio sur (hemisferio austral). Cuando está de frente a su vivaxis, su brazo registrador se balanceará del mismo modo como sucede con el flujo iónico. Ésta es la única posición en la que registrará el flujo iónico desde el ombligo. Es casi como si tuviera un cordón umbilical invisible de energía que nos ata al vivaxis.

Puede utilizar este método para comprobar el primer método. Puede suceder que con esta técnica también obtenga una respuesta cuando se pare frente a la dirección opuesta exacta de su vivaxis. En este caso, tararee la canción infantil para distinguir entre las dos direcciones. Por lo general, sentimos una fuerza que nos jala hacia delante cuando estamos frente al vivaxis.

Una vez que purificamos nuestros circuitos energéticos de rayos X y otras alteraciones, deberemos ser capaces de pararnos frente a cualquier dirección en estado relajado con dirección a nuestro vivaxis. Para asegurarse de que se han eliminado los rayos X, presione firmemente con su dedo medio las partes expuestas a los rayos X; el brazo registrador debe estar balanceándose hacia su vivaxis. Si se mueve en otra dirección, esto significa que está recibiendo energía de dos vivaxis: su propio y el que está conectado con el aparato de rayos X o alguna otra fuente electromagnética.

Entonces, deberá repetir la técnica del carbono para los rayos X, repetir el ejercicio de neutralización, frotar el área concerniente otra vez y trabajar en todos los flujos de fuerza una vez más; deberá concluir con la canalización al vivaxis como se describe en el siguiente capítulo.

Prueba de la fuerza de las energías del vivaxis

También se puede localizar el vivaxis cuando está parado en un terreno neutral. Sin embargo, cuando una persona está de frente a su vivaxis en un suelo común, drena las energías de cualquier cosa en su ambiente en un radio de 60 metros. Esto indica las sorprendentes energías de nuestro vivaxis. Se puede demostrar de la siguiente manera.

Coloque a varias personas que tengan la habilidad desarrollada de encontrar flujos iónicos en diferentes puntos de distancia en un área aproximada de 60 metros, partiendo de una persona (A) parada en un terreno neutral. Indique a las personas que encuentren el flujo iónico y después realice nuevamente la prueba cuando la persona (A) esté frente a su vivaxis. Los brazos registradores de las demás personas se desactivarán por completo cuando alguna de ellas esté frente a su vivaxis, lo que ilustra la fuerza de las energías con las que estamos trabajando. Esta prueba no puede realizarse por más de un minuto, ya que evidentemente está drenando la energía de todos los que están alrededor.

Estos resultados también indican el sorprendente efecto protector de las capas de energía y por esta razón todo el trabajo de vivaxis se debe realizar en estas bandas para proteger y fortalecer nuestro campo de energía y proteger a otras personas. De todas las terapias naturistas que involucran energías sutiles que he estudiado, mi trabajo con las energías de la Tierra sí es reproducible. Esto me indica que estamos trabajando con una ciencia.

La importancia del vivaxis

Es impresionante descubrir que todas las criaturas cuentan con ondas magnéticas que se relacionan directamente con un punto geográfico establecido justo antes del nacimiento. Estas ondas proveen fuerzas vitales en una conexión magnética bidireccional. También es importante que una persona lega en la materia haya establecido que tenemos una facultad magnética para encontrar esta dirección mucho antes de que los científicos descubrieran que los humanos, los peces y los pájaros tuvieran este sentido de dirección magnético o de volver a casa.

El hecho de que nuestro campo energético esté conectado a través de un haz de energía al campo energético de la Tierra es un hallazgo lógico y extraordinario. Esto significa que de verdad somos hijos de la madre Tierra. Si destruimos nuestro vivaxis, inmediatamente se crea otro, el cual está conectado con la capa de energía más cercana (ver capítulo 10). Podemos especular que en algunos casos de muerte inexplicable, por alguna razón, el vivaxis de una persona se destruye sin que se cree una nueva conexión. Uno se pregunta qué efecto tienen los viajes en los astronautas con respecto a su vivaxis.

La esfera de energía que es el vivaxis no desaparece incluso después de la muerte. Por supuesto que ya no habrá una conexión bidireccional que la una con el animal o el humano en la ausencia de un cuerpo físico o etéreo. Éste es un tema difícil de investigar a gran escala, ya que tendríamos que saber el lugar exacto de nacimiento del vivaxis de cada persona para probar si permanece después de la muerte. De acuerdo con los escritos de Fran Nixon, sólo contamos con casos limitados donde se ha encontrado la localización real del vivaxis prenatal.

Para mantener la salud y la conexión con nuestro vivaxis, no es necesario encontrar su lugar de origen. Lo que sí necesitamos es la dirección exacta del vivaxis. En teoría, podemos encontrar el lugar siguiendo esta dirección a su fuente a través de verificaciones constantes y pruebas en el camino.

Incluso si usted vivió a tan sólo unos cuantos metros de distancia del lugar de residencia de su madre durante el embarazo, esto representaría un gran reto si hace la búsqueda a pie. Podría hacerlo en automóvil pero esto dificultaría mucho la precisión, pues muchas calles y carreteras están cerca de cables de alta tensión. Asimismo, el efecto en sus energías mientras viaja en el automóvil tendería a provocar registros imprecisos hasta que esté nuevamente caminando sobre el suelo durante algún tiempo. Éste es un punto que hay que recordar cuando esté llevando a cabo una de estas técnicas después de viajar en automóvil, tren o avión.

No obstante, algunas personas en áreas rurales que no se han alejado de su lugar de nacimiento han podido encontrar su vivaxis, lo cual ha proporcionado información invaluable. Para propósitos generales, es innecesario encontrar el lugar real del vivaxis. En breve aprenderemos a determinar si hay un canal purificado. En estos tiempos de tecnología, a pesar de los cables de luz, los alambres, los transmisores de microondas y los aparatos que deben atravesar nuestros flujos de vivaxis, en la mayoría de los casos las energías permanecen intactas. Así pues, comencemos a explorar cómo podemos utilizar estas sorprendentes energías para mejorar nuestro estado de salud.

6
El uso del vivaxis y las capas energéticas

A lo largo de muchos años, he aprendido muchas maneras prácticas de usar las energías de la Tierra para restaurar la salud en los humanos y en la naturaleza. La gran ventaja de este trabajo con las energías radica en su costo nulo. Cualquiera es capaz de hacerlo, en especial después de haber viajado o en los periodos de mucho estrés, enfermedad o en cualquier otra época cuando no podemos utilizar más que nuestros propios recursos.

La canalización de las energías del vivaxis es el ejercicio más importante relacionado con el vivaxis que podemos hacer. Es un medio de consolidar las energías vitales del vivaxis y regresar el suministro de dichas energías a los órganos afectados. Mediante la canalización se hace posible la sincronización de las energías que corren por los flujos paralelos del vivaxis y hacia él. El equilibro de todos los elementos del organismo se ve reforzado, lo cual a la vez corrige las anomalías del sistema nervioso y la musculatura. Además, se percibe un cambio radical en el funcionamiento del sistema linfático e inmunológico. Ello significa mejores posibilidades de combatir virus y bacterias ajenas al organismo. Por último, se ajustan y se equilibran todas las glándulas del sistema endocrino.

Durante el ejercicio de canalización, se deben tener en cuenta y evitarse los siguiente factores que pueden afectar las energías del vivaxis: aviones que vuelan en lo alto, motores eléctricos de aparatos como sierra de cadena o taladro, segadoras, clima tormentoso, ramas de árboles encima de la cabeza, cables de alta tensión, así como estar parado sobre alfombras de acrílico, debajo de luces, cerca de televisiones o transmisores de frecuencia modulada. Elija un espacio abierto al aire libre durante periodos de buen clima y lejos de las interferencias mencionadas.

No hay necesidad de hacer los procedimientos de canalización todos los días; aunque la frecuencia depende de la persona, dos días por semana probablemente sean suficientes para mantener o recuperar una buena salud. Personalmente, prefiero usar el siguiente método para tener una idea: camino lentamente por las capas de energía y observo si no se percibe la respuesta en el brazo registrador en cualquier flujo de fuerza. Si esto es así, lo tomo como un indicio de que es necesario canalizar en este flujo de fuerza. Generalmente se trata del Flujo de fuerza 1, 3 o 4. De vez en cuando, cuando surge una necesidad específica como, por ejemplo, la necesidad de más iones negativos o positivos, resulta necesario canalizar en la banda de magnesio o de fósforo.

Asegúrese de tener un flujo iónico sano en las siguientes áreas clave: la cima de la cabeza, el cóccix, los puntos centrales en los pies y las manos, así como la parte posterior del paladar (use la punta del pulgar para evaluar el último sitio). Si se encuentra algún desajuste, frote el área antes de la canalización.

Canalización al vivaxis

1. Quítese el reloj, las alhajas, el sombrero y el calzado, a menos que éste tenga suelas de goma o piel.
2. Evalúe el flujo iónico y el solunar. Absténgase de canalizar durante la marea alta o baja, ni tampoco cuatro horas antes o después de la luna nueva o llena. Los horarios exactos de la aparición de las lunas nuevas y llenas se pueden encontrar en muchos calendarios. Como éstos no siempre toman en cuenta el cambio de horario, no olvide hacer las modificaciones correspondientes. En el caso del horario de verano, es necesario restar una hora a la hora actual para obtener el horario absoluto.
3. Encuentre el mejor flujo de fuerza al caminar lentamente de la banda del pie a la banda portadora de magnesio hasta que el brazo registrador obtenga una respuesta fuerte. Si no está seguro, use el Flujo de fuerza 1 o 3.
4. Párese en el flujo seleccionado y encuentre la dirección de su vivaxis. Puede marcar en el suelo los cuatro puntos cardinales, divididos entre sí por un ángulo recto (90°). Paso seguido, canalice en los cuatro sentidos como se describe a continuación (empiece y termine viendo hacia su vivaxis). Separe los pies, póngase derecho, cierre los ojos e incline la cabeza hacia delante lo más que pueda. Fíjese en la respuesta que se percibe en sus brazos; si la respuesta es especialmente fuerte en un punto particular, mantenga la cabeza en esa posición y aguarde hasta que los brazos dejen de moverse, lo cual indica que se ha absorbido suficiente energía (ver Diagrama 21 en la siguiente página).
5. Voltéese en el sentido de las manecillas del reloj si está en el hemisferio norte o en el sentido contrario si se encuentra en el hemisferio sur y repita el movimiento en las cuatro direcciones. Termine canalizando por quinta vez cuando nuevamente esté viendo hacia el vivaxis.

Diagrama 21. Canalización al vivaxis

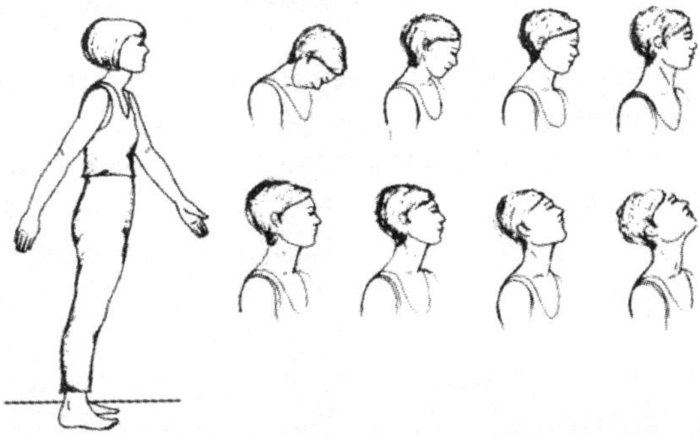

Los brazos se mecen a medida que se está canalizando hacia el vivaxis. Incline la cabeza hacia delante y hacia atrás como se muestra en la ilustración.

6. Haga el procedimiento por un tiempo corto en los demás flujos de fuerza con excepción de la banda de la mano.
7. Apártese de las bandas y póngase en el terreno neutral para deshacerse de la energía sobrante.
8. Podrá confirmar que el proceso terminó con éxito si su brazo se mueve solamente hacia el vivaxis incluso si está concentrado en otras direcciones. Esto le indica que el cuerpo todavía está firmemente alineado con el vivaxis.
9. Camine unos 20 minutos para bajar el exceso de energía a la tierra y evite el contacto con otras personas mientras los fluidos del cuerpo estén firmemente alineados con el vivaxis, esto es, unos 20 minutos después de la canalización. Puede comprobar esto al tocar cualquiera de los ganglios linfáticos con el dedo de prueba (recuerde: es el índice izquierdo si está encima del vivaxis y el anular izquierdo si se encuentra más abajo). El brazo registrador habrá percibido un estímulo para moverse durante el mismo lapso de tiempo. Puede interrumpir la alineación en cualquier momento mediante un ejercicio de neutralización por medio del método de acordeón descrito en el capítulo 1. Al paso de 20 minutos o antes si hizo el ejercicio de neutralización, podrá mover el brazo hacia cualquier dirección que se visualice.

Canalización para elementos específicos

En ocasiones, puede ser necesario canalizar para ciertos elementos en particular. Por ejemplo, canalizar al hierro en los casos de anemia, selenio para subir las defensas o yodo en el caso de una deficiencia tiroidea. También puede darse el caso cuando necesitamos oxígeno para contrarrestar la migraña y diferentes infecciones.

1. Párese en el flujo de fuerza que contiene el elemento elegido (ver diagrama 12 en la pág. 85).
2. Póngase derecho y visualice el elemento, tomando nota de la dirección en la cual se mueve su brazo registrador. Voltee hacia esta dirección y frote las manos sobre los muslos, visualizando el elemento en cuestión. Si está viendo hacia la dirección correcta, deberá sentir un jalón hacia delante cuando visualice el elemento. Marque el terreno en las cuatro direcciones a noventa grados de la primera y la más importante dirección para este elemento.
3. Lleve a cabo la canalización de la misma manera que en el caso del vivaxis, viendo hacia los cuatro sentidos relacionados con el elemento.
4. Haga el procedimiento por un tiempo corto en los demás flujos de fuerza con excepción de la banda de la mano para alcanzar el equilibrio con otros elementos.

Recuerde que la canalización se debe llevar a cabo durante el flujo solunar, pues de lo contrario los flujos de energía de los elementos como cromo, calcio, yodo o zinc desaparecerán temporalmente. La canalización para el selenio es particularmente fuerte durante la marea baja, por lo que si existe la necesidad de selenio, siempre hemos de canalizar en este periodo. Dada la importancia del selenio en el sistema inmunológico, este ejercicio puede ser muy útil.

Método para el alivio del resfriado común

1. Párese en el Flujo de fuerza 1 y estimule los receptores de los senos paranasales en las puntas de los dedos de los pies arrastrándolos y presionándolos contra el suelo.
2. Envuelva cubos de hielo en plástico y estimule los receptores de los senos paranasales en las puntas de los dedos manteniendo un cubo de hielo con las yemas durante unos segundos. Presione ligeramente los cubos contra las cavidades paranasales de ambos lados de la nariz, alrededor de los ojos y las orejas.
3. Canalice hacia su vivaxis como de costumbre; inhale y exhale profundamente en cada una de las direcciones. Trague la saliva dos veces en cada dirección para calentar los músculos de la garganta y dirigir las energías magnéticas hacia esta parte del cuerpo.

Es probable que tenga que repetir el procedimiento dos horas después. Para alcanzar mejores resultados, debe hacerlo con la aparición de los primeros síntomas del resfriado o gripa.[52]

Consejos para los viajeros

Si usted viaja mucho, puede ser de utilidad saber las direcciones principales (norte, sur, este y oeste), porque este conocimiento permite en cualquier momento determinar la dirección de su vivaxis. Recorrer grandes distancias en poco tiempo puede desorientar su percepción del vivaxis, el cual puede aparecer desviado con respecto a su verdadera dirección. Es, por lo tanto, muy recomendable practicar los ejercicios de los Flujos de fuerza centrales de 1 a 4 después de someterse a una alteración como lo es un viaje en avión o exponerse a otro tipo de interferencia eléctrica o magnética. En mi experiencia, dichas alteraciones jamás lograron impedir que yo encontrara las capas de energías después del viaje.

Localice el Flujo de fuerza 1 después de llegar a su destino; paso seguido, puede buscar la dirección de su vivaxis. Es muy probable que la dirección que encuentre coincida con su estimado de los puntos cardinales, lo cual le permite proceder con la canalización en el flujo de fuerza. Pero si las direcciones parecen estar desviadas, puede ser necesario que deba frotar los puntos principales del cráneo antes de realizar los ejercicios posteriores con los flujos de fuerza. Los puntos afectados pueden incluir la parte superior de la cabeza, el paladar, el caballete y el hueso llamado mastoides que se encuentra detrás de la oreja.

Desactivación del medio ambiente

Usted ya ha empleado los flujos de energía para desactivar o tratar los objetos de plástico o nailon. Ahora ha llegado el momento de ampliar esta actividad, puesto que es posible extender el efecto de este procedimiento de los flujos de energía a otros medios.[53] Uno de los primeros ejercicios que pido hacer a los participantes de mis seminarios consiste en desactivar las vibraciones perniciosas de los edificios modernos y sustancias artificiales usadas en automóviles y muebles.

Haga una bolsa "desactivadora" mezclando una cuchara copeteada de ascorbato de calcio con un medio kilo de salvado de trigo orgánico. La mezcla se cierra herméticamente en una bolsa de plástico resistente que se coloca en cada uno de los flujos de fuerza durante 30 segundos. La vitamina C, según parece, absorbe todas las frecuencias de los flujos de fuerza y los retiene durante años, siempre y cuando se mantenga seca. Los investigadores médicos han comprobado que la vitamina C participa en la transferencia de los electrones en las células, razón por la cual resulta sensible a las transferencias de energía. Así que bien puede ser que este ejercicio no sea tan descabellado como parece.

Evalúe el flujo iónico de los muebles en su casa. Use la vista para hacer exámenes visuales y tome nota de las respuestas en la mano registradora. Los muebles alterados provocarán un movimiento circular en esta extremidad en vez de las oscilaciones normales. También puede presentarse una falta completa de movimiento. Es interesante evaluar el flujo iónico de diferentes muebles y accesorios: alfombra, sillas y camas. Encontrará numerosos desajustes durante las evaluaciones, con excepción de las sustancias completamente naturales como la madera no tratada, lana, paja y algodón. Todas las superficies pintadas suelen causar alteraciones, al igual que el papel tapiz, tapetes sintéticos y los pisos cubiertos de compuestos de poliuretano.

Terminada la evaluación, meza la bolsa sistemáticamente por todas las áreas empezando por los rincones más lejanos de cada habitación y evitando regresar a las áreas que acaba de desactivar. Lo ideal sería llevar a cabo este proceso desde la azotea, pues de esta manera todo lo que se encuentra más abajo será tratado. Desde luego, esto se debe llevar a cabo en una azotea plana, ya que en una superficie inclinada puede convertirse en un ejercicio peligroso. Deje pasar unos momentos para que las energías se asienten antes de evaluar la segunda vez. El brazo debe registrar un movimiento oscilatorio normal después de tratar el área en cuestión (ver diagrama 22).

Diagrama 22. Desactivación de la casa

Empiece por el rincón más lejano de la habitación y regrese gradualmente hacia la puerta.

El mismo procedimiento se usa en los automóviles. Casi siempre se pueden realizar meciendo la bolsa encima y afuera del auto. Lo más recomendable para estos ejercicios es hacerlos cuando los vecinos no lo están viendo. Muchas personas se dan cuenta de la diferencia que se percibe en sus casas, oficinas y autos después del tratamiento con la bolsa desactivadora. Manténgala en un lugar alejado de las habitaciones donde pudieran dormir las personas, así como lejos de los electrodomésticos que vibran, como lavadoras o refrigeradores.

El mismo procedimiento se puede usar con los alimentos para liberarlos de las frecuencias de cadmio y plomo o mercurio que a menudo contiene el pescado. El desactivador, por supuesto, no elimina las moléculas físicas de los elementos perniciosos, sino, según parece, hace que las vibraciones o frecuencias dañinas que corresponden al elemento en cuestión desaparezcan por completo.

Es necesario aclarar los diferentes tipos de respuestas que se puedan detectar en la mano registradora. Si no estamos pensando en nada en particular, la energía normal y sana se percibe como un movimiento oscilatorio, cuya dirección no es importante. Un desajuste de energía proveniente de una sustancia nociva por lo general resultará en un movimiento circulatorio. Sin embargo, si está visualizando algún elemento en concreto, tal como el plomo, el cual está presente, obtendrá un movimiento oscilatorio que textualmente afirma que el plomo está ahí. Por ende, podemos afirmar que la mano responde a la intención, ya sea si se está evaluando el nivel de energía en el flujo iónico, ya sea si estamos tratando de detectar algún elemento por medio de su visualización.

A manera de un ejercicio de investigación, puede tratar de averiguar la presencia de sustancias nocivas en diferentes objetos. Por ejemplo, observe botellas que contengan gasolina con plomo y sin éste, y trate de visualizar el plomo para detectar en cuál de las botellas se encuentra dicho elemento. Si la botella contiene plomo, el brazo registrador detectará una respuesta oscilatoria durante la visualización del elemento en cuestión. Después es necesario registrar las respuestas y desactivar algunas de las muestras que contienen plomo con la ayuda de una persona que no haya participado en el experimento. Paso seguido, las botellas se someten a una segunda evaluación y los resultados se comparan con los anteriores.

Asimismo, puede evaluar las frutas y verduras orgánicas y compararlas con los alimentos que se venden en los supermercados. Las posibilidades de investigaciones para probar el efecto de los flujos del vivaxis y las capas de energía son infinitas. Su cuerpo es el instrumento más sensible para los diagnósticos. Con el tiempo, el material en la bolsa desactivadora perderá su función, lo cual se puede evaluar mediante pruebas de los objetos antes y después de la desactivación. En este caso lo mejor es quemar el material. He descubierto que éste mantiene su fuerza durante años.

Las energías de la tierra son bastante potentes, así que debemos dar una advertencia al lector. Dos desactivadores no deben almacenarse uno cerca del otro en la casa, oficina o automóvil, puesto que entre dos bolsas desactivadoras se formarán líneas de fuerza. Si una persona llega a trabajar o dormir dentro de la línea entre dos desactivadores, sus energías podrían verse alteradas.

Las mismas energías provenientes de las capas energéticas se pueden usar para desviar los fenómenos perjudiciales que se producen en la naturaleza, como los torrentes subterráneos; éste será el tema de los capítulos posteriores, en los cuales se contempla una serie de problemas ecológicos.

Energización del agua

Uno de los usos que se le pueden dar a las energías de las capas energéticas es el tratamiento del agua por medio de los flujos de energía.[54] Cada individuo debe establecer su propia frecuencia para hacer este procedimiento. Si padece de una infección o enfermedad, es probable que tenga que tomar una dosis del agua tratada con mayor frecuencia que otras personas.

El uso de agua energizada, práctica conocida como hidroterapia, se convirtió en la primera vertiente organizada de terapias naturales que surgieron en el siglo XIX. El uso del agua para purificar y curar se remonta a miles de años atrás a los primeros días de la historia documentada. Los primeros médicos, como Hipócrates y Galeno, usaron el agua para tratar las heridas.

El agua fácilmente absorbe las energías de la Tierra, hecho demostrado en las investigaciones homeopáticas. Si una parte de la sustancia homeopática se diluye en cien partes de agua 30 veces, no queda ninguna molécula física de la sustancia original. Empero de nuestros estudios clínicos sabemos que incluso estas diluciones pueden tener un fuerte efecto benéfico en la rehabilitación del estado de salud. Por medio de la energización de agua con los flujos de fuerza, la resonancia de los distintos elementos se "imprime" en el agua por un tiempo considerable. Dosis diarias de agua le permiten restaurar el equilibro molecular de los elementos en el organismo. Dichos elementos vitales se asimilan de una manera más apropiada de los alimentos.

Al igual que cualquier tipo de tratamiento que se basa en las energías, en la hidroterapia existe el riesgo de sobredosis. Es por esto que en cualquier terapia natural, como la homeopatía, los medicamentos se administran en dosis muy medidas para evitar confusiones, esto es, la acumulación desmesurada de energías. Lo más recomendable es usar el agua energizada sólo una vez al día, salvo en los casos de enfermedades como dolor de garganta, estómago inflamado o infecciones agudas, pero incluso en estos casos no se deben tomar más de unos tragos de agua cada dos horas.

Método para energizar el agua para beber

1. Elija la hora del día con condiciones climáticas estables y evalúe el flujo iónico y el periodo del flujo solunar.
2. Llene un recipiente con agua de lluvia o agua filtrada. El recipiente debe tener más de 15 cm de alto para poder cubrir tanto los flujos horizontales como los verticales cuando esté acostado de lado. Puede estar hecho de hojalata o plástico.
3. Haga rodar el recipiente entre los flujos de fuerza de la banda de magnesio hasta la de fósforo inclusive. Si lo que usted necesita son más iones negativos, detenga la lata en el flujo de magnesio y tome el agua. Si tiene deficiencia de iones positivos, detenga la lata en el flujo de fósforo y tome el agua.
4. Usando la visualización, evalúe el nivel de los elementos esenciales en el agua, tales como calcio, magnesio, zinc, hierro, cromo y otros. El brazo registrador oscilará conforme vaya imaginando los elementos siempre y cuando la frecuencia del mismo esté presente en el agua energizada.
5. Tome una media taza.

El agua energizada preserva las frecuencias absorbidas de las bandas de energía durante unos quince minutos, pero pierde la potencia relativamente rápido si se le pone en el piso. Es, por lo tanto, necesario que tome el agua inmediatamente después del procedimiento de energización. Si el agua se energiza entre 10 y 14 horas con el fin de incluir los flujos de fuerza blancos (ver capítulo 9), preservará las frecuencias durante semanas si se almacena en un lugar estable.

El agua energizada puede utilizarse como desactivador si se vierte en una bolsa y se usa de acuerdo con las descripciones anteriores para desactivar el medio ambiente. Nunca tome el agua que haya sido utilizada para una desactivación; deséchela de inmediato después del procedimiento. El uso del agua para desactivar alimentos y bebidas puede ser muy útil si no cuenta con ascorbato de calcio ni salvado. Dado que el agua tiende a perder rápido sus propiedades (a menos que incluya los flujos blancos), usted no tendrá que preocuparse por el conflicto de fuerzas que puede originar el polvo de ascorbato. Éste preserva su potencia por muchos años y producirá un campo de energía en la presencia de otro material desactivador.

Las frecuencias de la energía del propio organismo se pueden evaluar rodando un recipiente con agua no energizada empezando a un par de centímetros más abajo del ombligo hasta las cejas. Después coloque el recipiente en la mesa y visualice los diversos elementos que contiene el agua. Si hace falta un elemento, puede absorber su frecuencia tomando agua energizada en los flujos de fuerza correspondientes. Además, debe hacer el ejercicio en el flujo de fuerza.

El agua que no ha sido destilada o filtrada puede contener elementos que contienen una serie de minerales tanto saludables como perjudiciales. El único método de filtración que incluye todas las impurezas es un proceso que se llama osmosis inversa, una forma de potabilizar el agua filtrándola bajo presión a través de una membrana fina que no deja pasar ni siquiera las bacterias. Los famosos purificadores de agua baratos que sólo tienen filtro de carbón filtran algunas de las sustancias pero dejan pasar las que están disueltas en el agua. El agua de las fuentes subterráneas generalmente tiene mayor contenido de elementos minerales, por lo que no puede usarse para los ejercicios anteriores.

Saneamiento de una habitación con alteraciones usando agua salda y dulce

Debido a la influencia de los cambios atmosféricos, el síndrome del edificio enfermo, terremotos (que afectan el campo energético de áreas extensas) y otros factores, en ocasiones necesitamos balancear las energías de una habitación. Alteraciones importantes del flujo iónico dificultan la concentración para las personas ahí presentes. La manera más fácil de evaluar los desequilibrios en el flujo iónico se explica en el capítulo 2. Este ejercicio describe la relación del flujo iónico con el norte y el sur magnéticos.

1. Disuelva una cucharadita de auténtica sal marina en medio litro de agua purificada y revuelva con una cuchara de madera o agite hasta que la sal se disuelva. Vierta el agua en un recipiente y congélela.
2. Prepare otro recipiente pero con agua dulce. Coloque los dos recipientes en la línea del polo magnético norte y sur a 30 cm uno del otro; el recipiente con el agua salada debe estar al norte del recipiente con el agua dulce. Tome en cuenta que estamos imitando la disposición natural del agua en los polos norte y sur: el agua salada se encuentra en el norte, mientras que el agua dulce en el sur. Quite los recipientes si el ambiente se carga demasiado de iones negativos.

Los recipientes despiden una fuerte influencia desactivadora que se extiende a su alrededor llegando al techo de la habitación. Este procedimiento es útil para eliminar las impurezas de las áreas de difícil acceso (por ejemplo, en el techo).

Estimulación y mejoramiento de la memoria

Entre las numerosas preocupaciones con las que los clientes acuden conmigo, el problema de la memoria es quizá uno de los más acuciantes. Es algo que preocupa a todo el mundo con la llegada de las fallas de memoria. El temor de alguna forma de senilidad surge en nuestra mente, sobre todo cuando nos estamos acercando a la madurez y observamos problemas de memoria que padecen nuestros padres.

Existen muchos suplementos que consisten en vitaminas y minerales, tales como las vitaminas del grupo B, así como el fosfato de magnesio y de potasio, el cual puede ser de gran ayuda. Sin embargo, si los receptores básicos en la cabeza para estos minerales se encuentran alterados, necesitamos llegar al origen del trastorno. Como recordará, en la búsqueda del vivaxis usamos algún recuerdo antiguo —como alguna canción de cuna— para verificar la dirección del vivaxis. Recurrimos a este método porque semejantes recuerdos se forman antes de que se produzcan daños a la memoria a causa de sustancias químicas, deficiencias o radiaciones electromagnéticas.

En este ejercicio, vamos a estimular los receptores de memoria más importantes que se encuentran en la banda que rodea la cabeza a la altura del caballete en la nariz (ver diagrama 33 en la pág. 178).

1. Evalúe el flujo solunar e iónico.
2. Tome el agua energizada que se haya rodado entre las bandas de magnesio y fósforo.
3. Párese en el Flujo de fuerza 3, puesto que los elementos relacionados con los receptores de la memoria se encuentran en este flujo.
4. Encuentre la dirección de su vivaxis.
5. Voltéese hacia él. Encuentre el receptor de la memoria en el caballete con la punta del dedo de prueba, al mismo tiempo que esté visualizando uno tras otro los elementos relacionados con el grupo magnético: hierro, cobre, selenio y oro. Su brazo registrador debe oscilar como reacción a cada visualización. Repita el procedimiento para encontrar los receptores correspondientes en la nuca, así como arriba de las orejas. Estos receptores formarán una línea directa con los de la nariz.
6. Viendo hacia su vivaxis, presione alternadamente con los índices los receptores en la nariz y la nuca cinco o seis veces. Párese derecho y

presione firmemente. Deje caer las manos y permita que las energías del Flujo de fuerza 3 penetren en el cuerpo, lo cual puede tardar hasta 20 minutos. Muchas personas perciben dichas energías como una vibración o flujo de energía por la cabeza.

7. Haga un giro de 90º a la derecha si está en el hemisferio norte y a la izquierda si está en el hemisferio sur, con el fin de alinear los oídos con el vivaxis. Repita la estimulación de los receptores, pero esta vez presione debajo de las orejas. Deje caer las manos y permita que las energías penetren en el cuerpo.
8. Realice el ejercicio por poco tiempo en todos los flujos de fuerza para equilibrar las energías y deshágase de las energías sobrantes al presionar las manos por unos instantes contra terreno neutral.

Terminado este ejercicio, sus receptores de la memoria permanecerán estimulados durante 20 minutos. Para evaluarlos, coloque el dedo de prueba en un receptor de la memoria; su brazo registrador debe presentar un movimiento sin la ayuda de la visualización o tarareo.

No olvide usar el dedo de prueba, ya que esto ayuda a diferenciar la energía del flujo iónico que se registra mediante el dedo medio. En otras palabras, no puede evaluar los receptores con este dedo porque sólo va a obtener la respuesta habitual al flujo iónico antes y después de la estimulación.

Un método menos específico de estimular los receptores de la memoria consiste en la canalización al vivaxis en el Flujo de fuerza 3, al mismo tiempo que esté tarareando alguna canción de cuna aprendida en la infancia. Este tipo de estimulación proviene de la relación estrecha entre las regiones sanas de la memoria y las rimas aprendidas en la infancia. La recitación de dichas rimas permite restablecer el estado original y sano de los receptores.

Evaluación de la vista

Los ojos son una región de suma importancia para la salud y el bienestar. En caso de problemas relacionados con la vista, es necesario revisar todos los receptores alrededor de un ojo para estar seguros de que reaccionan apropiadamente a los elementos. Los "puntos muertos" deben ser tratados con agua energizada y frotados antes de la canalización.

Desde luego que puede haber otros receptores alterados relacionados con la vista. Curiosamente, el centro de una pupila reacciona al flujo de cromo vertical, mientras que el otro tiene una reacción al cromo horizontal. Además de nuestros ejercicios de energía para el tratamiento de los ojos, es necesario que nuestra dieta incluya los minerales y las vitaminas apropiados.

Los ejercicios de la visión natural basados en el método de Bates[55] pueden combinarse con el presente procedimiento energético. Fran coincidía con los expertos en la visión natural quienes recomiendan usar los lentes lo menos que se pueda. Según el descubrimiento de Fran, los minerales que contienen los lentes alteran la visión durante un periodo de tiempo, puesto que los ojos de la persona que porta lentes constantemente están expuestos a las frecuencias que emiten los minerales en el vidrio. Dichos minerales forman parte del vidrio a raíz del proceso de fabricación.

Los partidarios de la Visión Natural opinan que entre más usemos los lentes, más débiles se vuelven los ojos. Se ha descubierto que la canalización del vivaxis, el uso del agua energizada y la corrección de los receptores alterados alrededor de los ojos pueden mejorar la vista.

Fran Nixon descubrió que la visión cercana depende de los receptores de magnesio y la visión lejana de los del fósforo. Estos receptores se hallan dentro de la órbita ocular. Los elementos esenciales de la vista se localizan en dichos sitios; los elementos tienen posiciones inversas para cada ojo. (Como recordará, los elementos esenciales en los ojos tienen la misma disposición.) Si un ojo tiene los receptores de magnesio en la parte superior y los del fósforo en la parte inferior, el otro ojo va a tener posiciones invertidas.[56]

En la medicina naturopática, usamos el fosfato de magnesio, una combinación de magnesio y fósforo con las doce sales de tejidos, la sal principal. Desde el punto de vista naturopático, la miopía surge cuando los músculos y ligamentos que controlan el globo ocular están tensos. Descubrimos que necesitamos usar esta sal más que cualquier otra para aliviar cualquier tipo de tensión en el cuerpo.

1. Ponga la punta del dedo registrador en la parte inferior de la órbita ocular para determinar la posición de los minerales alrededor del ojo. Visualice el magnesio y observe la presencia de la respuesta en la mano registradora. Si no detecta ninguna respuesta, ponga el dedo registrador en la parte superior del globo ocular y repita la evaluación. Prepare un esquema con las posiciones de magnesio y fósforo en la parte superior e inferior de ambos ojos.
2. Mientras registra el suelo en el que está parado, coloque sin presionar el índice en el receptor de magnesio y gradualmente aleje la mirada. A una distancia de unos 5-6 metros (puede ser menos en el caso de personas muy miopes), el brazo registrador se detendrá, pero comenzará a percibir la vibración característica del fósforo. Esto significa que es necesario mover el dedo de prueba al receptor de fósforo para obtener

una respuesta adicional en el brazo registrador. Continúe el examen de la vista lejana de la misma manera. Marque el punto en el suelo donde el magnesio se deja de registrar y compárelo con el otro ojo.

3. Repita el procedimiento en el otro ojo. Tenga en mente que las posiciones de los elementos están invertidas. Puede resultar que los ojos tengan respuestas diferentes a los elementos, puesto que es común que los ojos tengan diferencias de vista (diagrama 23).

Diagrama 23. Evaluación de la vista

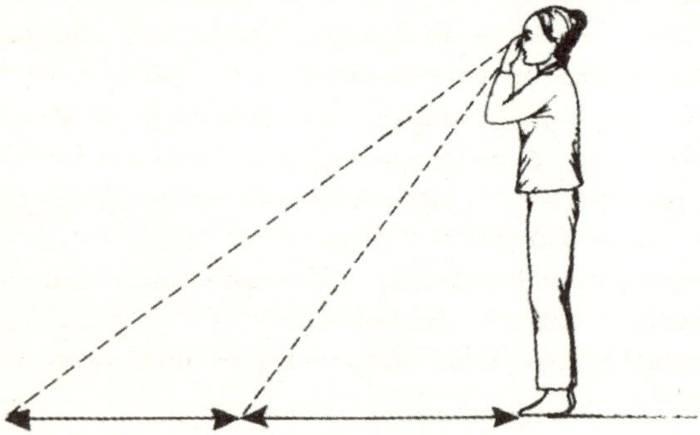

La órbita ocular tiene las frecuencias de magnesio y fósforo; uno de los elementos se encuentra en su parte superior y el otro en su parte inferior. Las posiciones de los elementos están invertidas en ambos ojos.

- **Visión cercana: el brazo registrador responde a la visualización de magnesio.**
- **Visión lejana: el brazo registrador responde al fósforo.**

Uso de soda y sal para equilibrar el ambiente

Una parte de los primeros escritos de Fran Nixon está dedicada a la exploración de lo que ella llamó fuerzas de Areahola. Durante una de sus giras de conferencias que dio en los Estados Unidos, la atmósfera en California estaba tan alterada que Fran casi canceló el seminario. El día del seminario, se despertó con la idea de corregir la estática atmosférica usando los mismos elementos que se usan en el baño para tratar la estática personal.[57]

Es posible crear una atmósfera positiva que se extienda a 13 metros por arriba de la tierra al colocar un recipiente abierto con sal marina y uno con bicarbonato sódico en una línea que va de este a oeste y separados por una distancia de 20 cm. La fuerza que aparece entre los recipientes se sube en un torrente vertical y equilibra el ambiente de alrededor. Esta fuerza puede también usarse para mejorar y balancear nuestras propias energías. Entre otras cosas, puede estimular benéficamente la glándula suprarrenal.

Fran descubrió que las fuerzas de Areahola están relacionadas con el comportamiento ondular de la luz en conjunto con las fuerzas gravitacionales que regulan la marea. Por ejemplo, un recipiente con soda y otro con sal en una habitación oscura no generan ningún campo de fuerza. Además, Fran descubrió que las ondas de la luz que vienen del norte y este en el hemisferio norte ascienden de la tierra, por lo que entran en el cuerpo a través de los pies. En contraste, cuando la luz viene del sur y oeste, va en descenso del cielo a la tierra. Yo descubrí que en el hemisferio sur la situación es inversa: cuando la luz viene del sur y oeste, las fuerzas ascienden de la tierra. La mayor parte del tiempo los vectores de la luz viajan hacia los recipientes en un torrente angosto.

Se ha descubierto que la soda y la sal pueden atraer las fuerzas que transporta la luz en el ambiente cuando están alineadas de este a oeste. Por lo tanto, era lógico suponer que si los recipientes se colocaran en el oeste y este, las fuerzas vendrían del norte y sur. Fran planteó que la razón por la cual la soda y la sal transportan dichas fuerzas del norte y sur radicaba en su relación con las frecuencias que emanan de estas direcciones (no olvide que visualizamos la frecuencia del sodio para encontrar el norte magnético). Según parece, la luz es la onda que porta las fuerzas septentrionales y meridionales.

El movimiento y cambio de dirección de los vectores de luz durante días y meses coincide con los cambios en la marea. Por ende, los recipientes de soda y sal se tienen que colocar en posiciones diferentes dependiendo de una serie de factores como el flujo solunar, marea alta y baja o luna nueva o llena. Durante la marea alta y baja, así como la luna nueva y llena, hay muchas variaciones en la dirección de los vectores de luz, por lo que este tiempo no es adecuado para usar las fuerzas de Areahola. Este método sólo deben usarlo las personas que pueden evaluar las direcciones de la energías o vectores y quienes por lo tanto saben cómo posicionar los recipientes (ver diagrama 24).

Lo más recomendable en cuanto a las fuerzas de Areahola es usarlas cuando la luz viene del sur u oeste en el hemisferio norte y del este o norte en el hemisferio sur. En este periodo, los recipientes deben estar alineados de la siguiente manera: la sal marina con el oeste y la soda con el este en el hemisferio norte; la sal marina con el este y la soda con el oeste en el hemisferio sur. Éstas son las posiciones habituales para los periodos del flujo solunar que corresponden con las energías que están en ascenso.

Diagrama 24. Uso de las fuerzas de Areahola para energizar y equilibrar

La presente ilustración es válida para el hemisferio sur. Para el hemisferio norte, invierta todas las direcciones.

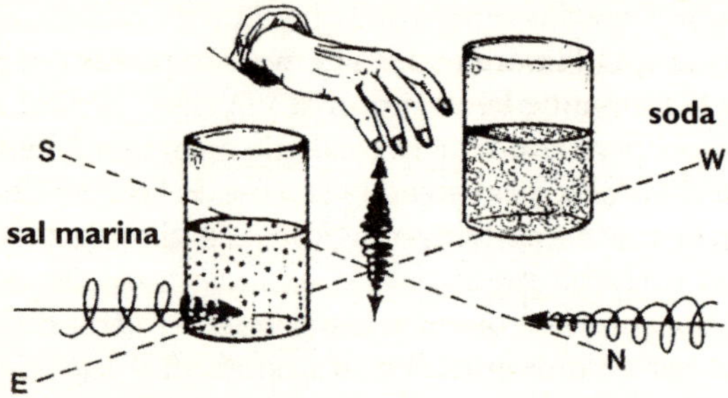

El campo de fuerza que acompaña la luz en su descenso del este, mientras que otro acompaña la luz que proviene del norte. Éstas son las direcciones habituales durante el periodo del flujo solunar; ambas direcciones vienen de arriba y de abajo.

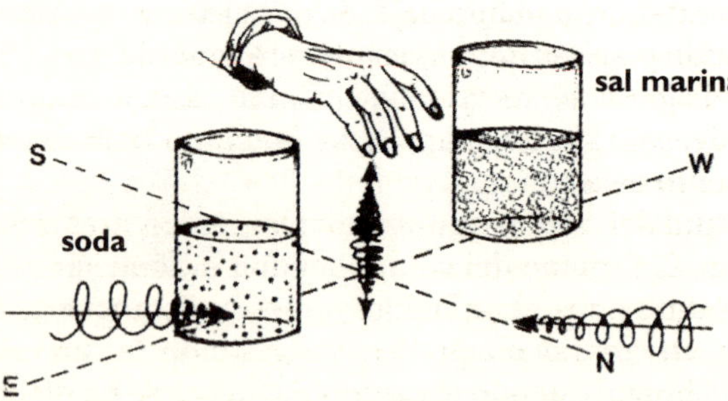

El campo de fuerza fluye a un ángulo del oeste y otro del sur. Éstas son las direcciones más comunes durante la marea alta y baja, así como durante lunas nuevas y llenas. Sin embargo, en este periodo los campos de fuerza pueden cambiar de dirección, por lo que no es un periodo estable para hacer el ejercicio.

En el hemisferio norte, cuando la luz viene del norte o este, la sal marina está al este de la soda, la cual, por consiguiente, se coloca al oeste. En el hemisferio sur, esta posición está invertida y la sal marina se coloca al oeste de la soda. Éstas son las posiciones habituales de los recipientes durante la marea alta y baja, así como durante la luna nueva y llena. En estos periodos, las fuerzas ascienden de la tierra, pero desde el punto de vista de los puntos cardinales pueden venir de todas las direcciones. No es un periodo estable para recibir las fuerzas positivas para la terapia energética, puesto que las direcciones necesarias para colocar la soda y la sal pueden cambiar rápidamente.

La posición apropiada para cualquier horario puede evaluarse al colocar el centro de la palma de la mano sobre el punto central entre los recipientes, con dedos apuntando hacia el sur si se está en el hemisferio norte y hacia el norte si se está en el hemisferio sur. Si las fuerzas de Areahola están presentes, el brazo registrador seguirá el rumbo magnético indicado por el cerebro, lo cual siempre sucede si los receptores del cerebro funcionan de manera óptima. Si el brazo registrador no responde, sabemos que el flujo de fuerza apropiado no está presente y debemos voltear el orden de los recipientes. Cuando éstos tienen la posición apropiada, la piel de la mano de prueba se sentirá suave al tacto después de mantener la palma de la mano encima del área entre los recipientes. Cuando las energías se encuentran alteradas, la piel se sentirá pegajosa.

Una posición apropiada de los recipientes permite atraer las fuerzas estáticas (distintas a las de Areahola) del ambiente a la tierra en la que están situados los recipientes. Según parece, este fenómeno explica por qué se puede corregir un ambiente alterado. Es muy importante colocar siempre los recipientes en la planta baja. Si, por ejemplo, se usan de esta manera en el segundo piso, las fuerzas estáticas formarán un campo homónimo en el área debajo de los recipientes; en este caso, a la altura de la planta baja. Por ende, sólo los pisos arriba de la planta baja van a contar con el ambiente exento de estática.

La magnitud del campo que emanan los recipientes tiende a disminuir con el tiempo. El tamaño del campo en una habitación estática se puede evaluar si examinamos el ambiente a cierta distancia de los recipientes visualizando un rumbo magnético y siguiendo la dirección del pensamiento con el brazo. Cuando el campo de fuerza se ha disipado y el estático regresa, el brazo se moverá a un ángulo recto con la dirección del pensamiento. La soda habrá absorbido de forma gradual las energías estáticas, por lo que dejará de emitir un campo de energía saludable; por esta razón, es necesario desecharla. En cambio, la sal se puede recargar al dejarla expuesta a la luz solar por unas horas. De hecho, este procedimiento puede aumentar la magnitud del campo de fuerza saludable. Cuando no esté usando los materiales, debe guardarlos en una alacena oscura a diferentes alturas.

Carga del cuerpo con las fuerza de Areahola

En un principio, la absorción de las fuerzas de Areahola fue el método más duradero y eficaz de purificar los circuitos energéticos incluyendo la eliminación de las influencias ajenas. Además, se fortalecía el sistema inmunológico gracias a la consolidación de los circuitos energéticos. La técnica de la canalización de la fuerza ha sustituido prácticamente la necesidad del ejercicio anterior; sin embargo, éste puede ser útil en algunas ocasiones, cuando no podemos usar los flujos de fuerza debido a nuestra localización o condiciones climáticas.

1. Coloque contenedores con soda y sal en las direcciones apropiadas del este y oeste siguiendo las instrucciones anteriores.
2. Haga que la sangre fluya a los receptores de la cabeza al bajarla por unos ochos segundos. No toque los receptores durante este tiempo.
3. Levante la cabeza e inmediatamente ponga la palma de la mano derecha encima del punto central entre los recipientes por unos seis segundos para absorber las fuerzas de Areahola. Respire profundamente. Repita el procedimiento con la mano izquierda. No olvide mantener los dedos en la dirección apropiada dependiendo de la posición con respecto al ecuador (apuntando hacia el sur en el hemisferio norte y hacia el norte en el hemisferio sur).
4. Ahora exponga todos los dedos uno por uno a las fuerzas de Areahola entre los recipientes por unos seis segundos.
5. Trote por la habitación durante un minuto para extender las fuerzas de Areahola a los receptores de los pies.
6. Haga la forma corta del ejercicio de neutralización, descrito en la pág. 38, durante unos seis ciclos para extender más las energías por todo el cuerpo.

Se puede hacer un interesante ejercicio adicional al colocar un cubo de azúcar blanca en el recipiente con la sal marina. Como consecuencia, verá que entre los recipientes dejan de registrarse energías y que se pierde el efecto positivo de los recipientes en una habitación estática. Es una ilustración del efecto que tienen sobre nuestras energías los alimentos refinados, especialmente la azúcar refinada.

Durante mi colaboración con Fran, ella dejó de enseñarme este procedimiento porque descubrió que su trabajo con las capas de energía en general era más útil y cómodo. No obstante, es evidente el gran valor de este método para equilibrar una habitación, oficina o centro de conferencias con un ambiente alterado a la consecuencia de la luz, aire acondicionado u otros factores.

Creación del campo ondulatorio compatible para la casa y la oficina

Fran descubrió que a pesar de los cambios en la dirección de la luz, es posible preservar un campo constantemente compatible y sano gracias a la siguiente disposición de la sal y soda. Dos recipientes cerrados con soda se colocan a una distancia de 15 cm con dirección al este u oeste afuera de la casa. Los recipientes se ponen encima de una cama de carbón sobre el suelo, la cual está un poco más abajo del nivel del piso de la habitación más baja. El recipiente cerrado con sal se coloca a 2 metros de distancia y a 1 metro de altura de los primeros dos. El campo compatible se extenderá a 180 metros en todas las direcciones; además, la condición de la soda no se degenera durante muchos meses. Cualquier área entre los recipientes no formará parte del campo compatible. El campo sólo funciona en el día. Mantenga otros recipientes de soda y sal en una alacena oscura para evitar que se formen campos ondulatorios encontrados.

7
Evaluación de los receptores de energía

En los capítulos anteriores analizamos algunos de los receptores en los dedos y descubrimos que éstos reaccionan a las frecuencias de cromo, hierro, zinc y yodo. Estas frecuencias están vinculadas con nuestro vivaxis. Además, hemos evaluado las tríadas, líneas de receptores que se encuentran en el cuerpo. Estos receptores también tienen relación con el vivaxis.

El primer paso para detectar los desajustes o bloqueos de energía en los receptores consisten en evaluar el flujo iónico en el área en cuestión. Recuerde que para hacerlo se coloca la punta de cualquiera de los dedos medios en la parte del cuerpo que se desea evaluar. El flujo iónico normal produce un movimiento oscilatorio en la mano registradora. Si las oscilaciones en la mano no se perciben, existe un problema energético relacionado con los receptores ubicados en esta región.

Cada receptor está vinculado con una glándula, un órgano, una extremidad, etcétera. Las reacciones químicas, relacionadas con cierta parte del cuerpo, producen una característica específica que se refleja en el patrón ondulatorio de los receptores correspondientes. Estas frecuencias aún no han sido reveladas por la medicina oficial.

Un receptor alterado es un punto de contacto energético, grupo de los elementos del cual presentan un desajuste en una parte de sus estructuras atómicas, lo cual a la vez afecta el campo electromagnético. Este efecto es responsable del flujo caótico y circular de energía en la mano registradora cuando el dedo de prueba del flujo iónico se pone encima del receptor.

En los ejercicios que se describen más adelante, vamos a evaluar los receptores que tienen una función específica en el organismo. Necesitamos usar el dedo de prueba apropiado para evaluar las áreas arriba del ombligo: el índice de la mano izquierda si se está encima del vivaxis y el anular si se está más abajo. Para evaluar las áreas del ombligo para abajo, los dedos se invierten.

Los receptores se dividen en las siguientes categorías principales:

1. **Tríadas**: son grupos que descienden verticalmente por la espalda y la parte frontal del cuerpo. Todos los receptores en este grupo están orientados hacia el vivaxis y asociados con las frecuencias minerales.
2. **Grupos de los receptores del cerebro inferior**: estos grupos están relacionados con el pensamiento lógico y principalmente se localizan debajo del nacimiento de cabello (ver diagrama 25 en la siguiente página). Consisten en 24 grupos de tres receptores cada uno. El receptor central en el grupo responde a los pensamientos lógicos. Además, se distinguen:
   - Un receptor involuntario, localizado del lado del receptor cerebral principal. La función de estos receptores es similar a la de las tríadas y probablemente corresponde al tradicional sistema chino de meridianos. Estos receptores rigen la función automática de todos los órganos (de ahí el calificativo "involuntario"). Al igual que los receptores de las tríadas, los receptores involuntarios están orientados hacia el vivaxis y cuentan con una onda vertical y horizontal (ver diagrama 1 en la pág. 27).
   - Un receptor voluntario se encuentra en el mismo punto del otro lado del receptor cerebral principal. Estos receptores están relacionados con el movimiento del cuerpo y la comunicación con el medio ambiente. Sólo poseen una onda horizontal que forma relaciones con el objeto en el ambiente que se está estudiando. No tienen ningún vínculo con el vivaxis.
3. **Grupos de los receptores del cerebro superior**: estos grupos están relacionados con la memoria, el pensamiento creativo y las energías provenientes del Sol y la Luna. Se localizan encima de la coronilla (ver diagrama 25 en la siguiente página). De un lado del receptor central del cerebro superior está el receptor solar; del otro, el lunar.
4. **Receptores especiales**: este grupo de receptores tienen vínculos con los órganos particulares como los ojos, los oídos, la lengua, el páncreas, etcétera. Dichos receptores especializados no sólo se pueden encontrar cerca del órgano en cuestión, sino también en otras partes del cuerpo. Por ejemplo, hay receptores suprarrenales al final de cada ceja. Además, muchos órganos tienen receptores asociados en las puntas de los dedos de pies y manos, lo cual corresponde con el tradicional sistema chino de meridianos, según el cual a cada sistema de órganos le corresponden los puntos finales en las puntas de los dedos.

La red de receptores cubre toda la cabeza, el cuello y el cuerpo. Una alteración en los receptores voluntarios del movimiento afecta asimismo los

Diagrama 25. Grupos de receptores del cerebro inferior

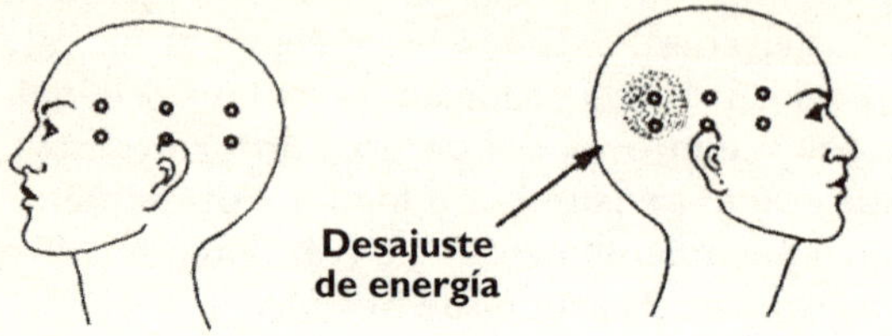

Grupos de receptores del cerebro superior

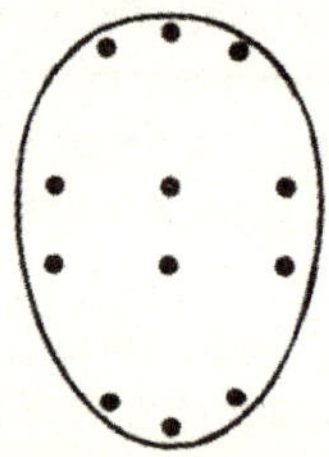

mensajes ondulatorios a las extremidades y los reflejos. Si los receptores involuntarios tienen relación con órganos alterados, el individuo sentirá la molestia psicológica en la función del órgano y así sucesivamente. Las alteraciones en los receptores traen consigo desequilibrios relacionados en la fisiología y la función de los órganos, situación que a la postre puede resultar en una enfermedad de los órganos. Receptores sanos y equilibrados funcionan como pequeños transformadores de energía por todo el cuerpo.

Identificación de los receptores del cerebro inferior

Estos receptores cerebrales se describen en el inciso segundo de la clasificación en el apartado anterior. Existe el receptor cerebral central relacionado con el pensamiento lógico.[58] De un lado del receptor cerebral central se ubica un receptor involuntario, cuyas energías van y vienen entre el vivaxis y el individuo. El receptor voluntario del otro lado sólo posee una onda horizontal, la cual se dirige hacia cualquier objeto en el que centramos la atención. Los receptores están aproximadamente a 2.5 cm uno del otro. Los receptores laterales intercambian su función dependiendo de nuestra posición con respecto al vivaxis. Comenzamos a explorar este fenómeno de intercambio cuando evaluamos el espín alternativo en la tríada de los receptores.

Evaluación de los receptores del cerebro inferior

El diagrama 25 muestra los 24 grupos de los receptores del cerebro inferior, cada uno de los cuales consta de tres tipos de receptores. Dado que los receptores están muy cerca unos de los otros, hay que tener mucho cuidado para usar el dedo de prueba a la hora de diferenciar entre los tipos. Vamos a usar la punta de la uña del dedo para evaluar cada uno de los tipos.

Los receptores centrales del cerebro inferior y superior son el único tipo de receptores en la cabeza que reciben la estimulación del pensamiento lógico. Encuentre un receptor cerebral al mover el dedo de prueba por la línea en medio de la frente, al mismo tiempo pensando en una multiplicación sencilla (v.gr., 2×2=4). A medio camino va a encontrar un receptor cerebral; el brazo registrador presentará un movimiento oscilatorio. Si el receptor está alterado, el movimiento del brazo será circular.

Para evaluar los demás receptores, deslice el dedo de prueba un poco a la izquierda o a la derecha. Si toca el receptor involuntario, el brazo registrador se moverá en dirección al vivaxis. Después pase el dedo al otro lado del receptor central y concéntrese en algún objeto de la habitación. El brazo registrador se moverá en dirección al objeto sólo cuando está tocando un receptor involuntario. No olvide que este tipo de receptores establece con el objeto del pensamiento un vínculo horizontal provisional. Ahora póngase del lado opuesto del vivaxis y observe que ambos receptores que acaba de evaluar intercambiaron su función.

Estos receptores de ambos lados del receptor cerebral central tienen espines alternantes: uno gira en el sentido de las manecillas del reloj, mientras que el otro tiene dirección contraria. Puede comprobarlo al encontrar primero el receptor cerebral central en la frente y después mover el dedo de prueba un poco a la derecha, al mismo tiempo que mantiene el puño cerrado de la mano registradora con el pulgar levantado apuntando hacia arriba. La mano describirá un círculo en una dirección, la cual se invierte si usted se voltea, asumiendo una dirección inversa con respecto al vivaxis.

Entonces, puede evaluar el receptor en la mano izquierda: como podrá observar, éste tiene un espín inverso.

Evaluación de los receptores del cerebro superior

Cada uno de estos doce grupos de receptores en la parte superior del cerebro mide un centímetro de ancho (ver diagrama 25 en la pág. 128). Para encontrar el receptor del cerebro superior, haga un sencillo ejercicio mental parecido al que realizó para los receptores del cerebro inferior. Estos receptores también se pueden estimular por medio de un recuerdo de algún acontecimiento pasado o mediante la concentración del pensamiento en el vivaxis. Para encontrar el receptor solar, visualice el Sol y mueva la punta de la uña registradora a la izquierda o la derecha del receptor central hasta obtener una respuesta en el brazo registrador. El lado opuesto entonces producirá una respuesta a la Luna. Estos receptores laterales

Diagrama 26. Receptores cerebrales afectados por la estática

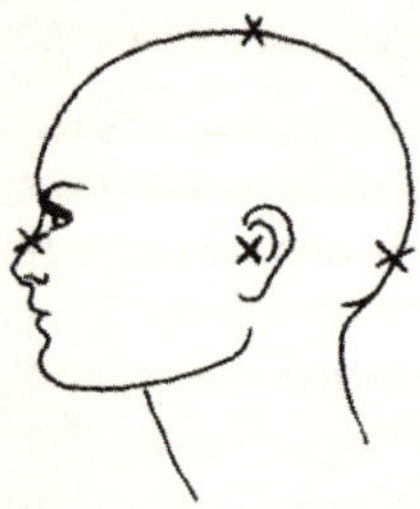

Los receptores cerebrales ubicados en estos puntos registran la estática, lo cual se demuestra por el movimiento circular de la mano registradora. Además, nuestro canal del vivaxis se localiza a un ángulo recto con respecto a su posición normal.

cambiarán sus respectivas longitudes de la onda para el Sol y la Luna a medida que estos cuerpos celestes cambian diariamente sus posiciones con respecto a la Tierra.

Los receptores cerebrales deben estar en buen estado para que podamos pensar normalmente y recibir las energías de la Tierra. Las causas de sus disfunciones incluyen terremotos, tormentas eléctricas, perturbaciones magnéticas, el equipo eléctrico incluyendo los aparatos diagnósticos en hospitales y clínicas, televisiones, monitores, luces fluorescentes, entre muchas otras cosas que emiten las frecuencias electromagnéticas.

Aparte de los receptores ya examinados, cinco receptores cerebrales en particular producen señales de alarma en respuesta a las causas mencionadas. Dos receptores están localizados en los puntos centrales de las orejas, dos están en la misma línea en el centro de la nariz y la nuca, y uno más se encuentra en la parte superior de la cabeza (ver diagrama 25 más adelante). Si detiene el dedo de prueba en uno de estos puntos, la mano registradora puede describir un círculo o moverse a un ángulo recto con respecto a su vivaxis.

Un ejercicio sencillo nos puede demostrar cómo estos cinco receptores cerebrales pueden alterarse temporalmente, de modo que el vivaxis aparenta estar a un ángulo recto de su verdadera dirección. Con el dedo de prueba, encuentre uno de dichos receptores mientras está parado en un terreno neutral durante el periodo de flujo solunar; observe cómo su brazo de inmediato comienza a moverse hacia el vivaxis. Paso seguido, párese bajo cualquier fuente de luz que esté prendida. Dentro de uno segundos, observará que el brazo está oscilando a un ángulo recto con respecto a la verdadera dirección de su vivaxis.[59] Si hubiera estado expuesto a la interferencia electromagnética por horas o semanas, es posible que esta perturbación permaneciera hasta que usted corrigiera los receptores alterados frotándolos y después canalizando al vivaxis mientras está parado en un flujo de fuerza.

Ejercicio para evaluar los grupos cerebrales

Éste es el método que Fran Nixon desarrolló para evaluar los grupos cerebrales con el fin de revisar que los receptores tienen un funcionamiento óptimo y no están afectados por la estática, los campos ajenos, los medicamentos, las sustancias químicas o el estrés psicológico.

1. Prepárese de la misma manera que lo hace para la canalización: quítese los lentes, las alhajas, el reloj, la ropa ajustada y el calzado (a menos que tenga suelas de goma o piel).
2. Haga la versión corta del ejercicio de neutralización.
3. Párese derecho y levante la cabeza; aparte bien los pies y abra los ojos.
4. Dé un giro de 360° sin visualizar ninguna dirección en particular. Deje que el brazo se mueva hacia el vivaxis. Conforme se está volteando, los diferentes receptores en la cabeza establecerán un vínculo con el vivaxis y, en caso de que algunos de ellos estén alterados, observará que el brazo no se mueve con dirección al vivaxis mientras que los receptores están orientados a éste.
5. Para encontrar el receptor alterado, es probable que necesite usar el dedo de prueba para analizar de manera sistemática cada uno de los receptores cerebrales en la región afectada del cráneo. Esto implica hacer el mismo cálculo matemático sencillo para encontrar los puntos mostra-

dos en el diagrama 25 en la pág. 140, así como apuntar los receptores que provocan un alterado movimiento circular en el brazo registrador.

Corrección de los receptores alterados

Ahora que ya sabe cómo encontrar las capas de energía, puede empezar a corregir los receptores alterados. Párese en el flujo de fuerza de su elección, de preferencia en el Flujo de fuerza 1 o 3 y voltéese hacia su vivaxis. Incline la cabeza fuera del canal del vivaxis y frote fuerte el receptor alterado con el pulpejo de la mano. Después canalice como lo hace normalmente para restaurar la afluencia de energías hacia el receptor.

Comunicación con el entorno

Antes de que podamos analizar la manera cómo la comunicación se produce mediante los receptores voluntarios, vale la pena recordar que un receptor en el grupo de receptores del cerebro inferior responde a dos fuerzas de vivaxis que tenemos, la vertical y la horizontal. Este es el receptor involuntario, relacionado a todas las funciones automáticas de los órganos. Fran Nixon bautizó estos receptores como involuntarios, pues participan en los meridianos que controlan la función del hígado, el páncreas, los riñones, etcétera.

Los receptores voluntarios están vinculados a nuestro entorno inmediato; emiten una onda horizontal que fluye en el sentido del objeto, el lugar o la persona en los cuales se está concentrando nuestra atención en este momento. Dichos receptores responden a los comandos que reciben de nuestro propio cerebro o del cerebro ajeno si estamos hipnotizados. Normalmente, cuando dejamos de pensar, las ondas horizontales dejan de comunicarse con el objeto en cuestión. Sin embargo, pueden vincularse permanentemente con otro vivaxis, contribuyendo a la onda vertical ajena. En este caso, todo el meridiano relacionado a este receptor se verá afectado.[60]

Este vínculo más pernicioso puede ocurrir bajo la influencia de los imanes, la hipnosis, así como del equipo diagnóstico para el tratamiento que emite una onda en pulsación; por último, mediante el tratamiento corporal en el cual el terapeuta preserva los meridianos bilaterales por más de unos segundos.

Centros comunicativos especiales

El índice izquierdo que usamos para registrar cuando estamos encima del vivaxis guarda una relación estrecha con un centro comunicativo especial en la sien izquierda. Este receptor es interesante, puesto que esta parte del cerebro alberga también el centro del habla. Aún me queda por averiguar si en los individuos que están más debajo de su vivaxis el dedo anular esté relacionado con este centro comunicativo en la sien izquierda. Otro centro importante se encuentra entre la tiroides y el timo, en el lugar donde se encuentran los dos huesos del esternón. Estos centros comunicativos especiales contienen receptores adicionales, incluyendo algunos que están vinculados a los ojos y al corazón. Además, cuentan con un receptor cerebral central, aunque en este caso dicho receptor tiene dos pares de receptores de cada lado.

Un centro comunicativo particularmente importante se localiza en el punto central en la parte superior de la cabeza. Adelante del receptor que está al lado izquierdo de este centro está un receptor del ojo. En el punto central se encuentra un receptor respiratorio con dos receptores cerebrales adelante y atrás de él.[61] Existe un centro homólogo justo atrás del paladar. Todos estos puntos deben ser sometidos a la evaluación para las personas que tienen enfermedades como la esclerosis múltiple o el vértigo auricular. Este centro comunicativo está alineado con el hipotálamo, el órgano que controla el funcionamiento del sistema nervioso.

Durante el periodo mayor o la marea alta, los receptores en la parte superior de la cabeza reciben la estimulación por parte de la luz solar que cae verticalmente sobre ellos (ver diagrama 27 a continuación). A la vez, esto activa el receptor relacionado con el apetito y la digestión de la proteína en particular. A propósito, es un hecho comprobado que la pesca es mejor durante la marea alta porque en este momento los peces también experimentan hambre.

Diagrama 27. Los estímulos de los receptores de apetito y deseo sexual

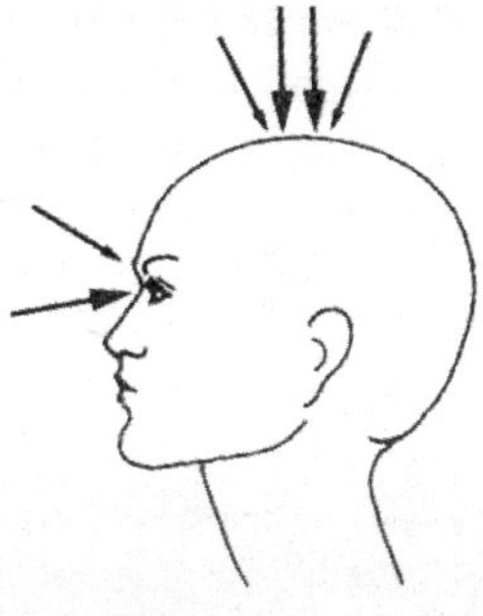

- **Las flechas grandes indican los receptores del deseo sexual que están relacionados con los grupos horizontales de cromo.**
- **Las flechas pequeñas indican los receptores del apetito que están relacionados con el selenio.**

El centro comunicativo en la sien izquierda está conectado a las glándulas linfáticas en la axila izquierda. Un vínculo emocional demasiado fuerte con otra persona, como lo que se forma a consecuencia del miedo o la preocupación, puede propiciar un vínculo permanente a esta persona debido a la creación de un vivaxis ajeno. Esto pone en riesgo al sistema inmunológico, lo cual puede contribuir a muchas enfermedades como el cáncer, las cuales se manifiestan después de que el vínculo negativo haya existido por cierto tiempo. Como es obvio, lo anterior es sólo uno de los factores probables.

Es fácil ver por qué la memoria, nuestra manera de establecer relaciones con otras personas y nuestra comunicación interna del cerebro a las extremidades se ven profundamente afectadas si un vivaxis ajeno se está alimentando de uno de los receptores que se relacionan con nuestros centros comunicativos. Según parece, cuando estamos bien de salud, nuestras defensas ante los campos energéticos ajenos están altas; sin embargo, a raíz de accidentes, infecciones, estrés, pensamientos y emociones negativas o alteraciones bioquímicas, nos volvemos vulnerables a otras fuentes de energía que penetran en nuestros circuitos. En el caso de una onda ajena proveniente de otra persona o la fuente de radiación electromagnética, ciertos receptores en el centro comunicativo establecerán un vínculo con ella, mientras que otros preservarán su relación con nuestro vivaxis.

Evaluación del movimiento de los receptores

Los receptores específicos en los grupos cerebrales están relacionados con todas las partes del cuerpo que se pueden mover. Los receptores voluntarios que tienen vínculo con una parte del cuerpo particular responden cuando ésta está en movimiento. Cuando el cerebro da la orden de moverse, una secuencia de ondas viaja por la trayectoria del receptor cerebral voluntario al receptor particular responsable de esta parte del cuerpo.

Puede comprobarlo al evaluar el movimiento de la rodilla. Primero encuentre el receptor cerebral en la mente al hacer un cálculo mental sencillo hasta obtener el movimiento del brazo registrador. Encuentre el receptor voluntario que está a un lado de este receptor. Después doble la rodilla y al mismo tiempo mueva el dedo de prueba por la trayectoria indicada en el diagrama 28 en la siguiente página hasta que la mano registradora deje de percibir estímulos. En este punto se encuentra el receptor de la rodilla. La trayectoria puede variar en función de su posición con respecto al vivaxis pero, si el receptor de la rodilla se encuentra alterado, observará un movimiento circular en la mano registradora a medida que el dedo de prueba se mueve a lo largo de la trayectoria.[62]

La evaluación del movimiento en cualquier parte del cuerpo es una actividad bastante tediosa, pues implica la búsqueda de la trayectoria en el cráneo relacionada con la parte en cuestión. Cada extremidad está conectada a los receptores específicos en uno de los cuatro cuadrantes en los que se divide el cráneo. Para corregir el bloqueo de energía en áreas particulares, también es necesario encontrar los puntos terminales asociados

Diagrama 28. Trayectorias que van del receptor cerebral al de la rodilla

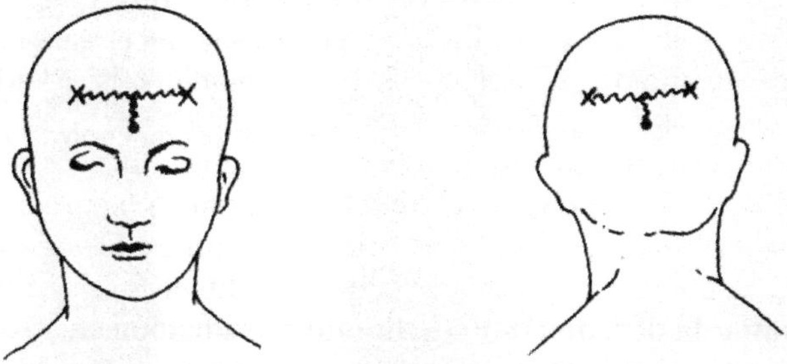

en los dedos de pies y manos, puesto que éstos también pueden estar alterados. Como es evidente, va a necesitar otro asistente para ayudarle en algunas de las evaluaciones, sobre todo las evaluaciones de los receptores en las puntas de los dedos de pies y manos; esto porque para poder hacer tal ejercicio, ¡necesitaríamos tres manos!

En cuanto al movimiento de la rodilla, el movimiento para adelante se rige por un receptor cerebral y uno de la rodilla; otra pareja de receptores controla el movimiento para atrás, una más para arriba y otra para abajo. Las parejas intercambian su función dependiendo de la dirección de la persona. No cuesta trabajo imaginar los tratamientos correctivos que se podrían realizar en casos de parálisis si estas técnicas básicas gozaran de aceptación en la medicina. Fran describió algunos casos en los que regresó a las personas paralizadas la capacidad de caminar al ayudarlos a encontrar y corregir los receptores alterados. Un caso particular se trataba de un niño lesionado a causa de una balacera.[63]

Receptores de la lengua

Existen muchos receptores en la lengua que están relacionados con el movimiento del cuerpo y las funciones corporales. Seguramente ésta es la razón por la cual la medicina china usa la lengua en los diagnósticos. Asimismo, hay un número de receptores a la derecha de la nariz, relacionados con el movimiento de la lengua. Toque ligeramente estos receptores con el dedo de prueba y al mismo tiempo saque la lengua de la boca. La mano registradora deberá mostrar una respuesta fuerte. Si está evaluando

Diagrama 29. Receptores localizados en la lengua

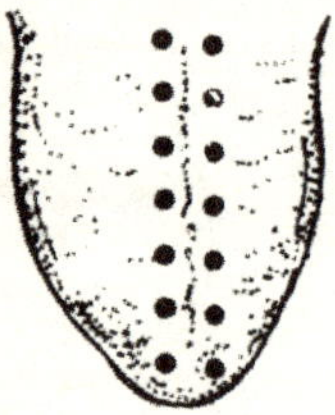

La mitad de ellos tiene movimiento en el sentido de las manecillas del reloj, la otra mitad tiene movimiento en dirección contraria.

la parte izquierda de la nariz, no habrá ninguna respuesta. Los receptores del movimiento de la lengua se localizan en la nariz, el cráneo y también en los dedos de pies y manos. Si su lengua quedó paralizada a raíz de un accidente automovilístico o derrame cerebral, es necesario encontrar y corregir estos receptores (ver diagrama 29).

Vínculo ondulatorio al vivaxis

El vínculo ondulatorio que va a nuestro vivaxis parece ser la razón por la que los receptores cerebrales tienen la capacidad de controlar la dirección del movimiento para las diferentes partes del cuerpo. Cuando usted está viendo hacia su canal de vivaxis, se asemeja a un radio que está sintonizado a una frecuencia propia de su organismo (ver diagrama 30 en la siguiente página).[64]

Receptores en la boca

Todas las partes del cuerpo están representadas por los receptores en alguna parte de la boca. Por ejemplo, dos receptores vitales localizados en los lados de la parte superior de la cabeza están vinculados a los receptores cerca del velo del paladar. Como se ha mencionado antes, estos receptores están directamente alineados con el órgano fundamental del sistema nervioso central que se llama hipotálamo.[65] Existe otro vínculo entre la punta de la lengua y la base de la columna vertebral. En los casos de dolor

Diagrama 30. Vectores ondulatorios alineados (A) y no alineados (B) con el canal del vivaxis

(A)

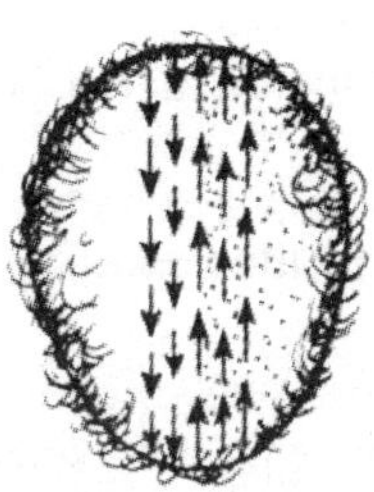

(B)

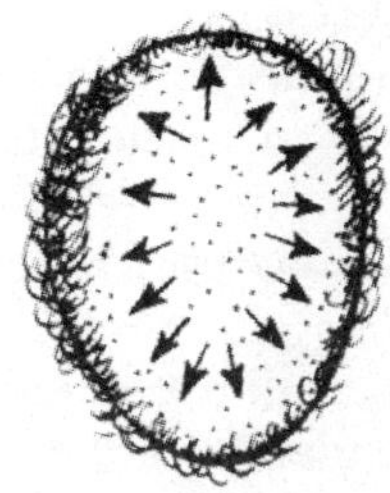

(A) Dirección de los vectores ondulatorios alineados con el vivaxis. Las energías corren una al lado de la otra en direcciones opuestas, mismas que se invierten a la mitad del cráneo.

(B) Dirección de los vectores cuando éstos no están alineados; se observa el efecto de dispersión.

grave o lesiones en cualquier parte del cuerpo, es probable que las mejoras que se experimentan sean temporales hasta que se encuentren todos los receptores asociados.

Puede hacer la siguiente prueba interesante: visualice su platillo predilecto al mismo tiempo moviendo el dedo de prueba por el centro de la lengua. Cuando el dedo llegue al receptor de alimento o apetito, percibirá un movimiento fuerte en el brazo registrador. Cerca se puede encontrar un receptor de la sexualidad; puede evaluarlo al imaginar que está gozando de una relación sexual placentera. Puede encontrar las áreas de la lengua responsables de los dedos de los pies y las manos al concentrarse en estas partes de cuerpo. Dichas correspondencias entre los receptores y nuestros órganos internos permiten responder a la pregunta de por qué tantos naturópatas y sus clientes opinan que la terapia corporal puede ser útil y benéfica. El masaje y la acupuntura deben estimular muchos órganos internos y tejidos en este tipo de tratamiento.

Tratamientos adicionales de los receptores en el cráneo

Glándulas suprarrenales

Existen ciertos puntos al final de las cejas que están vinculados con las glándulas suprarrenales, situadas encima de los riñones. Están relacionadas con los niveles de energía y se ven afectadas como consecuencia del estrés. Los receptores de las glándulas suprarrenales emiten las frecuencias de los elementos cobre y selenio. Con el dedo de prueba toque el extremo de una ceja y visualice primero el cobre y después el selenio para encontrar las posiciones de estos elementos en los extremos de cada ceja. Si en el extremo de una ceja se registra la frecuencia de cobre, en el otro va a encontrar el selenio. Las posiciones en la otra ceja están invertidas. Registre las posiciones tal y como lo hizo para las puntas de los dedos.

Si se percibe una alteración en estas glándulas, puede observar un movimiento circulatorio en la mano registradora cuando toca los receptores y se visualiza el elemento correspondiente. Corrija esta alteración con la técnica habitual de frotar y canalizar.

Los receptores de selenio y cobre, además, se encuentran en la parte superior del cráneo y en las plantas de los pies. Los receptores de selenio en el cráneo y los receptores de cobre en los pies se activan durante la marea baja, razón por la cual en este periodo es recomendable canalizar el selenio para subir las defensas. Durante la marea alta se presenta la situación inversa cuando los receptores de cobre en el cráneo y de selenio en los pies se ven estimulados. Fran encontró que la frecuencia de selenio está relacionada con el metabolismo proteínico y el metabolismo del cobre a carbohidratos. Tomando en cuenta este conocimiento, es válido preguntarnos si las personas que padecen hongos por *candida* no tendrán los receptores de cobre alterados.

Las glándulas tiroides y paratiroides

La glándula tiroides se localiza delante de la laringe, mientras que el nombre de la paratiroides se aplica a cada una de las pequeñas glándulas endocrinas situadas en torno de la tiroides, dos a cada lado. Son órganos importantes que se deben revisar en el caso de alteraciones. La tiroides se conecta con nuestros procesos metabólicos, mientras que la paratiroides está encargada de la regulación del equilibrio de calcio. Los receptores de yodo y cromo se encuentran en la tiroides, en tanto que la paratiroides cuenta con las frecuencias de carbono, calcio y silicio. La posición de estos elementos varía dependiendo de la persona; lo que no cambia es la función de la paratiroides. Dos glándulas emiten las frecuencias de calcio y dos de carbono. Según mi experiencia, los receptores de yodo se pueden hallar en diferentes sitios por toda la superficie de la glándula tiroides. Se puede comprobar este hecho al examinar con la vista la tiroides de otra persona y al mismo tiempo pensar en el yodo.

La mandíbula

Los receptores ubicados a un lado de la mandíbula están relacionados con el grupo magnético, cuyo elemento más importante es el hierro. Los que están del otro lado tienen un vínculo con el grupo gravitacional, que incluye al zinc o al yodo. Las posiciones de los elementos se invierten en la línea de en medio tanto de la mandíbula propiamente dicha (el hueso maxilar inferior) como del maxilar superior.

Los receptores de cobalto

Los receptores de cobalto constituyen una banda que va alrededor de la cabeza y tiene una onda vertical de un lado y una horizontal del otro. El cobalto es uno de los elementos que se suelen asociar con el Flujo de fuerza 1; sus receptores a menudo se ven alterados a raíz de la influencia de ver la televisión. He aquí una pequeña tarea de investigación que puede hacer con sus hijos: determine cuántas horas de televisión pueden ver antes de que sus receptores de cobalto presenten alteraciones. La distancia del televisor también debe tomarse en consideración. Puesto que el oxígeno es el homólogo del cobalto en el Flujo de fuerza 1, la banda de cobalto en la cabeza va acompañada de receptores de oxígeno.

Gases inertes

Los receptores de los gases inertes (v.gr., hidrógeno, ozono y cloro) se encuentran con suficiente frecuencia en la línea diagonal que empieza adelante de la oreja y termina en el área de la sien (ver diagrama 31). Sólo en

Diagrama 31. Receptores de gas de un lado de la frente

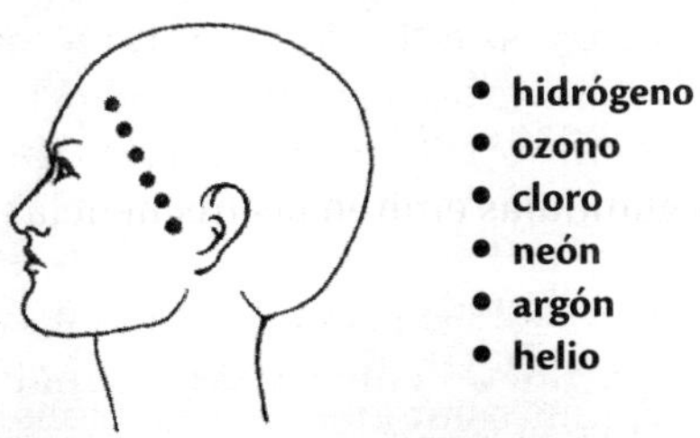

tiempos recientes se averiguó que los gases inertes tienen una función importante en la salud del ser humano. Se necesitan investigaciones adicionales para establecer la relación entre sus frecuencias y nuestra salud.

Evaluación de los receptores de la memoria e imaginación

Según parece, todas las funciones corporales tienen un receptor vinculado a ellas. Es evidente que la detección de las alteraciones en dichos receptores, como por ejemplo los receptores de la memoria, será de gran utilidad en el tratamiento de tales trastornos como el déficit de atención con hiperactividad, así como los diferentes tipos de demencia como la enfermedad de Alzheimer. Desde mi punto de vista es probable que la corrección de los receptores de la memoria alterados en las personas mayores pueda solucionar sus problemas de memoria.

El grupo magnético de los receptores corresponde a la memoria; por ende, vamos a tocar u observar alguno de los grupos con base en el hierro al momento de memorizar y tomar nota del movimiento de la mano registradora. Para poder encontrar un grupo semejante, visualice el hierro moviendo un poco el dedo de prueba de un lado de la frente. Otro método consiste en observar la yema del dedo que contenga el grupo de hierro.

Nuestra imaginación está relacionada con el grupo gravitacional. Esto no debe sorprendernos si consideramos el vínculo entre el zinc y las gónadas, así como entre el yodo y la tiroides, relacionada a su vez con la imaginación creativa (ver una explicación más detallada en el siguiente capítulo). Para evaluar la imaginación, observe el movimiento en la mano registradora conforme esté tocando el grupo gravitacional —que siempre contiene yodo o zinc— o contemple la yema con yodo o zinc a la vez que está puesta en marcha su imaginación.

El pensamiento lógico o linear estimula los grupos horizontales de cromo, en tanto que el pensamiento creativo hace lo mismo con los receptores verticales de cromo. Para comprobar su imaginación, observe el movimiento que se produce en su mano registradora al tocar un grupo horizontal de cromo en la frente a la vez que está contando o multiplicando, o bien pensando en algo creativo tocando un grupo vertical.

En resumen, hemos aprendido que todas las funciones corporales, tanto voluntarias como involuntarias, están relacionadas con los receptores, los cuales tienen vínculos con diferentes frecuencias minerales. Podemos diagnosticar los receptores alterados y equilibrarlos al canalizar en los flujos de fuerza. En particular, podemos evaluar el estado de los receptores cerebrales, mismos que se necesitan para un funcionamiento óptimo de todos los órganos internos, por medio del sistema de meridianos.

8
Glándulas, chakras y flujos de fuerza

Mientras la Tierra gira sobre su propio eje y se alinea de diferentes maneras con el Sol, la Luna y las constelaciones que forman el zodiaco, a nosotros se nos presentan oportunidades para incrementar nuestra alineación espiritual. También existen relaciones entre nuestros órganos espirituales, los chakras, sus glándulas asociadas y los flujos de energía en nuestro planeta.

La relación entre la Tierra y la humanidad y la salud del individuo está resaltada mediante un estudio de las glándulas y sus chakras o centros de energía asociados. Las glándulas endocrinas son una de las partes más importantes de nuestro cuerpo físico, pues regulan muchas funciones del cuerpo. A su vez, hay muchos minerales y vitaminas importantes para la salud de las glándulas endocrinas. Si hay receptores alterados relacionados con estas sustancias, la respuesta de las vitaminas y los minerales se verá afectada. Para las glándulas endocrinas saludables, necesitamos tener un flujo libre de energía desde la Tierra a través de los flujos del vivaxis hacia los receptores de minerales en todas las partes del cuerpo.

En este capítulo analizaremos la base esotérica o subjetiva para las glándulas endocrinas y la mayoría de los chakras y los centros de energía. En el próximo capítulo se discutirán los chakras de la cabeza y sus glándulas asociadas. Tenemos las siguientes siete glándulas endocrinas: suprarrenales, pancreática, gónadas, tiroidea, timo, pituitaria (hipófisis) y pineal (epífisis). Una glándula endocrina produce una secreción hormonal que va directamente al torrente sanguíneo. Algunas glándulas, como la pancreática, producen sustancias tanto endocrinas como exocrinas. A la secreción del páncreas se le conoce como jugo pancreático que fluye en el tracto digestivo; la insulina es la secreción que circula en el torrente sanguíneo para mantener balanceados los niveles de azúcar. Así pues, cada glándula endocrina realiza una función física vital, la cual ha sido reconocida como una expresión de energía más sutil en la enseñanza espiritual a través de los años.

La enseñanza de la sabiduría del Este que proviene de más allá del Himalaya (la enseñanza transhimalaya) ha pasado al Oeste a través de varios maestros en forma escrita. La enseñanza básica en esta área concierne a la correlación de las glándulas endocrinas con centros de energía en el cuerpo etéreo. A estos centros se les conoce con frecuencia como chakras ("chakra" es una palabra sánscrita que significa rueda). La información más detallada y actualizada sobre este tema se encuentra en el libro de Alice Bailey *Esoteric Healing* (*Curación esotérica*), el cual explica la relación entre las glándulas y los chakras.[66]

Los chakras son el mecanismo para transmitir nuestros impulsos, pensamientos y emociones espirituales a la conciencia cerebral física. Al parecer, actúan como transformadores eléctricos que convierten las energías sutiles en una forma apropiada para condicionar e influir nuestras glándulas. Las energías recibidas por el cuerpo físico variarán de acuerdo con nuestro estado de conciencia.

Los chakras no sólo se manifiestan en un nivel sutil que subyace el físico al cual llamamos lo etéreo, sino que también tienen contrapartes en otros niveles, tales como nuestra naturaleza astral/emocional y los niveles mentales. Ya hemos considerado cómo nuestros diferentes niveles de conciencia se compenetran internamente; recuerde la analogía de la mezcla de arena, agua y aire. Esta analogía no es perfecta porque la arena, el agua y el aire son elementos físicos, pero el concepto se puede llevar a campos energéticos a niveles sutiles. En relación con las glándulas, ya podemos idear un diagrama de flujo que muestre algunos de los niveles sutiles que afectan nuestra salud:

alma > mente > emociones > etéreo > tríadas /
meridianos > plexo nervioso > glándulas > sangre > tejidos

Las enfermedades se presentan cuando tenemos un problema, bloqueo o desequilibrio en cualquiera de estos niveles, debido a que las glándulas endocrinas pueden sufrir alteraciones en cualquier parte de esta cadena. El emocionante trabajo sobre la inmunología neuropsíquica indica que el sistema nervioso, el sistema inmunológico y la actividad hormonal se ven seriamente afectados por nuestra vida mental y emocional.[67] Esta investigación prácticamente reciente confirma en parte la aseveración de Alice Bailey que hasta el noventa por ciento de las enfermedades proceden de causas psicológicas y etéreas. Todas las técnicas analizadas en este libro están enfocadas en un nivel etéreo, pues establecen un punto de contacto con los campos electromagnéticos del cuerpo.

Siempre debemos considerar el efecto condicionante de las emociones y la mente en el campo etéreo. Al emplear las técnicas descritas en este libro en el trabajo con pacientes, rápidamente me percaté de que la alteración emocional afecta de inmediato el campo de energía y su fuerza, así como la habilidad de la persona para registrar con precisión las energías.

En mi libro *Meditation, The Most Natural Therapy* [*Meditación, la terapia más natural*] presento un análisis detallado de los chakras y las glándulas endocrinas.[68] En este libro se incluye una descripción abreviada con el propósito de entender la relación de los chakras y las glándulas con las capas energéticas en nuestro planeta.

Los siete chakras principales están relacionados, cada uno, con un nivel de conciencia (ver diagrama 32). Como transformadores en un sentido

Diagrama 32. Cualidades positivas expresadas por los chakras

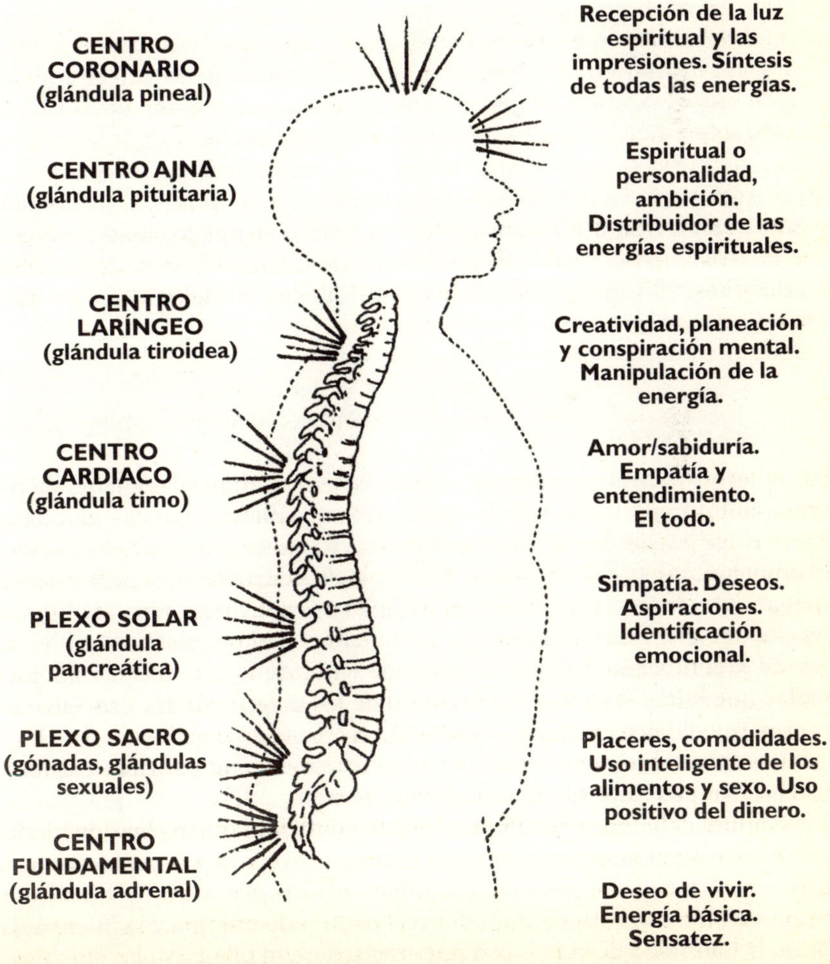

eléctrico, bajan la energía de varios planos para que podamos recibirla con seguridad en nuestra conciencia mental física y nuestro sistema nervioso.

Básicamente, los chakras principales operan en pares y así es cómo yo los descubro reflejados en las capas energéticas de la Tierra. Primero analizaremos las gónadas (ovarios y testículos) que están relacionadas con el chakra esplénico. Este chakra y su contraparte superior, el chakra laríngeo, con su glándula endocrina, la tiroidea, están relacionados con el Flujo de fuerza 4. Algunos de los minerales clave asociados con estas glándulas son el zinc y el yodo, y estas frecuencias minerales se transmiten mediante el Flujo de fuerza 4.

El yodo es el principal mineral requerido por la tiroides para un funcionamiento saludable; el zinc es un elemento clave necesario para las gónadas. La conexión entre las gónadas y el zinc se estableció hace muchas décadas atrás después de que estudios clínicos con este mineral produjeran características sexuales secundarias en enanos del sexo masculino. El zinc también es un suplemento importante contra la infertilidad provocada por un bajo conteo de espermas.[69] Cuando evaluamos qué minerales están alterados en el cuerpo, podemos seguir de cerca los flujos energéticos de una persona en aquellos niveles en los que se presentan los minerales (esto se explica con mayor detalle en el capítulo 10). En relación con los chakras esplénico y laríngeo, observaremos el zinc, el yodo y otros minerales relacionados.

El chakra esplénico

El chakra esplénico se encarga principalmente de nuestro apetito por la comida, el sexo y otras satisfacciones físicas. Obviamente era un chakra muy activo en los humanos primitivos que experimentaron pocas cosas más que estas satisfacciones esenciales. Hoy en día hay muy pocos humanos que funcionan solamente en este nivel de conciencia, pero en definitiva podemos ver una correlación en los animales domésticos que están felices y contentos si se les alimenta, aloja y consuela adecuadamente. Para inhibir la expresión de sus instintos sexuales, con frecuencia se les castra, ya que esto los hace incluso más domesticados y dóciles.

Los anuncios de televisión suelen estar muy enfocados en las funciones básicas del chakra esplénico. Enfatizan la belleza del cuerpo, la comida y los productos que incrementan la comodidad. Para proveernos de la existencia más cómoda posible, se requiere de dinero y, por lo tanto, la administración del dinero está íntimamente relacionada con el balance del chakra esplénico. Desde una perspectiva esotérica, el dinero está relacionado con la energía y se considera un prana o energía cristalizada. Así, el chakra esplénico está relacionado por lo general con el manejo de la energía y con los niveles básicos de energía que residen en el cuerpo etéreo.

El chakra esplénico es el órgano psíquico que está ligado con nuestro cuerpo etéreo y por extensión con el cuerpo etéreo del planeta. Como consecuencia, todo trabajo con las terapias naturales que involucran el mejoramiento y el balanceo de energías en las plantas, los animales y los humanos implica el manejo de energías etéreas y del chakra esplénico. En particular, las energías del vivaxis están relacionadas con el nivel etéreo y, por lo tanto, de forma indirecta con los chakras esplénicos del planeta y de la humanidad. Los chakras fundamental y umbilical también están estrechamente relacionados con la energía física y etérea.

Las personas que no saben administrar el dinero podrían tener un desequilibrio a nivel esplénico. El planeta mismo padece de un gran desequilibrio esplénico que se expresa mediante la hambruna en algunas partes del globo terráqueo y la sobreabundancia en otras. La expresión esplénica planetaria también se relaciona con aquellas energías sutiles detrás de los patrones climáticos y las condiciones climáticas extremas que se presentan en algunas partes del globo terráqueo. Los terremotos y los volcanes son otros ejemplos de los desequilibrios físicos/etéreos de la energía en el planeta.

Cuando el chakra esplénico planetario finalmente quede equilibrado, coincidirá con una redistribución de la riqueza y los recursos planetarios y con un mejoramiento en la salud y el alojamiento para todos los habitantes de la Tierra. Se espera que es un proceso que ya haya comenzado. Al parecer, sí estamos siendo más responsables con la gente que tiene necesidades —la gente hambrienta, sin hogar y sin educación en todo el mundo. Nuestra economía global que ahora cuenta con entidades como el Fondo Monetario Internacional, el Banco Mundial y otras grandes corporaciones multinacionales es parte del chakra esplénico planetario. El cuidado cercano de la riqueza y el gasto es un fuerte aspecto de nuestra gran aldea global que está en vías de desarrollo, un aspecto de Gea como entidad de autoequilibrio.

Los problemas de salud asociados con este chakra afectan las gónadas, el sistema reproductivo en general y los tejidos relacionados. Estos problemas pueden incluir los quistes y tumores ováricos, fibromas uterinos y problemas menstruales, infertilidad en ambos sexos, prostatitis y próstata agrandada en el hombre, cistitis y cáncer en cualquier parte del sistema reproductivo en ambos sexos. Los problemas sexuales psicológicos también son parte del funcionamiento del chakra esplénico.

Desde una perspectiva esotérica, nuestros problemas de salud se deben a un desequilibrio de energía que significa una estimulación excesiva o insuficiente de los chakras. Este desequilibrio puede estar influido por nuestra psique, nuestro ambiente —incluyendo la herencia— y la relación entre el centro sacro y su contraparte superior, el chakra laríngeo.

El chakra laríngeo

El chakra laríngeo está relacionado con la expresión de nuestros pensamientos y creatividad. En el último ciclo ha tenido una función muy activa y el gran interés que tenemos en continuar nuestra educación en todas las áreas de la vida es prueba evidente de este hecho. La explosión de conocimiento coincide con el crecimiento de la radio, la televisión, el satélite y la red computacional. Estos desarrollos tecnológicos han hecho posible el aceleramiento del aprendizaje en cada esfera de la vida. Así, el chakra laríngeo expresa la mente en desarrollo dentro de la humanidad y hoy en día está muy activo en el sentido global.

Como el órgano psíquico de la creatividad, nuestro chakra laríngeo está relacionado con la planeación y producción del trabajo creativo ya sea a través de la escritura, la pintura, la construcción, la jardinería o cualquier actividad creativa a la que podamos dedicarnos. Corresponde al desarrollo del poder de la mente y, por lo tanto, está mucho más asociado con el diseño o, si nos corremos con suerte, con la manipulación.

La glándula endocrina relacionada con el chakra laríngeo es la tiroidea que controla en gran medida nuestro metabolismo. Una mente concreta y activa en exceso estimulará más de la cuenta nuestro chakra laríngeo, lo cual, a su vez, estimula la tiroides. Podemos convertirnos en una persona muy acelerada en todos los sentidos. En casos extremos, los individuos sufren de hipertiroidismo. La mente concreta es el aspecto de nuestra psique que está relacionado con todo nuestro alrededor mundano más que con las actividades creativas.

La afección del hipertiroidismo —estimulación excesiva de los procesos metabólicos— conlleva problemas de pérdida de peso, nerviosismo e irritabilidad, taquicardia (palpitaciones aceleradas) y algunas veces puede provocar tensión en el corazón. Si el chakra laríngeo está inactivo, podemos experimentar síntomas como aumento de peso, expresión lenta y torpe de los pensamientos, cabello y piel resecos y una ralentización general de todos los procesos metabólicos, que llevan al cansancio y a la depresión. En mi práctica clínica con frecuencia trato a la gente con desequilibrio sutil del chakra laríngeo aunque sus pruebas de laboratorio no muestren un desequilibrio en la tiroides. Sin embargo, sus síntomas de depresión, cansancio y torpeza mental con frecuencia desaparecen después del tratamiento herbolario y homeopático para equilibrar la tiroides.

Hay otros órganos y tejidos relacionados con el chakra laríngeo incluyendo los bronquios y los pulmones superiores, los hombros y los brazos, así como el sistema linfático. Todas las enfermedades linfáticas y catarrales como la bronquitis y el asma están asociadas con este centro energético o chakra.

Dado que el chakra laríngeo se vuelve más activo y el pensamiento creativo se estimula, se forma energía del centro sacro y se establece un balance entre los dos centros. Esto nos da la capacidad de controlar nuestros apetitos y energía en muchas formas. Si este balance no es adecuado, podríamos ver a una persona con esquemas creativos salvajes e interesantes, pero sin forma alguna de cimentarlos en un sentido práctico. La energía esplénica debería usarse para llevar a buen término los esquemas creativos del centro laríngeo. Proporciona la energía y los recursos (por ejemplo, el dinero) para la empresa.

Para asegurar que nuestros trabajos creativos son para el bien del todo y no simplemente para satisfacer nuestro propio ego y la necesidad de fama y fortuna, las energías del centro esplénico deben pasar por el corazón rumbo a la garganta. La gente tiende a moverse a través de una etapa de creación egoísta. Muchos artistas caen en esta categoría aunque sus trabajos con frecuencia levantan el ánimo gracias a su belleza pura. Los artistas pueden escribir, pintar o componer por su propia necesidad, pero como resultado logran levantar el ánimo a la humanidad.

El tipo de creatividad más espiritual responde a una necesidad y esto con frecuencia no cae en la categoría de arte. Por ejemplo, podría tratarse de un nuevo procedimiento quirúrgico o aparato que proporcionará la salud a miles de personas. Otros ejemplos en una escala más amplia pueden ser los procedimientos que purifican el aire o el agua en nuestro ambiente, o nuevos procesos que ayudan a la cría de animales o producción de alimentos.

Los chakras umbilical y cardiaco

Tanto el chakra cardiaco como el chakra umbilical están ligados con el Flujo de fuerza 3: la banda magnética. Como recordará, esta banda contiene todos los elementos que conducen la electricidad: cobre, hierro, selenio, níquel, oro, plata y sodio. Las glándulas endocrinas relacionadas son la glándula timo (corazón) y la pancreática (plexo solar). Aquí no existe una conexión obvia entre los minerales y las glándulas, y yo he hecho reflexiones sobre la relación.

Es interesante que el Flujo de fuerza 3 sea la banda de energía que permanece constante durante las corrientes altas y bajas y a toda hora durante el año. Quizá esto refleja el puesto central e importante que el corazón y su chakra asociado tienen en nuestra vida. Además, considere los tejidos y funciones asociadas del corazón: el cobre y el hierro son ingredientes esenciales del corazón, mientras que el selenio es necesario para la buena inmunidad y así se relaciona con la glándula timo. Asimismo, el oro es el elemento que gracias a la alquimia siempre ha estado relacionado con el corazón. Incluso tenemos un dicho que reza: "Tiene corazón de oro".

La plata se asocia con la Luna que a su vez está relacionada con nuestra vida emocional y cuya puerta principal pasa por el chakra umbilical. El sodio es alcalino en efecto y está relacionado con el fluido pancreático que debe neutralizar el ácido secretado por el estómago. Las frecuencias tanto de la plata como del sodio son emitidas por el Flujo de fuerza 3. De esta manera, podemos ver que hay algunas conexiones lógicas entre los elementos en el Flujo de fuerza 3, la glándula pancreática y la glándula timo y los chakras relacionados.

El plexo solar es el órgano psíquico para la expresión de energía desde ese plano o nivel de conciencia llamado plano astral. En los individuos, es la entrada a nuestro cuerpo astral; se relaciona con nuestro humor, sentimientos, deseos, emociones y en su aspecto más elevado, nuestras aspiraciones.

Este chakra y su glándula, la pancreática, gobierna todos nuestros órganos digestivos y sus procesos. Desde una perspectiva esotérica, las variadas alteraciones en esta área que sufre la humanidad se deben al exceso o falta de estimulación de este chakra. Podemos encontrar problemas de salud que incluyen dispepsia, úlceras estomacales, duodenales o intestinales, estreñimiento, diarrea, piedras biliares, apendicitis, diverticulitis, pancreatitis, diabetes y cáncer o tumores en cualquiera de estas partes. Cuando consideramos qué tan generalizados están todos estos problemas, nos damos cuenta de qué tan activa continúa siendo la vida del plexo solar.

En la mayor parte de la humanidad, la energía de este chakra está combinada con la energía de los chakras umbilical y fundamental. En otras palabras, nuestros deseos con frecuencia están relacionados con nuestros apetitos sexuales, comodidades y dinero. El atributo positivo que llamamos simpatía se expresa a sí mismo a través del chakra, pero suele estar combinado con el apego a otras personas en una forma positiva. Muchas relaciones familiares se basan en un tipo positivo de amor que se expresa mediante el plexo solar. ¿Quién no ha sentido incomodidad en esta región por la preocupación de la salud o bienestar de un ser querido? Gran parte de la práctica psicológica moderna está diseñada para eliminar los bloqueos del plexo solar y trabajar en nuestras emociones.

La gente aprende a lidiar con estas fuertes energías del plexo solar a través de terapia individual o grupal. Quiere estar libre de emociones negativas y conocer sus sentimientos y deseos. Además de psicólogos y psiquiatras capacitados, los maestros de *New Age* llevan a cabo talleres para ayudar a la gente a sentirse positivos y creativos sobre sí mismos. Usted puede percibir que muchos de estos gurús de *New Age* están dominados por su conciencia del plexo sacro y solar, lo que significa que buscan una ganancia de poder y financiera en lugar de tener un motivo altruista. Esto no quiere decir que la gente que asiste a estos talleres no se beneficia de sus aventuras, sino que hay quienes se quedan abandonados a su suerte cuando el gurú deja la ciudad.

A medida que crecemos y nos desarrollamos, el chakra cardiaco se abre y proporciona un amor más universal e incondicional. Podemos ver más evidencias en el mundo del desdoblamiento del corazón a través de los cientos y miles de individuos y grupos que sirven al planeta de diferentes formas.[70] Antes de la Segunda Guerra Mundial había relativamente pocos grupos como el Ejército de Salvación y la Cruz Roja que brindaron sus servicios a los necesitados. La estimulación del chakra cardiaco permite al amor más autocentrado del plexo solar y la personalidad que salga a la luz. Este proceso nos da el control gradual sobre un plexo solar rebelde que para la mayoría de la gente se pone en movimiento con cada corriente o deseo astral pasajero.

Los problemas de exceso o falta de estimulación del chakra cardiaco pueden provocar varios problemas circulatorios y dar pie a la enfermedad de las arterias coronarias que es la causa de los ataques cardiacos. Los pulmones y el pecho también están condicionados por el chakra cardiaco. Me he percatado de que muchos de mis pacientes con cáncer de mama tienen un trauma psicológico por preocupaciones del "corazón". Es probable que el gran incremento en enfermedades cardiacas y pulmonares y cáncer de mama que se vive hoy en la historia de nuestro planeta se deba a bloqueos del chakra cardiaco, dado que nuestra conciencia comienza a enfocarse a través de ese centro.

Del mismo modo que se necesita un balance entre los centros esplénico y laríngeo, gradualmente se crea un equilibrio entre el plexo solar y el corazón. La sabiduría y el entendimiento son dos cualidades sobresalientes de la conciencia del corazón que se relaciona con el plano budista o cuarto plano, que es el plano central de los siete planos de la conciencia. Vemos al corazón enfocado a través del punto medio, del plano central en el esquema cósmico mayor, del flujo de energía central llamado Flujo de fuerza 3, y situado en la parte central del cuerpo cerca del diafragma. En un sentido esotérico, se considera que el corazón es un órgano magnético, lo que significa que emite poder e incluso irradia amor. Se descubrió que está ligado con lo que Fran Nixon llamó el flujo de fuerza magnético.

El chakra fundamental

El centro fundamental y las glándulas asociadas, las adrenales, están conectadas con el Flujo de fuerza 3. Esta relación es entendible en la medida en que se encuentren los pigmentos de hierro en las glándulas adrenales, junto con grandes cantidades de vitamina C. Las frecuencias de hierro y vitamina C se emiten a través del Flujo de fuerza 3. Previamente se mencionó que la frecuencia del sodio en este flujo de fuerza está relacionada con la digestión. El sodio también está relacionado con el equilibrio del agua y una de las funciones de las hormonas adrenales (hidrocorticoides) es el equilibrio de fluidos en el cuerpo. Las glándulas adrenales también nos ayudan a sobrevivir en situaciones que ponen en riesgo nuestra vida; parece apropiado que estén conectadas con el flujo de fuerza que siempre está presente.

El centro fundamental está relacionado con el deseo de vivir y ser. No es coincidencia, por lo tanto, que las glándulas adrenales reaccionen al estrés y estén involucradas con la respuesta defensa y huida. Las hormonas tanto del área de la médula como de la corteza de las glándulas adrenales condicionan al sistema nervioso simpático, el cual está íntimamente relacionado con nuestro cuerpo astral y nuestra vida emocional. Así, cualquier emoción de miedo o enojo provoca que la adrenalina de la médula o de la parte interna de la glándula adrenal se eleve rápidamente por todo el cuerpo. El efecto adverso en nuestro sistema inmunológico de una respuesta adrenal al estrés constante ya ha sido establecido por los científicos médicos.

La corteza adrenal secreta cortisona, hormonas sexuales o andrógenas y otras hormonas que están asociadas con la glucosa y el equilibrio de agua. La cortisona se usa para tratar muchas enfermedades que ponen en riesgo la vida, que se relacionan con la inflamación, el hinchamiento o la incapacidad del sistema inmunológico que ocurre ante una enfermedad autoinmunológica. Los padecimientos como el asma, ciertas formas de artritis, lupus y la colitis ulcerosa se tratan temporalmente con cortisona. Desafortunadamente, la administración de cualquier hormona suplementaria provoca una futura paralización o supresión de esa secreción en el cuerpo. En el caso de la cortisona, hay muchos efectos secundarios como la retención de fluidos, aumento de peso y el enmascaramiento de infecciones a causa de la supresión de la respuesta inflamatoria.

Para todos los medicamentos hormonales, hay remedios naturistas que pueden reemplazar la necesidad de una terapia hormonal a largo plazo, aunque es obvio que puede ser necesaria a corto plazo para tratar padecimientos en etapas difíciles. También hay casos en los que es necesario prescribir hormonas como medicamento de por vida. Por ejemplo, es elemental dar tiroxina cuando se extirpa la glándula tiroidea. Afortunadamente, no hay muchos efectos secundarios con la tiroxina, la cual se utiliza mucho menos frecuentemente que la cortisona. Debería quedarnos claro a todos que equilibrar nuestras glándulas de una manera natural con remedios y técnicas que no provocan efectos secundarios es el enfoque preferido.

Los órganos asociados con el chakra fundamental son los riñones, uréteres, vejiga y la columna. Se puede considerar que los genitales están relacionados tanto con el centro sacro y como con el fundamental. Los problemas de salud vinculados con este chakra son todos los trastornos de las glándulas adrenales, los riñones, la vejiga y la columna. Estos padecimientos incluyen la nefritis, tumores en los riñones, problemas de columna y cistitis. Los problemas más sutiles que involucran el flujo de energía a través del centro fundamental afectan el nivel fundamental de nuestra energía física y nuestro deseo de vivir y sobrevivir.

Tanto la presión sanguínea alta como la baja están relacionadas con los desequilibrios en el flujo de energía mediante el centro fundamental. Ésta es la razón por la cual los médicos recetan betabloqueadores para suprimir el sistema nervioso simpático en caso de presión sanguínea elevada. Para resultados a largo plazo, la presión sanguínea se puede tratar si se enseña a la gente cómo meditar. Esto estimula la parte de nuestro sistema nervioso autónomo llamado nervio parasimpático o vago. En la salud, tenemos un equilibrio entre las dos partes del sistema nervioso autónomo: el parasimpático y el simpático. Nuestro "negocio" actual tiende a hacer que nuestro sistema nervioso simpático sea dominante y esto da como resultado la presencia de algunos trastornos relacionados con el estrés. El primero en establecer esto fue el reconocido fisiólogo Hans Seyle.[71]

Un padecimiento opuesto provoca una baja presión sanguínea. Esto ocurre cuando energía insuficiente está fluyendo mediante el chakra fundamental. Es casi como si una persona en esta situación estuviera parcialmente reencarnada en el cuerpo físico. Así que desde el punto de vista del mal funcionamiento del centro base, existen dos problemas principales: el primero es que hay personas estresadas que no se pueden relajar y recargar su energía. Por lo general, no se dan tiempo para hacer alguna actividad física (por ejemplo, caminar) que les permitiría aprovechar las corrientes energéticas de la Tierra. Los problemas del estilo de vida como usar ropa sintética, una dieta no balanceada y la falta de sueño pueden afectar la transmisión de energía. De forma alternativa, algunas personas carecen de flujo de energía mediante su chakra fundamental, porque simplemente no están enfocados en su cuerpo físico. Hombres y mujeres jóvenes que dan la impresión de ser muy despistados y soñadores son ejemplos de personas que tienden a no hacer conexión con la Tierra.

El chakra fundamental está asociado con el plano físico y, junto con el chakra esplénico, involucra energía enfocada en el nivel físico. Tanto el chakra esplénico como el fundamental están relacionados con la conexión a la Tierra y a la cimentación. En un sentido general, hay poco que decir sobre el chakra fundamental. Se volverá activo en una etapa más tardía en el desarrollo humano. En la etapa actual, los aspectos más negativos del chakra fundamental relacionados con la agresión son evidentes en, por ejemplo, la actividad terrorista. Así pues, tenemos el *deseo de ser* manifestándonos en una forma destructiva a través de grupos que vuelcan sus deseos en otros. Con el tiempo, el deseo por lo bueno del todo se manifestará.

En una persona bastante desarrollada y espiritual, el chakra fundamental está ligado con lo que se llama la energía Kundalini y con la manifestación del deseo espiritual. Esto ocurre cuando el chakra fundamental se relaciona con la coronilla después de que ésta jala las energías desde el chakra fundamental mediante el desdoblamiento de los atributos espirituales. Una vida de meditación y servicio a la humanidad o los otros reinos en la naturaleza será el precursor de esta transformación de energía.

Las técnicas descritas en este libro tienen un efecto muy profundo en el chakra fundamental, ya que tiene una fuerte conexión con la Tierra. Para poder sobrellevar las energías fuertes necesitamos estar conectados a la Tierra y mucha gente hoy en día no está lo suficientemente conectada. Nuestro estilo de vida con frecuencia tiende a interferir en nuestra conexión con la Tierra literalmente mediante los zapatos que usamos. Piense en cuántos pares de zapatos tenemos con suelas de acrílico. Las moléculas de acrílico obstaculizan la energía vital. Por lo tanto, si habitualmente usamos zapatos con suelas sintéticas, la energía terrenal no puede fluir a través de nuestros pies y piernas cuando caminamos o corremos. La mayoría de los tenis para trotar tienen suela sintética en lugar de suela de goma.

Para conectarnos correctamente con la Tierra nosotros mismos, necesitamos estar descalzos o usar zapatos con suelas hechas de sustancias naturales como la piel o goma. Se pueden encontrar zapatos de vestir y deportivos hechos de materiales apropiados si nos damos el tiempo y la energía para buscarlos. Mientras más apoyemos a sus fabricantes, tendrán mayores probabilidades de sobrevivir a la explotación sintética. Algunos materiales sintéticos no son tan impermeables para los flujos energéticos como el acrílico y pueden cambiar mediante la exposición a las capas energéticas. El nylon y el poliéster caen en esta categoría y, aunque provocan estática en el cuerpo, se pueden inactivar mediante la exposición a las capas energéticas.

La gente con enfermedades crónicas o agotamiento de mucho tiempo atrás siempre tienen una baja energía en su centro base. Es sorprendente que nuestras energías disminuyan cuando no tenemos forma de recargarlas nosotros mismos al impedir que las energías curativas de la Tierra fluyan a través de nuestros pies.

El chakra que corresponde al chakra fundamental es el centro coronario, el cual está situado en la parte superior de la cabeza. Está relacionado con la glándula pineal. Esta glándula es el conductor de la orquestra endocrina en muchos aspectos. Se encarga de dos flujos energéticos que aún no hemos descrito como tales. Exploraremos estos flujos en el siguiente capítulo junto con los otros chakras de la cabeza y sus glándulas relacionadas. Los chakras restantes son el ajna y su glándula relacionada, la pituitaria, y el centro mayor alta y su glándula misteriosa que algunas veces se le llama carótida.

El centro del bazo

Todos los chakras analizados hasta el momento son órganos psíquicos para los diferentes niveles de conciencia. El chakra del bazo se relaciona meramente con la energía que se recibe directamente del Sol en un sentido físico y no está relacionado con ningún estado de conciencia. Es la contraparte sutil del bazo y está localizado en esta parte del cuerpo —a la izquierda de la línea media y debajo de las costillas izquierdas. He descubierto que se bloquea de forma parcial en casos del síndrome de fatiga crónica. El chakra del bazo funciona mejor cuando hay una exposición directa de la parte central del cuerpo al sol. Este chakra y los otros dos chakras menores en el torso forman el triángulo pránico.[72]

Aunque es importante evitar el sol en exceso, también es necesario tomar una postura sensible en el tema de asolearse. Es mejor no asolearse con el sol del mediodía, especialmente durante los meses de verano. Podemos usar el sentido común y recibir energías vitales del Sol durante cortos periodos antes de las diez de la mañana y después de las dos de la tarde. En invierno, cuando la luz del día es poca, el horario no es una preocupación y debemos aprovechar siempre que se presente la oportunidad cuando la temperatura sea lo suficientemente elevada y las condiciones sean agradabl s para usar la menor cantidad de ropa posible. En los países tropicales, siempre se deben tomar las precauciones necesarias para evitar una exposición excesiva.

Cuando exponemos nuestro triángulo pránico al Sol, la energía circula alrededor y se distribuye a todas partes del cuerpo etéreo y después al sistema nervioso, a los órganos y a los tejidos. También obtenemos energía del Sol a través de la Tierra. Ésta procesa la energía y la emite externamente a través de las capas energéticas, las cuales son el tema central de este libro. Dado que hay partes del planeta que siempre reciben energía directamente del Sol, siempre recibimos energía del planeta independientemente del clima local.

No obstante, así como hay bloqueos en el cuerpo energético humano, habrá lugares en el planeta donde la energía se recibe más fácilmente que en otros. Éstos son los chakras planetarios, los meridianos y las capas energéticas que pueden o no encontrarse en un estado saludable en cualquier punto particular en el tiempo.

En relación con los flujos energéticos, es interesante descubrir que el chakra del bazo hace sus registros en los flujos "blancos", los cuales se relacionan con la glándula pineal y, por lo tanto, con las horas en las que hay más luz solar.

Resumiendo las ideas de este capítulo, analizamos en gran medida los centros de energía principales o chakras que actúan como entradas en nuestro cuerpo a todos los niveles posibles de conciencia. Las chakras condicionan nuestro cuerpo etéreo o campo de energía, las glándulas endocrinas, los meridianos y los receptores e, indirectamente, todos los órganos y tejidos físicos. Están conectados con las diferentes capas energéticas en nuestro planeta. Ahora analizaremos los chakras restantes, los cuales están relacionados con la cabeza y los flujos de fuerza blancos.

9

Los flujos blancos y los chakras de la cabeza

El blanco representa la limpieza y la purificación. A lo largo de los años, grupos religiosos han usado ropa blanca para simbolizar la pureza. El blanco se asocia con la luz espiritual. En la ciencia de la mezcla de colores, el blanco se obtiene de una mezcla perfecta de todos los colores. Es lógico que los chakras asociados con el desarrollo espiritual encuentren su reflexión en las capas *blancas*. Estos chakras son el de la coronilla, el del ajna y el alta mayor y todos estos se encuentran en el área de la cabeza.

Dos sustancias tradicionalmente relacionadas con la limpieza y la inmunidad mejorada están asociadas con los flujos blancos: el ajo con el flujo blanco superior y la clorofila con el flujo blanco inferior. El ajo contiene selenio y germanio, los cuales desempeñan funciones importantes en nuestro sistema inmunológico. Los flujos blancos llevan las frecuencias de muchas sustancias esenciales para la vida. Ahora es tiempo de presentar estas dos últimas capas energéticas para que podamos usarlas correctamente y mejorar las energías acumuladas en el cuerpo. Las capas blancas y los hallazgos sobre la glándula pineal figuraron en la última investigación hecha por Fran antes de morir a la edad de setenta y cinco años en 1985.

En nombre de la continuidad, primero analizaremos los principales atributos de los chakras de la cabeza y las glándulas relacionadas; después, nos embarcaremos en la aventura de trazar los flujos blancos.

El chakra ajna y la glándula pituitaria

El chakra ajna se sitúa entre las cejas y está conectado con el conjunto de todas las fuerzas de la personalidad —esto significa las energías de todos los chakras excepto las de la cabeza. El ajna está relacionado con la glándula pituitaria, la cual secreta hormonas que estimulan a todas las otras glándulas endocrinas. Existe un mecanismo de reacción entre la pituitaria y las otras glándulas y de esta manera se mantiene un equilibrio. Existe una situación paralela entre el ajna y los otros chakras con el ajna que expresan una síntesis de toda la vida de la personalidad. En cierta etapa de desarrollo, nuestras energías se juntan de todos los otros chakras y se enfocan mediante este centro.

El mecanismo de reacción entre las glándulas se puede ver en la relación entre la glándula pituitaria y los ovarios. Esto ocurre cuando la secreción de los ovarios cae por debajo de cierto nivel. Entonces, la parte anterior de la glándula pituitaria produce la hormona estimulante folicular (FSH, por sus siglas en inglés), la cual genera una mayor producción de estrógenos en los ovarios. Después, los ovarios se reponen y la secreción pituitaria se reduce. En la menopausia, los ovarios ya no pueden responder y la glándula pituitaria produce mayores cantidades de FSH, debido a que los ovarios dejan de aportar esta hormona. Los efectos secundarios temporales de este proceso en las mujeres son los bochornos, el insomnio y alteraciones generales en el sistema nervioso. La píldora anticonceptiva interfiere con este mecanismo de reacción natural en las mujeres en edad fértil mediante la supresión de la ovulación a través de la "inundación" del torrente sanguíneo con estrógenos sintéticos y/o progesterona.

Otras hormonas de la glándula pituitaria estimulan las glándulas tiroidea, pancreática y adrenal. Hay un equilibrio hormonal delicado entre todas las glándulas. El sistema nervioso está relacionado con la glándula pituitaria a través de una estructura importante en la cabeza llamada hipotálamo. Este órgano se sitúa cerca de la glándula pituitaria y está estrechamente relacionado con la función hormonal y nerviosa.

Además de la pituitaria, los tejidos asociados con el centro ajna son el cerebro inferior, el ojo izquierdo, los senos paranasales y los oídos. Los problemas de salud que surgen de un centro ajna alterado son: migraña, cefaleas por sinusitis, problemas en ojos y oídos y nerviosismo generalizado; esto se debe a la estimulación excesiva del sistema nervioso. Los tumores cerebrales ocurren con menos frecuencia. Vivir en un estado de tensión puede provocar temporalmente algunos de los problemas mencionados anteriormente. Dado que desarrollamos una vida de personalidad integrada, el centro ajna se despierta. La gente que alcanza este estado tiene la posibilidad de convertirse en figuras o líderes prominentes en alguna esfera de la vida.

La función más esotérica del chakra ajna tiende a recibir impresiones e ideas espirituales. Entonces, estas impresiones son trabajadas en un patrón o plan por el nivel de conciencia que se expresa mediante el chakra laríngeo. Con el tiempo, el centro ajna se convierte en el órgano de distribución para la energía espiritual que se puede utilizar para curar y para otros propósitos espirituales. En centro también puede formular una intención espiritual a partir de las ideas recibidas de los niveles divinos de conciencia. En forma gradual, los dos chakras de la cabeza, ajna y coronario, establecen una interacción de energías conforme nos desarrollamos espiritualmente. Esto corresponde a un campo magnético en desarrollo, el cual se establece entre la glándula pituitaria y la pineal. En esta etapa, la personalidad se convierte en el servidor o transmisor de energías espirituales y del alma.

La glándula pineal y el chakra coronario

La glándula pineal es una estructura pequeña en forma de pino de aproximadamente 8 mm de largo que se sitúa en el centro del cerebro justo detrás del tercer ventrículo. (Tenemos cuatro ventrículos en el cerebro.) Apenas recientemente se iniciaron investigaciones detalladas sobre esta glándula. Este retraso aparente se debe a nuestra tendencia de hacer descubrimientos en el momento en el que se correlaciona con el desdoblamiento humano y planetario. Hay más información que compartir sobre esta glándula que sobre las demás debido a que tiene más relación con nuestras sensaciones y habilidades magnéticas (ver capítulo 2).

La glándula pineal tiene una conexión indirecta con nuestros ojos y está relacionada con el sistema nervioso y con las otras glándulas endocrinas. Responde a la luz mediante células fotorreceptoras en la retina. Este camino junto con la estimulación de la noradrenalina, una hormona transportada por el sistema nervioso simpático, da como resultado la secreción de la hormona pineal, la melatonina. La glándula pineal también secreta otras hormonas llamadas serotonina y dopamina. Está relacionada con la luz tanto en un sentido físico como espiritual. Quizá sea importante el hecho de tener la posición física más alta en el cuerpo.

La historia de la glándula pineal es muy interesante. Desde el año 300 d.C. hasta el año 1200 a.C., los pensadores creían que la glándula pineal era una válvula en el cerebro. En el siglo XVII, el famoso filósofo francés Descartes se refirió a ella como el lugar del alma. Las investigaciones modernas empezaron en 1950 y establecieron que esta glándula contiene muchos minerales, que incluyen: calcio, magnesio, hierro, fósforo, zinc, cobre y manganeso. Otras sustancias hasta ahora descubiertas incluyen: vitamina C, aminoácidos a partir de sulfuro, glicéridos, fosfolípidos, triptofán e histidina.[73] Probablemente la razón de por qué esta glándula tiene la capacidad para sentir muchas frecuencias se deba a que contiene pequeñas cantidades de numerosos elementos.

La producción de melatonina, cuyo pico se alcanza entre las 2 y las 4 a.m., cada mañana responde a los ritmos circadianos o diarios del cuerpo. Todas las glándulas endocrinas están relacionadas, pero existe una relación particular entre la glándula pineal y las gónadas (ovarios y testículos). La secreción de la melatonina tiende a suprimir la función ovárica y, por lo tanto, se ha descubierto que la ovulación se puede mejorar en las mujeres infértiles si duermen en una habitación iluminada durante la ovulación. Con esto se suprime la secreción pineal. Este hecho puede responder a la interrogante de por qué algunas mujeres sufren de alteraciones menstruales cuando recorren grandes distancias en poco tiempo y alteran sus ritmos corporales.

Nuestros ritmos corporales se ven alterados tras vuelos aéreos largos, ya que el funcionamiento de la glándula pineal se interrumpe y esto contribuye al desfase horario. Hoy en día están disponibles en el mercado tabletas de melatonina y algunos viajeros las utilizan. La inhibición de la hormona pineal, la serotonina, también puede estar relacionada con la dificultad para dormir después de viajes largos, debido a que la serotonina se asocia con el ciclo de vigilia/sueño. Al parecer hay una acción de vaivén entre la secreción de melatonina y serotonina, con la producción pico de melatonina durante las horas más oscuras del ciclo de veinticuatro horas, seguido por una producción pico de serotonina durante el día.

La glándula pineal exhibe un grado de calcificación a partir de la segunda década de la vida en adelante. Desde el punto de vista médico, se desconoce por qué ocurre esto. Se ha especulado que la cantidad de calcificación puede depender del nivel de serotonina secretado por la glándula pineal. Fran Nixon estaba particularmente interesada en descubrir formas de impedir y revertir el envejecimiento o la calcificación de la glándula pineal. Se percató de que cuando las energías relacionadas con la glándula pineal eran sólidas, esas personas tenían excelentes memorias y se inclinaban a ser individuos creativos. Asimismo, se percató de que tenían capacidad para resistir ciertos niveles de radiación que alterarían seriamente a una persona promedio. Estos descubrimientos se hicieron al probar las respuestas a las ondas de la glándula pineal de sus estudiantes.

El sentido magnético en los humanos y su relación con el campo magnético de la Tierra se analiza en un artículo del *Internacional Journal of Neuroscience*.[74] El autor descubrió indicaciones certeras de que la glándula pineal es un sistema magnetosensible y que los cambios en el campo magnético de la Tierra afectan la secreción de melatonina y los ritmos circadianos. La fortaleza del campo magnético disminuye durante el invierno. Ésta puede ser la razón del Trastorno Afectivo Estacionario (SAD, por sus siglas en inglés),[1] el cual ocurre en el cinco por ciento de la población y por lo general se atribuye a la falta de luz. El autor también sugirió que el tratamiento para las personas con este trastorno se puede mejorar con la aplicación de campos magnéticos, así como terapia con luz. Aparentemente, la aplicación de campos magnéticos se asemeja a la exposición aguda a la luz en relación con la inhibición de la secreción de melatonina. Posteriormente en este capítulo describiré un método para estimular la glándula pineal mediante el uso de los flujos blancos.

Fran Nixon anticipó esta relación de la glándula pineal con los campos magnéticos en sus primeros descubrimientos. Robert Becker contribuyó con la recabación de investigaciones hechas con el instinto de volver al hogar que tienen los pájaros, los animales y los humanos y su conexión con nuestro sentido magnético de dirección. Describió los cristales diminutos del magnetito incrustados cerca de la glándula pineal que nos dota del instinto de volver al hogar parecido al de las palomas. El trabajo de Fran sobre las energías del vivaxis, que en parte se basa en nuestro instinto de volver al hogar, precede por muchas décadas el sentido magnético descrito en la literatura científica.

Necesitamos analizar si la calcificación de la glándula pineal impide la sensibilidad a las corrientes magnéticas. ¿La gente que sufre más cuando el campo magnético de la Tierra se debilita durante el invierno presenta una calcificación considerable de la glándula pineal? ¿Estas personas también presentan una pérdida del sentido de dirección? Este hallazgo parecería una explicación lógica ya que la calcificación con seguridad disminuiría nuestra capacidad de responder a los campos magnéticos debilitados.

La investigación en el artículo titulado "The Immunoneuroendocrine Role of Melatonin" ("El papel inmunoneuroendocrino de la melatonina")[75] reporta que está surgiendo una conexión fisiológica firme entre la glándula pineal y el sistema inmunológico a partir de una serie de estudios experimentales. Los experimentos que inhiben la síntesis de melatonina han inducido un estado de inmunosupresión que se contrarresta con la administración de melatonina. Se ha establecido una conexión entre la melatonina y la glándula timo y sabemos que ésta está estrechamente relacionada con la inmunidad mediante la producción de linfocitos T. Esto muestra una vez más las conexiones vitales entre las diferentes glándulas endocrinas y la necesidad de equilibrar sus energías.

El chakra coronario se sitúa justo en la parte superior de la cabeza. Este chakra se asocia con la glándula pineal. Forma par con el chakra funda-

---

1 La palabra inglesa sad en español significa triste (adjetivo) o tristeza (sustantivo).

mental y por último se desdobla y se vitaliza en respuesta a la voluntad espiritual. En una persona completamente desarrollada, las energías recorren los tres canales de la columna desde el centro base mediante el desdoblamiento de los centros de la cabeza, el corazón y la garganta. Esto ocurre en una secuencia natural junto al desarrollo de una mente más elevada o reflexiva (centros laríngeo y ajna), el amor incondicional del centro del corazón y la voluntad espiritual que acompaña el desdoblamiento de los centros más elevados.[76]

En el nivel planetario, no es fácil descubrir un paralelismo con el desdoblamiento del centro coronario como lo tenemos para los otros chakras. A estas alturas, la humanidad todavía no está los suficientemente desarrollada en cuanto a la voluntad espiritual. Apenas estamos comenzando a entender de verdad el significado del amor universal e incondicional, dos mil años después de que Cristo lo predicara. Hasta que esta facultad de amor/sabiduría se desdoble por completo, la voluntad con frecuencia puede volverse destructiva y peligrosa, por lo que es mejor dejarla que se desarrolle lentamente.

Los tejidos asociados con el chakra coronario, excepto la glándula pineal, son el ojo derecho y el cerebro superior. Los problemas de salud relacionados directamente con el chakra coronario se asocian con los trastornos de la glándula pineal, incluyendo los tumores, problemas con el ojo derecho y los desequilibrios entre la glándula pineal y la pituitaria. Estos desequilibrios pueden provocar ciertos tipos de migraña y problemas nerviosos. Cuando por fin se establece un campo magnético entre la glándula pineal y la pituitaria, con frecuencia la gente sensible puede observar una luz alrededor de la cabeza o halo. Esta etapa de iluminación indica que las energías de los chakras superiores por encima del diafragma controlan los chakras inferiores. Esto significa que hay un pasaje libre para la energía que viaja hacia los canales etéreos de la columna y establece una relación entre los tres centros de la cabeza. Esto nos lleva a una pequeña discusión en el centro mayor alta, el cual es el chakra menos entendido en comparación con los demás.

El centro mayor alta

El centro mayor alta se sitúa detrás de la unión entre la parte superior de la columna vertebral y la base del cerebro. Por lo tanto, está muy cercano al cerebelo o "cerebro viejo", el cual es la parte más primitiva del cerebro humano. La glándula asociada es la glándula carótida, aunque con poca frecuencia se le menciona en los textos de fisiología. Los estudiantes de enseñanzas metafísicas han especulado que esta glándula puede ser el cuerpo cerúleo, un cuerpo pequeño que se encuentra en el cuarto ventrículo del cerebro situado muy cerca de la raíz del cerebro. Investigaciones recientes muestran que las fibras nerviosas conectan al cuerpo cerúleo con las glándulas pineal y pituitaria. Este hallazgo coincide con el concepto esotérico de que las tres glándulas en la cabeza y su chakra correspondiente están estrechamente relacionadas entre sí.

El centro mayor alta, el chakra que se encuentra hasta abajo de los otros tres chakras de la cabeza, es el chakra de la cabeza que está más relacionado con el cuerpo físico. Las energías que fluyen hacia arriba por la columna vertebral desde los otros chakras pasan a través del chakra laríngeo y del mayor alta antes de pasar correctamente por la cabeza. Por lo tanto, este chakra también está cerca al chakra laríngeo desde el punto de vista anatómico y funcional. Está ligado con chakras menores detrás de las orejas y está relacionado con padecimientos como el vértigo o los mareos y también con casos de sordera. Otros problemas de salud pueden involucrar al cerebelo y a la raíz del cerebro. Hasta el momento, se desconoce la función precisa de la glándula relacionada, el cuerpo cerúleo.

Tanto el chakra ajna como el coronario se registran en el flujo de fuerza blanco superior y el mayor alta está situado en el flujo de fuerza blanco inferior. Los flujos blancos están activos entre las 10 a.m. y las 2 p.m. Hasta ahora, desconocemos el efecto completo que tiene en los chakras. Sin embargo, la salud de nuestras glándulas mejora con la ingesta de agua, la cual se recarga en estas capas entre los horarios previamente mencionados.

Técnicas para encontrar los flujos blancos superior e inferior

Flujo blanco superior

Para localizar el flujo blanco superior, necesita que la luz estimule sus ojos. Todos los otros flujos de fuerza, incluyendo el flujo blanco inferior, se pueden encontrar con los ojos cerrados. Los dos flujos pineales sólo se pueden encontrar durante las horas pico del día, es decir, cuando el Sol está cerca de su meridiano, entre las 10 a.m. y las 2 p.m. Este flujo de fuerza tiene una frecuencia que se puede encontrar al visualizar el color blanco o un ajo.

Primero marque los otros flujos de fuerza. Después, colóquese con los brazos y manos en los costados con las palmas hacia adentro y concéntrese en el color blanco o en un ajo mientras inclina lentamente la cabeza hacia atrás desde la posición en donde sus ojos estén enfocados en el Flujo de fuerza 1. Cuando el receptor pineal en el caballete de su nariz esté alineado con el flujo blanco en el piso, jale ambos brazos hacia lo más alto de este flujo de fuerza que se encuentra directamente por encima de la capa de la mano. De hecho, una vez que se ha marcado la banda de la mano, automáticamente sabrá cuál es la posición de la capa blanca.[77]

Flujo blanco inferior

Con los ojos cerrados, los brazos en los costados y las manos con las palmas hacia fuera, incline poco a poco la cabeza hacia abajo por debajo de la banda de fósforo mientras piensa en el color blanco o en el clorofilo. Cuando el receptor pineal en el caballete de su nariz esté alineado con el flujo blanco inferior, jale ambos brazos hacia delante con dirección a la parte inferior de este flujo de fuerza.

Ahora ya marcó el juego completo de las capas energéticas vitales desde el flujo blanco superior hasta el flujo blanco inferior. Durante las corrientes altas y bajas, cuando los Flujos de fuerza 1 y 4 desaparezcan, las capas se contraerán hacia adentro y los flujos de fuerza, incluyendo los flujos blancos, cambiarán de posición hasta que se reanude el flujo solunar. Éste es un punto importante para recordar, ya que algunos flujos de fuerza perjudiciales se encuentran cerca de los flujos blancos y éstos podrían moverse durante las corrientes. Son menos estables que las capas energéticas principales y el flujo de fuerza más importante puede acercarse bastante a la posición normal de los flujos blancos durante las corrientes altas y bajas. Ésta es otra razón para ser preciso con el tiempo de los ejercicios y usar los tiempos de flujo solunar para la mayoría de los ejercicios.

Los receptores pineales y los flujos blancos

Un par importante de los receptores pineales está localizado a unos 0.5 cm debajo del caballete de la nariz. Otros receptores pineales están separados en una banda alrededor de la cabeza a ese nivel, incluyendo un par en la parte trasera de la cabeza y también justo por encima del canal auditivo en cada oreja. Además, hay pares de receptores pineales en su cuerpo y, en cada caso, uno de los pares recibirá energía de su flujo blanco superior y uno del flujo blanco inferior. El diagrama 33 en la siguiente página muestra la posición de los receptores asociados con cada flujo de fuerza en la frente y en el caballete de la nariz.

Estos pares pineales se comportan igual que los otros receptores y cambian sus funciones tal y como usted cambia su orientación hacia su vivaxis. Mientras responde al flujo blanco superior con los ojos abiertos y al flujo blanco inferior con los ojos cerrados, puede verificar cómo estos

Diagrama 33. Receptores para los diferentes flujos de fuerza en la línea central de la cara

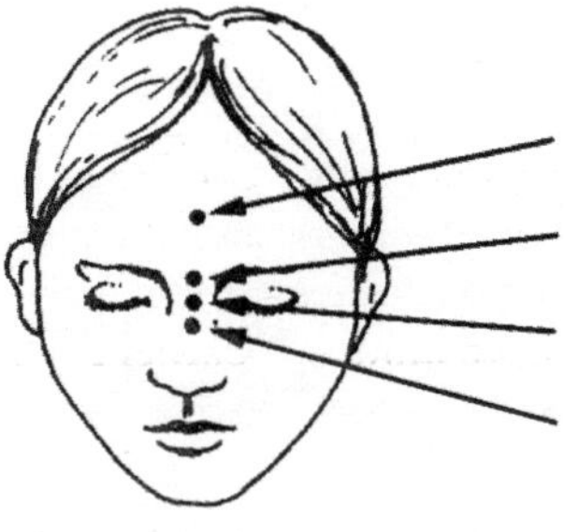

receptores cambian su función al cambiar su posición en relación con su vivaxis. Utilice su dedo de prueba mientras se concentra en el color blanco para descubrir si el par está respondiendo cuando tiene los ojos cerrados o abiertos. Si se mueve en dirección contraria en relación con su vivaxis, entonces el otro receptor se activará. Esto significa que la mano registradora responderá en una posición con los ojos abiertos y en otra cuando los ojos estén cerrados, dependiendo de si el receptor está respondiendo al blanco superior o inferior. Dado que los receptores están posicionados uno cerca del otro, no hay necesidad de mover el dedo de prueba.

Prueba de calcificación en los receptores pineales

Comience con el par receptor en el caballete de su nariz y confirme su posición al concentrarse en el color blanco mientras sostiene el punto. Habrá una respuesta en su mano registradora si encuentra la posición correcta. Para establecer si este receptor pineal está calcificado, visualice un gis, el cual es una forma de calcio. Si su receptor está calcificado, se generará una respuesta positiva en su mano registradora cuando esté concentrado en el gis o calcio. La respuesta generada en su mano registradora puede ser un movimiento circular que indica alteraciones.

He reflexionado en el significado de los hallazgos de calcio en los receptores pineales en algunas personas. El calcio es uno de los elementos más importantes en el cuerpo, pero sabemos que provoca problemas si se localiza en los lugares equivocados. Algunos ejemplos de calcificación incluyen las piedras en los riñones, arterias endurecidas, piedras en la vesícula, articulaciones artríticas y cataratas. Al parecer, tenemos una polaridad entre la glándula pineal —la glándula maestra de las glándulas endocrinas, la cual está ligada con la luz— y el calcio —el cual expresa dureza, materialidad y cristalización.

Sin embargo, hay un par de paradojas relacionadas con esta visión de calcio y la glándula pineal. La primera es que el cuerpo necesita vitamina D para absorber el calcio pero la vitamina D se produce a través de la piel mediante la influencia de la luz solar. La segunda paradoja es que la glándula pineal produce su hormona melatonina en los periodos más oscuros de la noche. Al sopesar la evidencia, parece que la glándula pineal se debería calcificar para tener una buena salud y un buen desarrollo espiritual. Al parecer, si se usa la energía de los flujos blancos, el efecto de la calcificación en los receptores pineales desaparece.

Eliminación de los efectos de la calcificación en los receptores pineales

Primer método

Verifique los receptores pineales en su cabeza con su dedo de prueba en los receptores clave justo por debajo del caballete de su nariz, por encima de los canales auditivos y en el nivel correspondiente en la parte posterior de su cabeza. Su posición se establece mediante la visualización el flujo blanco y la obtención de una respuesta en su mano registradora. Si su mano registradora responde cuando visualice el calcio (el gis) en el receptor pineal, ejecute los siguientes pasos entre las 10 a.m. y las 2 p.m.

1. Evalúe el flujo iónico en el ambiente y el flujo solunar.
2. Llene una botella para agua caliente con este líquido muy caliente —lo más caliente que aguante la piel.
3. Deslice o arrastre la botella a lo largo de todas las bandas de energía en el suelo desde el flujo blanco inferior hacia arriba; cerciórese de incluir el flujo blanco superior pero no más allá de éste, debido a los flujos perjudiciales que se encuentran unos 10 cm arriba. Arrastre la botella hacia abajo y después hacia arriba otra vez, cada vez incluya las bandas blancas. No ponga la botella en el piso antes de tratar sus receptores alterados, ya que esto disipará las energías en el agua.
4. Sostenga la botella con todos los receptores alterados durante un minuto aproximadamente.
5. Para equilibrar las otras energías, ejercite todas las bandas energéticas, excepto las blancas y estimule sus receptores de memoria cantando una canción de cuna.

6. Verifique que sus receptores pineales ya estén libres de calcio al visualizar el calcio mientras toca el receptor con el dedo de prueba. Si no hay respuesta en la mano registradora, entonces significa que el efecto de la calcificación ha desaparecido. Obviamente, la disipación gradual del calcio puede llevar unos días, semanas o meses y, por lo tanto, se deberán verificar nuevamente los receptores semana tras semana durante varios meses.

Segundo método

1. Evalúe el flujo iónico en el ambiente y el flujo solunar.
2. Párese en la banda blanca inferior. (Nunca debemos pararnos sobre la banda blanca superior para ningún ejercicio.)
3. Con sus dedos medios acentúe, de forma alternada, los receptores pineales frontales y posteriores de la cabeza mientras está frente a su vivaxis. Deje caer las manos y permita que la energía fluya internamente.
4. Colóquese de lado en su canal de vivaxis y repita el procedimiento con los receptores pineales localizados por encima de los canales auditivos.
5. Muévase al Flujo de fuerza 3 y estimule sus receptores de memoria cantando una canción de cuna.
6. Ejercite todos los flujos de fuerza desde el magnesio hasta el fósforo y después coloque las manos en el suelo sobre un terreno neutral tras haber eliminado las bandas de energía.

Cómo energizar el agua con los flujos blancos

Prepare un recipiente con agua pasándolo por todos los flujos de fuerza, incluyendo los flujos blancos entre las 10 a.m. y las 2 p.m. El ejercicio también debe llevarse a cabo en el periodo de flujo solunar. El agua energizada con los flujos blancos contiene las frecuencias de muchas semanas. Dado que los flujos blancos tienen un efecto purificante, quizá el uso de esta técnica es apropiado en emergencias para purificar el agua.

Tomar esta agua todo el tiempo puede ser un estímulo excesivo. Para los alimentos (y medicamentos) de prueba, necesitamos realizar las sugerencias antes mencionadas: debemos sostener los alimentos con una mano y probar si hay una respuesta alterada con la mano registradora. Beba unos cuantos sorbos de agua siempre que obtenga una respuesta positiva. Es probable que las necesidades promedio se den durante algunos días. Por otra parte, el agua de la llave está bastante adulterada con muchos químicos que se le han añadido y con frecuencia contiene bacterias, por lo que podría ser una ventaja purificar todas nuestras bebidas y preparar el agua en esta forma. Cada persona debe probar su propia situación y decidir cuáles son sus necesidades.

Ahora que ya hemos explorado los métodos para restaurar la glándula más preciada en el cuerpo para la salud, analizaremos algunas formas prácticas de diagnosticar problemas con nosotros mismos u otras personas en las bandas energéticas.

10
El diagnóstico y la corrección de alteraciones

El control constante del estado de salud es una de las grandes ventajas de trabajar con los campos vitales de energía. Es muy recomendable tener dichas capas marcadas en su casa o departamento, lo cual le permite desactivar los alimentos y la ropa, además de usar las marcas para las canalizaciones regulares de las energías del vivaxis. Si es posible, las bandas deben ubicarse a una distancia cómoda de la casa con el fin de facilitar su uso cotidiano, en especial durante el mal tiempo. No obstante, su ubicación dependerá de la inclinación y la localización de su casa.

Para las autoexaminaciones también es útil tener una banda marcada en alguna superficie vertical como un árbol o una pared. No olvide usar una pared sin pintar y escoja una posición exenta de tuberías y cables eléctricos, los cuales pueden alterar la capa energética. La ventaja de marcar una banda en una superficie vertical consiste en que su profundidad no excede los 41 cm, permitiendo mayor facilidad de exploraciones. Esta opción puede quedar fuera del alcance de algunas personas debido a los problemas de vista si se les dificulta enfocarse en bandas estrechas de 0.5 cm de ancho. En este caso, son más recomendables las pendientes poco empinadas que permiten mayor extensión de las bandas. El dominio completo del procedimiento de marcar las bandas tanto en superficies verticales como en las inclinadas es sumamente recomendable: en ocasiones, cuando resulta imposible encontrar un área con una pendiente, la capacidad de marcar la banda en la pared es muy práctica.

Frecuentemente me preguntan sobre los efectos de dormir en una capa particular que puede variar de vital a nociva. Por ejemplo, ¿qué sucedería si estamos parados o acostados en una banda de plomo? No cabe duda de que cualquier frecuencia absorbida en exceso, incluso si se trata de frecuencias esenciales, puede provocar desequilibrios. Sin embargo, difícilmente estaríamos en el mismo lugar y a la misma altura durante mucho tiempo como para permanecer en la misma capa de energía. Ni siquiera un colchón conserva todo el tiempo la misma altura cuando nos recostamos sobre él. En mi opinión, la incomodidad que experimentamos en ciertas sillas o posiciones es una advertencia natural de buscar otro lugar. A medida que nos volvemos más sensibles a las energías, vamos a preferir automáticamente los lugares más apropiados para nuestro organismo. Un cuerpo sensible detecta fácilmente las perturbaciones y siempre está consciente de las incomodidades o desequilibrios que surgen a partir del contacto con energías perniciosas. Existen, no obstante, ocasiones cuando debemos aguantar temporalmente las molestias o contaminaciones como las químicas o ambientales. En este caso, podemos planear cambiarnos de casa o de trabajo para tomar las medidas necesarias para restaurar el equilibrio.

Relación de los suplementos naturales con los flujos de fuerza

Es posible determinar las frecuencias de una gama de suplementos naturales y su ubicación en las capas de energía. Según mis estudios, todas las vitaminas se registran en el Flujo de fuerza 3. Recuerde que este flujo de fuerza siempre está presente, lo cual es importante dada la importancia de las vitaminas en nuestra vida. Podemos sobrevivir más tiempo sin ciertos minerales que sin las vitaminas, las que son catalizadores de muchas reacciones bioquímicas.

He descubierto que las doce sales de tejido y los remedios homeopáticos en las potencias menores (de 123 para abajo) se encuentran en la banda portadora de fósforo. A estas diluciones aún se conservan algunas moléculas químicas del remedio. Las potencias más altas, por ejemplo 30ª y 200ª centesimales, se detectan en la banda portadora de magnesio. En teoría, estas potencias ya no contienen moléculas físicas debido al número tan grande de diluciones.

Mis propios hallazgos indican que ciertas frecuencias en las bandas energéticas están relacionadas con las frecuencias de las medicinas homeopáticas. Además, las potencias más altas de las frecuencias homeopáticas corresponden a la parte superior de la banda de energía arriba del cromo. Por ejemplo, los homeópatas recomiendo tomar el fosfato de hierro en una gama de potencias bajas y altas. Como podrá ver, éste se registra en ambas bandas portadoras con la peculiaridad de que la potencia más alta se registra en la banda de magnesio y la potencia baja en la de fósforo. Otro remedio que se usa comúnmente es el árnica, planta que se administra en el caso de lesiones. En potencias más bajas el árnica se registra en la banda del fósforo; las potencias más bajas se detectan en la banda portadora de magnesio.

Puesto que las frecuencias y potencias de todas las medicinas naturales se encuentran en la parte vital de las capas de energía, la canalización regular al vivaxis y los ejercicios en las bandas marcadas permiten proporcionarle al organismo cualquier frecuencia que éste necesite. De igual manera, el consumo regular del agua energizada en las bandas aporta las frecuencias vibracionales que necesitamos. Existe una relación aparente entre las frecuencias de las capas de energía y las frecuencias sutiles de las medicinas homeopáticas.

Protección para el terapeuta

Son pocos los médicos naturistas que cuentan con acceso directo a las capas de energía en el lugar de trabajo. Sin embargo, cualquiera que ha laborado en este campo de salud ha experimentado la sensación de sentirse fatigado o agotado después de tratar ciertos pacientes. Esto ocurre cuando el paciente, amigo o pariente consume la energía del campo energético del terapeuta para completar sus propias reservas.

Si el terapeuta sólo hace trabajos corporales y en especial si trabaja con los puntos bilaterales (por ejemplo, en la terapia de polaridad), puede surgir un campo ajeno, con lo cual se establece entre el médico y el paciente un vínculo permanente que produce un agotamiento grave de energías y puede conducir a una interferencia caótica de energía entre los vivaxis de ambos. Dicho de otro modo, ninguno de los individuos tendrá un acceso directo a su propio vivaxis. Con el paso del tiempo, un terapeuta de polaridad o un masajista puede acumular un número de campos ajenos. Quizá, por esta razón algunos terapeutas terminan, como quien dice, "agotados".

Existen varias técnicas que pueden solucionar o prevenir dichos problemas. En primera, el ejercicio de neutralización que se describe en el capítulo 1, se debe realizar después de cada consulta, pero sobre todo después de los trabajos corporales: terapia de polaridad, masaje, quiropráctica o kinesiología. Es suficiente con que haga la versión corta del ejercicio de neutralización por 20 minutos. La conexión que se forma entre los meridianos en las yemas y el circuito fuerte que se produce cuando se juntan firmemente los tobillos y las rodillas atrae las energías propias de la persona y cancela las ajenas.

Una canalización regular al vivaxis y el consumo del agua energizada son dos procesos que pueden estimular las energías cuando se trabaja mucho con otras personas. No olvide revisar el flujo iónico y los principales receptores cerebrales para preservar la integridad de las energías.

Por último, vale la pena agregar que si está haciendo con regularidad los trabajos corporales es aconsejable que desactive la mesa de tratamiento después de cada consulta con la ayuda del material de desactivación según se ha descrito para el caso de viviendas y automóviles (ver pág. 123). También recomiendo desactivar el área encima de los aparatos electrónicos que usa, tales como el *Vegatest* o *Theratest*. En lo que concierne a los trabajos corporales, los terapeutas que emplean los equipos electrónicos deben además hacer la versión corta del ejercicio de neutralización entre las consultas. En cualquier momento puede crear un campo ajeno al tomar con la mano un electrodo conectado al cuerpo de la otra persona por medio de los cables eléctricos.

Evaluación de la salud en las capas de energía

Todos los elementos vitales en las capas de energía deben estar presentes en el organismo. La respuesta del cuerpo a dichos elementos se evalúa mediante los flujos energéticos presentes en el mismo.[78]

1. Realice la evaluación usual del flujo solunar y asegúrese de que el flujo iónico esté equilibrado. No se coloque en ninguna de las cuatro direcciones del vivaxis. Recuerde que los elementos de los Flujos de fuerza 1 y 4 están ausentes durante el periodo mayor y menor, así como durante las lunas nuevas y llenas.
2. Apártese de la banda y visualmente examine el espacio de la banda frontal para abajo; al mismo tiempo, imagínese que usted mismo se está viendo reflejado en las diferentes capas, incluyendo la banda blanca si está haciendo el ejercicio entre las 10 a.m. y 2 p.m.
3. La mano registradora debe oscilar de adelante para atrás o presentar un movimiento amplio cuando se escanea a sí mismo en todos los flujos de fuerza.
4. Si está investigando una frecuencia mineral en particular, acérquese al nivel que contiene el elemento en cuestión y visualícelo, al mismo tiempo que está pensando en sí mismo. Por ejemplo, para revisar las frecuencias de hierro, acérquese al Flujo de fuerza 3, visualice el hierro e imagínese reflejado a la altura del Flujo de fuerza 3. Revise la frecuencia de yodo en el Flujo de fuerza 4 y así sucesivamente.
5. Si el elemento en cuestión es escaso, la mano registradora puede no tener reacción alguna o, si los receptores relacionados con el elemento están alterados, describirá la formación de un círculo. Por ejemplo, si usted fuma, la mano presentará el movimiento circular cuando usted se visualice en el Flujo de fuerza 1 debido a una perturbación en los receptores de oxígeno en la cabeza. Para poder distinguir entre los diferentes elementos en este flujo de fuerza, imagínese conectado a los elementos principales —carbono, calcio, cobalto y oxígeno— uno por uno.

El criterio más importante para evaluar la situación energética de nosotros mismos u otras personas es la respuesta de la mano registradora. Una respuesta nula significa que el individuo no está recibiendo las frecuencias que emite un flujo de fuerza particular en este instante. Un movimiento circular indica una alteración del flujo, la cual se puede detallar por medio de la visualización de cada uno de los elementos en este flujo para encontrar el problema. Una respuesta sana produce un fuerte movimiento oscilatorio o una curva amplia, al igual que en el caso del flujo iónico normal.

Las personas que se han sometido a algún procedimiento diagnóstico o terapéutico (como electrocardiograma, rayos X, diatermia, ultrasonido, electroencefalograma, tomografía axial computarizada o resonancia magnética nuclear) deben revisar o pedir que alguien revise su flujo iónico, así como llevar a cabo todos los procedimientos necesarios de energización.

Hace un par de años hice un interesante estudio de parejas para observar su conexión a las bandas de energía mientras que ellas se estaban abrazando. En todos los casos, con el principio del abrazo se volvía imposible monitorear a las personas en la banda de energía por separado. Esto sucede porque entre dos personas se forma un circuito temporal que desconecta sus circuitos personales de sus respectivos vivaxis. Si bien sería absurdo desaconsejar que las parejas se abracen, me pregunto cuál sería el efecto de sostener relaciones íntimas con múltiples parejas en el campo energético. ¿Creará esto un caos constante en dicho campo de la persona? ¿No será éste un nuevo argumento a favor de la monogamia?

Es muy posible que en ocasiones los seres humanos complementemos las energías de otras personas y ellas las nuestras, lo cual elimina la necesidad de siempre estar conectado al vivaxis. ¿Qué sucede, pues, cuando dos personas con campos energéticos incompatibles comparten el mismo espacio año tras año? ¿Qué pasa si una persona tiene un campo de energía caótico que siempre afecta el campo del otro? Aún queda mucho por investigar en este aspecto.

Evaluación de otras personas en las capas de energía

Uno de los problemas de cualquier tipo de vínculo simpático con un enfermo consiste en que es fácil contagiarse del padecimiento. Las evaluaciones de otras personas en las capas de energía nos protegen del agotamiento de la energía o del contagio de la enfermedad, situaciones que pueden presentarse si examinamos su cuerpo directamente.

El procedimiento a seguir se parece al que se usa para la autoevaluación, con excepción de que en vez de sí mismo es necesario que visualice a otra persona durante el examen de las bandas. En determinados periodos va a ser imposible recibir cualquier tipo de respuesta de la otra persona en cualquiera de los flujos de fuerza. Generalmente, esto ocurre cuando la atención de la persona que estamos está centrada en otro tema, en cuyo caso se debe repetir el procedimiento más tarde, cuando el sujeto se encuentre más relajado.

Según mis experiencias, cuando el otro está muy deprimido, no se le puede detectar más que en los Flujos de fuerza de 1 a 3. En mi opinión, las preocupaciones e introspecciones en las personas deprimidas llevan a que éstas se encierran y rompan lazos con el mundo exterior, por lo que los lazos a los flujos vitales de la madre Tierra también se ven afectados. Resulta increíble el que algunos individuos deprimidos no se registren en ciertas bandas energéticas por años y aun así logren sobrevivir. Pero en cualquier caso, siempre van a estar presentes en los Flujos de fuerza de 1 a 3 —las bandas centrales—, salvo en los periodos mayor y menor cuando el Flujo de fuerza 1 desaparece.

Los medicamentos que controlan la presión arterial siempre tienden a provocar un movimiento circular de la mano en el flujo de fuerza de magnesio cuando se está visualizando a la persona en cuestión en este nivel. Podría ser que los problemas de presión estén relacionados con las alteraciones de los receptores de magnesio. El lector recordará que los receptores de este elemento alrededor de los ojos estén vinculados al tipo de tensión que resulta en miopía.

El cuerpo tiene otros receptores de magnesio. Me parece que los receptores de magnesio vinculados a la presión arterial pueden ser localizados en el área que está encima de las glándulas suprarrenales, pero hasta la fecha no he podido confirmarlo. Además, revisé la zona alrededor del corazón cerca del esternón y arriba de los pezones. El procedimiento usual para localizar los receptores consiste en visualizar el elemento y deslizar el dedo de prueba por el área elegida hasta que se registre una respuesta.

Aproximadamente a 4 cm por arriba del pezón izquierdo encontré un receptor de magnesio y en el sitio correspondiente del lado derecho, un receptor de fósforo. El punto del lado izquierdo se ubica en la proximidad al corazón; también cabe destacar que el área por arriba del pezón comprende algunos chakras menores. Es bastante divertido conjeturar la localización de estos puntos en el caso de un pecho caído. ¿Corresponden los puntos a la estructura del esqueleto o a los tejidos blandos? Evidentemente, cada persona debe ser evaluada de manera individual.

El magnesio es un mineral que permite relajar las estructuras corporales. La alta presión arterial a menudo es la consecuencia de la tensión e hiperactividad del sistema nervioso simpático, lo cual a su vez provoca la contracción arterial y un incremento de la presión. La respuesta del sistema simpático está basada en la liberación de las hormonas de tensión. Estoy segura de que existen otros receptores de magnesio y que se descubrirá su influencia en otros órganos y tejidos. En sociedades tan estresadas como la nuestra, la necesidad de un magnesio adecuado es apremiante.

La diabetes es un trastorno frecuente que se puede revisar en los flujos de fuerza. El zinc y el cromo son dos minerales relacionados con los desequilibrios de la glucosa en la sangre característicos para la diabetes. Hasta este punto, mis investigaciones indican que los receptores de zinc son los más importantes. Esto queda demostrado con el ejemplo de la diabetes, enfermedad que presenta una perturbación en el Flujo de fuerza 4. Sin embargo, también hay una perturbación en el Flujo de fuerza 3, lo cual está relacionado con el plexo solar, que desde el punto de vista esotérico rige la función del páncreas. Este chakra central gobierna todos los órganos del sistema digestivo.

En lo que se refiere a la demencia senil, descubrí que la mano registra un movimiento circular en todos flujos de fuerza. A veces, este movimiento está relacionado con problemas de la columna que requieren la ayuda de un quiropráctico o un tratamiento similar. Es interesante evaluar los flujos de energía en los clientes con problemas de espalda antes de hacer los trabajos corporales para corregir el achaque. En mi experiencia, la mano registradora describe un círculo anómalo en todos los flujos de fuerza, incluso cuando el problema se localiza en un segmento particular de la columna. Dentro de unos minutos después del inicio de la corrección, en todos los flujos de fuerza se observaría una respuesta normal. De esta manera, los osteopatos, quiroprácticos y terapeutas faciales pueden comprobar los resultados de su trabajo. Otra de las causas de las alteraciones es una administración prolongada de fármacos. En este caso, no sólo observaremos alteraciones en los principales flujos de fuerza vitales de la persona afectada, sino también en los nocivos (ver más adelante en este capítulo).

Estudio directo de perturbaciones y desequilibrios en otras personas

Aunque lo más recomendable es enseñar a la gente a que aprenda a evaluar sus propias energías, existen casos cuando el terapeuta sabe que su paciente tiene un bloqueo de energía de cierto tipo que las terapias naturistas no pueden combatir. En situaciones como éstas no siempre se cuenta con acceso a las capas de energía, por lo que puede ser necesario examinar al individuo directamente, sin la protección de las capas. Antes de proceder con el estudio, revise el flujo solunar. Tanto el sujeto como el terapeuta no deben estar en ninguna de las cuatro direcciones del vivaxis para evitar errores.

Flujo iónico

Pídale al paciente que cierre los ojos y que cuente lentamente hasta 101 (esto sirve para que se distraigan de su persona y el proceso del estudio). Evalúe rápido su flujo iónico. Si el brazo registrador se para en algún punto, significa que el flujo iónico no está presente. En este caso hay que recomendarle al paciente hacer el ejercicio en las bandas de energía después de frotar la parte afectada; también deben tomar agua energizada. En un caso idóneo, el cliente debe saber encontrar su propio vivaxis para poder canalizar regularmente, produciendo así un estado de energías equilibradas.

Cabe señalar que una perturbación en el cuerpo suele estar acompañada de una alteración en el cráneo. Es necesario hacer una revisión completa de la cabeza en el caso de encontrar alguna perturbación en el cuerpo; esta área también debe ser tratada, incluso si el paciente mismo no presenta ningún tipo de sensaciones o problemas relacionados con ella.

Campos ajenos

Si está evaluando el flujo iónico de una persona y su mano registradora presenta un movimiento circular al examinar algún sitio en el cuerpo, es probable que haya encontrado un campo ajeno. Investigue esta posibilidad buscando el flujo vertical. Ponga los dedos de la mano registradora en la posición vertical (apuntando hacia arriba), simultáneo a la revisión del mismo sitio en el paciente. Si la mano registradora presenta un movimiento oscilatorio en esta posición, es definitivo que ha encontrado un campo ajeno en el cuerpo del paciente, dada la presencia de una onda caótica horizontal y una onda vertical al mismo tiempo.

La técnica más apropiada para eliminar un campo ajeno es el ejercicio de neutralización en su versión larga. El afectado debe repetir el ejercicio durante por lo menos tres días consecutivos. Haga una prueba después para estar seguro de que el campo ajeno haya desaparecido. Debería observar el flujo iónico normal en todas las partes del cuerpo menos en la línea exacta de en medio. Posteriormente, el paciente puede canalizar su vivaxis si conoce este procedimiento.

Rayos X

Una vez que el paciente se haya purificado con el carbono para eliminar los efectos de los rayos X, puede ser de utilidad que alguien más examine el nivel de sus respuestas a las frecuencias de carbono, especialmente en las áreas tratadas con los rayos. Para hacerlo, pida al paciente que cierre los ojos y se pare fuera de las cuatro direcciones del vivaxis o directamente viendo hacia el norte y sur verdaderos, los cuales son las direcciones de carbono y calcio. Posteriormente, el paciente deberá cerrar los ojos y visualizar el carbono mientras que el evaluador lo esté examinando.

Si los huesos de pacientes responden correctamente a las frecuencias de carbono y calcio, el terapeuta debe detectar una respuesta fuerte en la mano registradora de la onda de carbono que atraviesa todo el cuerpo del sujeto. Si la mano registradora no presenta respuesta alguna en ciertas partes del cuerpo del paciente, éste tiene desequilibrios en los átomos de carbono y deberá repetir el ejercicio de purificación para los rayos X.

Evaluación de los receptores cerebrales

Entre otras cosas, podemos evaluar los receptores cerebrales importantes de otras personas. Hace poco tiempo me tocó revisar a una señora mayor que sufría de una de las formas de demencia. Dado que el flujo iónico en su cabeza parecía normal, le pedí que cerrara los ojos e hiciera un par de cálculos sencillos mientras que yo estaba revisando los principales receptores cerebrales. Durante el escaneo de estas áreas, mi mano registró un movimiento circular.

Las energías frontales de la señora parecían estar en orden en cuanto al flujo iónico hasta que hizo cierto esfuerzo mental. Cabe indicar que la señora llevaba 14 años en un asilo para ancianos y acostumbraba pasar horas enteras sentada en la silla que estaba justo debajo de un detector de humo. Estos aparatos emiten radiación en pequeñas cantidades: si uno se para unos segundo debajo de un detector, observará una circulación errática en la mano registradora. Lo que probablemente sucedió fue que por la influencia de la radiación todos los receptores cerebrales de mi paciente se vieron alterados. La señora había estado tomando sedantes y calmantes durante más de 30 años. Para protegerse de los efectos de la radiación, hay que evitar poner camas y sillas directamente debajo de los detectores de humo. Además, puede instalarlos en la parte de la habitación que estaría desocupada durante periodos prolongados.

Pasos a seguir para evaluar los receptores cerebrales de otras personas

1. El paciente se sienta en la silla de tal manera que el terapeuta pueda observar su cabeza en su totalidad. Tienen los pies separados y descruzados, con la mano en cada muslo. Esto se requiere para que el paciente no pueda formar un circuito cerrado, lo cual obstaculizaría el proceso de evaluación.
2. Pida al paciente que cierre los ojos para minimizar otras influencias y que ladee la cabeza a la izquierda o la derecha para evitar alineamien-

tos con su vivaxis. Durante la evaluación, el paciente cuenta números o multiplica.

3. La evaluación se debe llevar a cabo en el terreno neutral y fuera del alcance directo de la luz eléctrica.
4. El evaluador debe mantener la cabeza un poco inclinada; además, sus receptores cerebrales deben estar en buen estado. De lo contrario, es posible que el terapeuta registre la perturbación de sus propios receptores.
5. El terapeuta examina los principales receptores cerebrales del paciente (ver el diagrama 25 en la pág. 128) y toma nota de la respuesta en la mano registradora. Como de costumbre, el movimiento circular denota un receptor alterado, el cual se puede tratar mediante frotaciones antes de que el sujeto pueda proceder a canalizar a su vivaxis.
6. Después de examinar a otras personas el terapeuta debe realizar el ejercicio de neutralización (la versión corta es suficiente) lo más pronto posible para protegerse de los vínculos con las energías perturbadas. Dentro de la medida de lo posible, hay que entrenar a los clientes para hacerse los exámenes y las revisiones por su propia cuenta.

Un caso de síndrome de fatiga crónica

Hace algunos años tuve la oportunidad de tratar a una joven que era mi primer paciente con el síndrome de fatiga crónica, aunque este padecimiento no había sido reconocido oficialmente a la sazón. A pesar del tratamiento naturopático, la joven desarrolló neumonía seguida de bronquitis. Después del tratamiento con antibióticos, empezó a presentar dolores musculares acompañados de una debilidad severa. Su madre la tuvo que llevar cargando a mi consultorio. Recurrí a todas las terapias habidas y por haber... pero la paciente casi no tuvo mejoras.

Desesperada, expliqué a la madre las ideas principales de las enseñanzas de Fran Nixon y la invité con su hija a mi casa para intentar el tratamiento en los flujos de fuerza. Cuando estaba examinando las piernas de la joven, me di cuenta de que no había indicios de flujo iónico de los muslos para abajo. Como la paciente estaba demasiado cansada como para hacer el ejercicio en los flujos de fuerza, la acostamos en el suelo en las bandas marcadas. La energía gradualmente regresó a sus piernas. Esto, aunado al tratamiento naturopático, la llevó a una recuperación completa al paso de unos meses. En este momento mi ex-paciente está terminando la carrera universitaria en biología.

Es una lástima que recurramos a los trabajos energéticos en última instancia en vez de empezar el tratamiento con ellos, lo que sería una secuencia más natural. Alguna vez lo mismo sucedía con las terapias naturales que hoy en día forman parte del canon médico. Cuando empecé a ejercer muchos años atrás, los pacientes acudían con los naturópatas como última opción, después de haber tratado medicamentos y cirugía. Cuando estos métodos no daban resultado, los pacientes venían con nosotros, enfermos y dolientes, preparados al tratamiento basado en vitaminas, minerales y remedios homeopáticos. El mismo proceso está ocurriendo con las terapias más sutiles que los pacientes buscan después de no obtener resultado con las terapias naturales más comunes. Con el tiempo, encontramos la secuencia apropiada de los tratamientos.

Cuando se alteran las corrientes sutiles de la energía etérea que fluyen en el cuerpo, lo más lógico es ocuparse del cuerpo etéreo y después administrar vitaminas, minerales y hierbas para apoyarlo. Actualmente, la gente toma más vitaminas y minerales de lo que necesita, probablemente porque los receptores de energía para estas sustancias están alterados. No obstante, en el caso de la mayor parte de las afecciones los remedios naturistas resultan evidentemente más apropiados que los fármacos debido a que no tienen efectos adversos notables.

Flujos de fuerza nocivos

Paralelamente con el control constante sobre el equilibrio de las energías vitales en el organismo, debemos observar la presencia de las sustancias perniciosas. Existe un número de flujos de fuerza artificiales que transmiten las frecuencias de los insecticidas, fungicidas y medicamentos dañinos para la salud. Además, ciertos flujos naturales contienen elementos tóxicos, como mercurio, plomo, cadmio y aluminio, que pueden entrar en el cuerpo con el agua que bebemos, el aire que respiramos o los alimentos que comemos. Los habitantes de las ciudades a menudo están expuestos a altas concentraciones de plomo del escape de los autos. La mayoría de nosotros entramos en contacto con el mercurio, proveniente entre otras cosas de la descomposición gradual de las amalgamas que usan los dentistas. Muchos sistemas de purificación de agua usan aluminio y cloro para este fin.

Si bien por lo general se recomienda evitar los flujos de fuerza nocivos, podemos usarlos como una especie de piedra de toque para averiguar si las frecuencias que absorbemos son tóxicas. Estos flujos de fuerza se encuentran arriba y debajo de la banda principal. Es curioso que el orden y la posición de los flujos vitales sean iguales en diferentes ubicaciones geográficas, pero la distancia entre los flujos nocivos y su disposición varían dependiendo del lugar. Por lo general, la banda de plomo se localiza a unos 10-12 cm arriba y debajo de las bandas blancas. Es por esto que debemos tener cuidado durante el proceso de rodar el recipiente con agua para energizarla en las bandas.

En su mayoría, las frecuencias nocivas para la vida se hallan debajo de las principales capas energéticas vitales. Es común que debajo de la banda blanca esté el plomo, el cadmio, el mercurio, las ondas electromagnéticas, los insecticidas, las ondas electromagnéticas y el aluminio, mismos que se encontrarían esparcidos por un espacio de unos 38 cm en la superficie vertical debajo de la banda principal. El plomo también puede hallarse encima de la banda.[79] (Ver el diagrama 34 en la parte de abajo.)

Localización de los flujos de fuerza nocivos

El método que vamos a usar es exactamente el mismo que empleamos para localizar las capas energéticas vitales (ver capítulo 4). Para empezar,

Diagrama 34. Orden de los flujos de fuerza nocivos arriba y debajo de las capas energéticas vitales

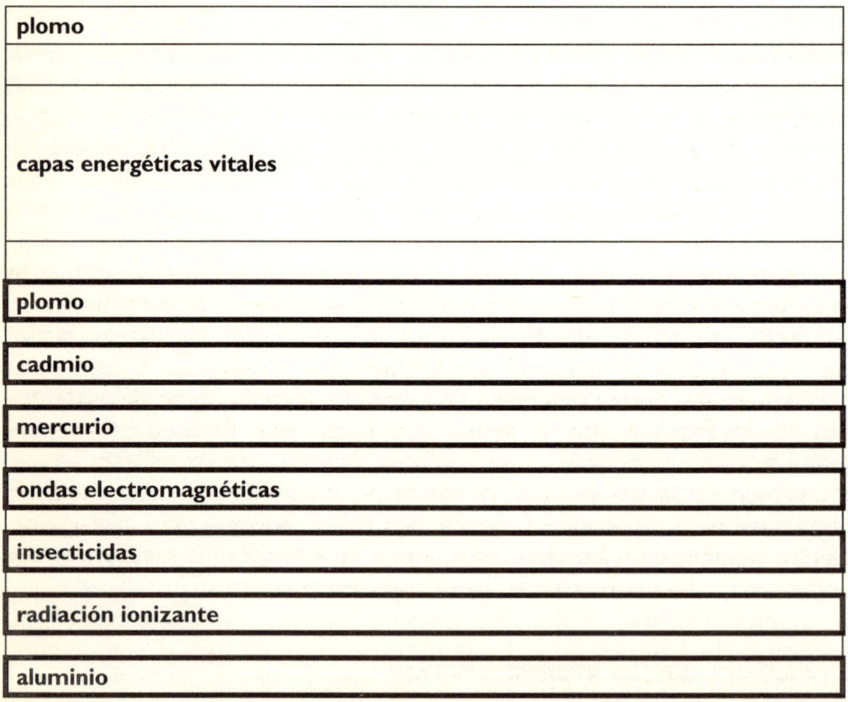

Las posiciones exactas de los flujos de fuerza nocivos pueden variar dependiendo del lugar.

visualice el elemento en cuestión y examine el área arriba y debajo de la banda principal ladeando la cabeza y manteniendo los ojos abiertos. Dado que las vibraciones que llegan de estos elementos se absorben durante el proceso, ponga un límite de tiempo para el ejercicio. Marque las posiciones arriba y debajo de la banda al igual que lo hizo antes.

Para detectar la presencia de estos elementos en el organismo, concéntrese en la posición de uno de los elementos tóxicos. Colóquese fuera de cualquiera de los flujos de fuerza nocivos. Para examinar dichos flujos es recomendable tener ya marcadas las capas energéticas en forma de bandas en una superficie vertical. Apártese de las bandas e imagínese en la posición marcada para el elemento en cuestión en el suelo o superficie vertical; observe la respuesta positiva en la mano registradora. Por ejemplo, encuentre la banda de plomo y visualícese a sí mismo parado en esta banda para ver si la mano registradora presenta alguna respuesta.

Es posible examinar a otras personas en los flujos nocivos de la misma manera. Así, cuando un individuo ha estado tomando fármacos por mucho tiempo, el examinador observará que éste presenta respuestas en las áreas debajo de la banda principal cerca de los elementos dañinos relacionados con el medicamento en cuestión. Para encontrar la posición exacta de cualquier fármaco prescrito, tome una muestra en una mano y examine más debajo de los flujos de fuerza principales hasta que la mano registradora registre una respuesta. Visualice a la persona que toma este medicamento en el lugar que había marcado; si detecta una respuesta en la mano registradora, el medicamento está causando un efecto adverso. Pueden darse, claro está, situaciones en las que alguien debe tomar cierta medicina contra enfermedades graves que ponen en riesgo su salud. El tipo de la evaluación energética que realizamos solamente nos explica por qué tantos medicamentos tienen efectos secundarios; además, recalca la importancia de recurrir a los remedios naturistas de ser posible.

Para ayudar con la neutralización de las sustancias tóxicas relacionadas con los flujos de fuerza nocivos, tome agua energizada por todos los flujos de fuerza principales entre los flujos blancos inclusive; además, haga el ejercicio en todos los flujos de fuerza de magnesio a fósforo. Canalice regularmente a su vivaxis. Este régimen puede neutralizar cualesquiera efectos negativos de los elementos, amén de fortalecer la resistencia del organismo contra el exceso de las frecuencias negativas.

Creación de un nuevo vivaxis

Las ventajas de la corrección de los desequilibrios energéticos se reducen prácticamente a cero si el paciente tiene un campo de energía ajeno. La única solución permanente para las personas que han establecido muchos campos de esta naturaleza consiste en crear un nuevo vivaxis, con lo cual se formará un vínculo permanente al campo energético de la Tierra que automáticamente anulará los demás campos alterados. No es algo que se deba tomar a la ligera, pues en mi opinión, siempre hay una razón por la que nuestro vivaxis se sitúa en un área en particular. Antes de la encarnación, el alma puede elegir tener su vivaxis en cierto punto basándose en motivos que no podemos comprender. Sin embargo, hay situaciones en las que la creación de un nuevo vivaxis parece ser el menor de los males.[80]

1. Elija un lugar, de preferencia situado a cientos de metros de cualquier tipo de instalaciones eléctricas. Considere la posibilidad de construcciones en el futuro. Asimismo, recomiendo que se aleje de los árboles grandes que puedan atraer un rayo durante tormentas eléctricas. Evalúe cuidadosamente el flujo iónico del área y busque las alteraciones subterráneas como cursos de agua o cables eléctricos. Las más de las veces puede encontrar el lugar más tranquilo y seguro cerca de un sereno jardín privado.
2. Asegúrese de estar dentro del periodo del flujo solunar.
3. Encuentre una banda de energía y marque todos los flujos de fuerza.
4. Haga el ejercicio en todas las bandas de magnesio o fósforo para fortalecer sus propias energías antes de la creación de un nuevo vivaxis, así como para reducir al mínimo las antiguas energías caóticas.
5. Colóquese en el Flujo de fuerza 1 y lentamente dé una vuelta en el sentido de las manecillas del reloj si está en el hemisferio norte y en el sentido inverso si está en el hemisferio sur; al mismo tiempo, concéntrese en el oxido de cromo (el polvo verde que se vende en las tiendas de artículos de alfarería), el cual proporciona la frecuencia de cromo. La creación del nuevo vivaxis se lleva a cabo a este paso. La creación del vivaxis directamente en esta capa de energía permite hacerlo fuerte. Esta ubicación permite atraer el flujo directo de energías de la capa energética al vivaxis. Se ha descubierto que nuestros vivaxis siempre están vinculados a la capa energética más próxima.
6. Párese en una zona que esté más abajo del vivaxis para que otra persona pueda determinar el resultado del procedimiento. El evaluador se coloca cerca del vivaxis y pone la mano izquierda con el reverso de la mano apuntando hacia el vivaxis. La mano registradora se mantiene en la misma posición para el registro de las ondas verticales (dedos doblados con las puntas hacia arriba). Se debe encontrar una onda vertical que fluye de su posición debajo del vivaxis al sitio de su nuevo vivaxis. Además, en el sitio del vivaxis se debe detectar una onda horizontal. Si usted se pone más arriba del vivaxis, el evaluador no podrá registrar la onda vertical.

Hace muchos años, un pariente mío tuvo una severa crisis nerviosa y mental. Aunque no se le detectó ninguna enfermedad en el cuerpo, no quiso levantarse de la cama por nueve meses. Sólo se paraba para comer e ir al baño. Según su propia petición, se le trató con diferentes tipos de terapias, entre las cuales estaban remedios magnéticos, cromáticos y espirituales. Yo percibía su energía como una bullente masa de energías caóticas y le sugerí que creara un nuevo vivaxis. Para esto, escogimos un jardín aislado que pertenecía a un amigo con las pendientes lo suficientemente inclinadas para marcar las bandas de energía.

Establecimos el nuevo vivaxis pero mi pariente no mostraba señales de entusiasmo, quizá porque durante los nueve meses que estuvo postrado se hizo a la idea de que moriría pronto. Su opinión cambió al paso de tan sólo unos días y dentro de unas semanas recuperó toda su salud e interés por la vida. A la edad de 75 años, casi veinte años después de su crisis, es un hombre que se dedica plenamente a su profesión.

Tenga mucho cuidado a la hora de elegir el sitio, puesto que diferentes condiciones climáticas pueden afectar las energías en el lugar. Aprendí este hecho por las malas después de que ayudé en la creación de un nuevo vivaxis a un hombre que tenía muchos problemas de salud. Elegí un lugar para él pero mi paciente prefirió otro sitio, el cual estaba aproximadamente a mil metros de cables eléctricos de alta tensión. Aunque la distancia entre los cables y el lugar parecía considerable, yo le sugerí un sitio que estaba un poco más lejos. Puesto que en ese entonces el lugar que él había escogido parecía estar exento de alteraciones, empezamos el procedimiento, no sin antes revisar yo el flujo iónico, el cual resultó adecuado. Ese día había neblina en el aire, además de que se registraba mucha humedad.

Unas semanas más tarde, el hombre me habló por teléfono muy preocupado para decirme que estaba muy alterado y que la alteración parecía provenir de su nuevo vivaxis. Sin mucho tiempo que perder, acudí al sitio, el cual había marcado de manera distintiva. Ese día hacía buen tiempo. Para mi horror, descubrí que el sitio donde estaba el vivaxis se encontraba afectado por el campo electromagnético proveniente de los cables eléctricos. Me di cuenta de que la neblina que había el día que creamos el vivaxis había destruido el campo electromagnético, el cual se extendió a mayor distancia en un día claro.

Tomamos la decisión de destruir el vivaxis en una hora determinada. Aconsejé a mi cliente que encontrara un lugar más adecuado y, mientras él estaba buscando destruí el vivaxis inapropiado mediante el contacto con el material desactivador. El momento en que anulamos nuestro vivaxis, automáticamente se forma uno nuevo en relación con el flujo de fuerza más cercano a la persona. Ya que el área del vivaxis que destruí era más alta que la ubicación de mi cliente, comprobé que el antiguo vivaxis en efecto había quedado cancelado al ver que la onda vertical no estaba presente. Esto significó que se había formado el nuevo vivaxis.

Esta experiencia me enseñó dos lecciones importantes: primera, que tenía que revisar el sitio propuesto en más de una ocasión y de preferencia en diferentes condiciones climáticas antes de crear el nuevo vivaxis; segunda, que en el conflicto entre mis propuestas y las sugerencias de otras personas en cuanto a los ejercicios debía hacerle caso a mi intuición.

El procedimiento de revisar los campos energéticos y hacer los trabajos de fortalecimiento sólo toma unos instantes al día. Para estas alturas, ya aprendimos a llevar el control de los flujos de energía y el estado mineral en nosotros mismos y en los demás. Asimismo, hemos contemplado la manera en que las capas de energía reflejan las frecuencias de los minerales, las hierbas y los remedios homeopáticos que se usan para restablecer la salud y el equilibrio. Las observaciones de los flujos de fuerza nocivos nos permiten monitorear la acumulación de los residuos tóxicos que puede poner en peligro nuestra salud y bienestar. Por último, podemos crear un nuevo vivaxis cuando sea necesario.

11

Fenómenos de la tierra que afectan nuestra vida

El cuerpo humano contiene vías mayores y menores de energía que generalmente llamamos meridianos. El planeta Tierra también tiene líneas mayores y menores de energía, las cuales se conocen como líneas de Ley. A lo largo de la historia humana, templos y catedrales se solían erigir en los puntos de energía que a menudo estaban en las intersecciones de las líneas de Ley (ver el diagrama 35 a continuación). Dado que estos puntos permitían incrementar el efecto de las meditaciones, los maestros de la construcción de antaño aprendían a buscar sitios adecuados para los edificios sagrados, catedrales y a veces incluso también pequeñas iglesias. Muchos de estos maestros pertenecían a los gremios secretos que estaban relacionados con los rosacrucistas y masones, quienes proporcionaron las enseñanzas espirituales en el uso de las energías sutiles a los miembros de las órdenes.

Diagrama 35. La intersección de las líneas de Ley debajo del centro de un templo griego

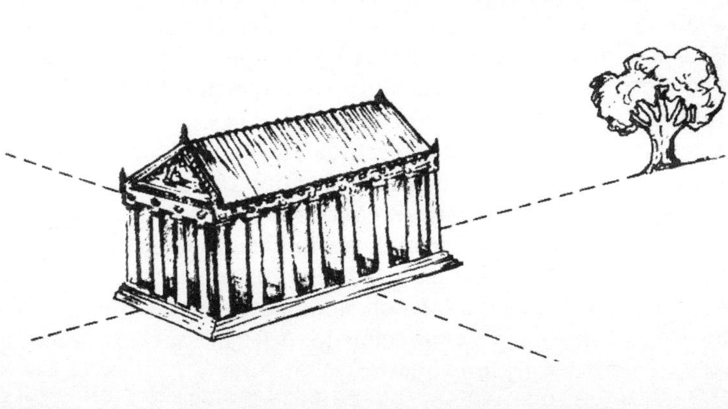

Líneas de Ley

El concepto de las trayectorias prolongadas de energía que conectan lugares sagrados e importantes vio su renacimiento en el siglo pasado gracias a un hombre llamado Alfred Watkins. Nacido en Hereford, Inglaterra, en 1855, Watkins fue concejal del condado y juez magistrado, aunque de profesión era molinero. Tenía gran interés por la campiña y notó que en las cumbres de varias colinas aparentemente se unían las líneas que salían de ciertos sitios. En un principio, supuso que se trataba de las veredas trilladas por los comerciantes de antes. Más tarde, usando los mapas cartográficos encontró un número de casos en los que cuatro o cinco iglesias estaban unidas por una recta.[81] En 1926, Watkins abre en Inglaterra el llamado Club de Senderos Derechos.

El interés de las líneas de Ley se ha preservado durante las décadas subsecuentes. Paul Devereaux, el investigador principal en esta área, en conjunto con Andrew York, llevó a término un proyecto para establecer la posible relación entre los sitios sagrados, las fallas geológicas, los acontecimientos meteorológicos y testimonios de ovnis. Descubrió que todos los círculos de piedras en Inglaterra y el país de Gales estaban por lo menos a una milla de alguna falla en la superficie. Además, Devereaux investigó el fenómeno de las luces misteriosas que han referido los habitantes de las áreas. Dichas luces con frecuencia "bailan" alrededor del sitio, encendiéndose y apagándose al azar.

Los dirigentes del estudio posterior, llamado Proyecto Dragón, investigaron las pulsaciones ultrasónicas que emitían algunas de las piedras localizadas en las áreas sagradas. Para el proyecto se eligieron las piedras de Rollright en la región montañosa de Cotswolds en Inglaterra, un sitio particularmente abundante en las leyendas folclóricas. Se descubrió que algunas piedras emitían pulsaciones antes del alba en el invierno, durante lunas nuevas y llenas.[82]

Durante mis viajes por Europa, estudié varios sitios sagrados y descubrí que por lo general las líneas de Ley coinciden con el eje longitudinal de los edificios sacros. Así, tras analizar unos templos en Grecia como el Partenón en la Acrópolis en Atenas, llegué a la conclusión de que en medio del templo había una intersección de líneas de Ley.

Además, en el sur de Inglaterra estudié las líneas de Ley que recorren la famosa colina cónica en la ciudad de Glastonbury, que alberga las ruinas de la iglesia de San Miguel. Esta sección de la línea entra en Inglaterra por la colina de San Miguel en Cornualles y recorre las ciudades de Glastonbury y Avesbury al noreste de Bury St Edmond. Además, tuve la gran suerte de visitar la iglesia de San Miguel en Marsden, célebre por sus energías increíbles. Sentarme en la intersección de varias líneas de Ley en el templo fue una experiencia muy impactante.

La energía que transportan las líneas de Ley dista considerablemente de las que se han descrito anteriormente con relación a las capas energéticas. Las capas están unidas por columnas verticales de energía y se asemejan a las capas energéticas que rodean el cuerpo humano, en tanto que las líneas de Ley se pueden equiparar a los meridianos que recorren el cuerpo a manera de canales. Parecen tener una profundidad de por lo menos 10 metros, pero no están tan extendidas en el plano horizontal como las capas energéticas. El flujo de energía en las líneas se invierte durante lunas nuevas y llenas. La energía en los meridianos de la Tierra es más fuerte que la nuestra, por lo cual es imposible evaluar el flujo iónico estando parado en una línea de Ley. De hecho, fue la ausencia del flujo iónico normal en una parte de mi casa lo que me llevó a descubrir una línea de Ley.

Es de suponer que en los tiempos antiguos las personas aprendían la manera de trabajar con las energías de la Tierra en los rituales que se llevaban a cabo en los lugares sagrados ubicados en las líneas de Ley. Podemos ver estos sitios como puntos de acupuntura en la superficie terrestre. Quizá fueron las ceremonias y luces las que ayudan a la expansión de la energía de un meridiano a otro. Las piedras paradas son como agujas de acupuntura, colocadas en los lugares estratégicos sobre las líneas de Ley para transmitir la energía. También es posible que las culturas antiguas usaran una especie de comunicación telepática ritualizada que permitía unir los diferentes puntos del sistema de las líneas de Ley.

Si bien las energías mencionadas son apropiadas para los objetivos espirituales, vivir encima de una de ellas no es la mejor idea. Descubrí esto cuando vivía en una casa al este de Melbourne, Australia, construida directamente encima de la línea de Ley. A pesar de que era una experiencia difícil, en los diez años que viví en esta casa adquirí un conocimiento profundo de las energías. Fue un descubrimiento fortuito que quizás sea de interés para usted.

Descubrimiento de una línea de Ley

Teníamos algunos años en la casa. Muchos de los amigos que nos visitaban nos comentaban que sentían que la casa estaba en un lugar fuera de lo común. Yo solía organizar ahí reuniones frecuentes para meditar. Era una propiedad rodeada de unas hectáreas de arbustos en una calle tranquila en Ringwood, una colonia residencial fuera de Melbourne. El terreno era especialmente apropiado para la enseñanza del vivaxis gracias a la inclinación natural de la tierra. Me había asegurado cuidadosamente de que la casa estuviera lo suficientemente lejos de las líneas de alta tensión por medio de la evaluación del flujo iónico del lado de la propiedad más próxima a los cables. No obstante, no me aseguré de que el flujo de la energía fuera normal en todos los rincones del terreno debido a su magnitud (dos hectáreas y media).

Unos seis años después, a mediados de los años ochenta, un extraño sonido monótono no nos dejó dormir en la noche durante algunas semanas. Parecía una especie de pitidos electrónicos y era muy estridente. Verificamos todos los aparatos electrodomésticos que había en la casa pero el origen de los sonidos permanecía siendo un misterio. Me estaba sintiendo agotada por la falta de sueño.

Una noche a las cuatro de la madrugada salí de la casa en un intento por encontrar el origen del sonido. Caminé rumbo al ruido y empecé a evaluar el flujo iónico en la tierra para ver si no había algo raro. Cuando me acerqué a la aparente fuente del sonido que parecía provenir de un eucalipto grande, el flujo iónico desapareció. De pronto, hubo un movimiento en el follaje y un enorme pájaro negro salió volando. Jamás había visto un ave así: era completamente negra y más grande que un cuervo. El sonido que yo escuchaba provenía del pájaro.

Si bien logré encontrar de dónde provenía el ruido, me enfrenté a un fenómeno muy extraño que tenía lugar en el árbol: era como si el pájaro me hubiera llamado y llevado a ese lugar. Al día siguiente, investigué aquellas energías extrañas y descubrí que el árbol estaba en la intersección de una línea que pasaba debajo de la casa y continuaba más allá de donde alcanzaba mi capacidad de evaluar. Otra línea, que se cruzaba con la primera en ángulo recto, también se perdía en el infinito. Encontré las líneas analizando las áreas sin el flujo iónico normal, posteriormente cambiando el enfoque para detectar el tipo de energía en la línea. Era un tipo de energía potente que me atrajo a lo largo de la línea, la cual tenía casi tres metros de ancho. Atravesaba la casa; pasaba a corta distancia de mi cama, gracias a Dios.

No estoy segura de por qué no me había percatado de esta línea energética antes. Es interesante cómo podemos pasar por alto algún fenómeno hasta toparnos con algo que esté verdaderamente fuera de lo común. Cuando nos enfocamos en cierta área, solemos notar solamente lo más general o los fenómenos que estamos anticipando; esto explica el sesgo que podemos llegar a tener, sobre todo en un ambiente familiar. Debemos revisar y volver a revisar los hallazgos cuando encontramos una manifestación nueva de energía pero tampoco debemos de descartar los resultados si éstos no concuerdan con el modelo existente. Desgraciadamente, algunas personas que trabajan con energías tienen un enfoque demasiado astral y, por lo tanto, no distinguen los detalles. Los descuidos en la investigación pueden desacreditar incluso a los estudiosos más concienzudos.

Tipo de energía en la línea de Ley

La energía en el sitio que describí en el apartado anterior tenía una naturaleza espiral. Cuando yo me ponía en la intersección de líneas cerca del árbol y me relajaba, sentía que todo mi cuerpo empezaba a girar lentamente de los pies para arriba. En los meses que siguieron a mi descubrimiento, descubrí que la dirección de la espiral se invertía durante cada luna nueva y llena, coincidiendo con el cambio de dirección en el flujo dentro de las líneas.

Una de ellas iba de norte a sur y la otra, de este a oeste. Descubrí que durante la luna llena las líneas se expandían considerablemente, llegando a llenar toda la casa. Era muy incómodo para dormir, pues en esos periodos mi cama se encontraba inmersa en el flujo de energía, dándome la sensación de inquietud en las piernas (aunque durante las meditaciones descubrí que se trataba de una fuerza positiva). Comencé a comprender por qué las construcciones de culto se edificaban en las intersecciones, a diferencia de las casas residenciales.

El otro fenómeno interesante lo observó mi colega de Canberra, quien se hospedó en la casa para ayudarme en los seminarios terapéuticos. Ella tenía problemas para conciliar el sueño debido a toda la energía adicional que fluía a través de la casa. Además, padecía de un problema con una de las extremidades y comparó las noches que pasaba en la casa con la sensación de estar acostada en una vía por la que transitan seres incorpóreos. Era un aspecto que yo nunca tomé en cuenta; parecía lógico que la línea de Ley tuviera además una dimensión psíquica con un importante "tráfico". Tiempo después, leí en el tratado interesantísimo de Phillip Heselton sobre los misterios de la Tierra que tradicionalmente las líneas de Ley eran vías de actividad psíquica y de flujo estacional de espíritus.[83]

Decidí pedir que Alanna Moore confirmara la posición de las líneas de Ley en mi casa. Alanna es una investigadora con experiencia en trabajos con energías sutiles, incluyendo la rabdomancia remota. Aunque ella vivía a cientos de kilómetros de mi casa, en Nuevo Gales del Sur, confirmó mis conclusiones al enviarme un mapa con las líneas. Además, me dio algunos consejos prácticos para desviar la energía en caso necesario. Alanna tiene mucha experiencia con diferentes tipos de fenómenos de la Tierra; estoy en deuda con ella por haber compartido conmigo algunas de las investigaciones sobre el estrés geopático que se describe en el capítulo siguiente.

A medida que mis conocimientos de las características del terreno y la vegetación en las líneas de Ley crecían, empecé a notar que los árboles que crecían en las intersecciones a menudo tenían formas inusuales. Así, el árbol que estaba fuera de mi casa en Ringwood tenía dos troncos que estaban entrelazados de una forma poco común para los eucaliptos. Mi explicación del hecho es que las energías de dos líneas contribuyen al tronco doble y la configuración espiral.

Algunos de nosotros podemos sentir la atracción a casas inusuales por nuestro interés en las energías sutiles, pero a mí me era cada vez más difícil vivir en la casa en Ringwood. Los cambios constantes en el cuerpo etéreo de la Tierra hacían que la línea de Ley se ensanchara año con año. Por éste y algunos otros motivos vendí la casa y me mudé a otra propiedad pequeña cerca de la cima de la montaña Dandenong. Mis experiencias recientes me forzaron a revisar la casa metro por metro hasta estar segura de que mi nuevo hogar estaba libre de energías extrañas.

Pasadas unas semanas, empecé a fijarme en el eucalipto enorme que crecía cerca del portón. El árbol medía más de 30 metros de altura y consistía en por lo menos cinco troncos descomunales. Supuse que el eucalipto se ubicaba en una línea de Ley y pronto descubrí que en efecto el árbol había crecido en una línea potente que iba del monte Dandenong a Melbourne. Por lo menos, esta línea no pasaba por la casa ni siquiera en los periodos de expansión durante luna llena, cuando llega a medir por lo menos 20 metros de ancho. Este hallazgo me dio la oportunidad de seguir de cerca el comportamiento de una línea de Ley y comprobar la inversión de energía que ocurre durante la luna nueva y la llena. En una de mis caminatas por el bosque cercano, encontré otra intersección de líneas, también marcada por un eucalipto con cinco troncos.

Esto no quiere decir que todas las intersecciones estén marcadas por un árbol de troncos múltiples, aunque sí puede haber algún indicio. Hace unos años, un amigo mío que tenía un terreno de 20 hectáreas me pidió que buscara una línea de Ley. En esta ocasión, empecé las investigaciones a pie y dejé que mi instinto me llevara a cierto sitio. Una vez ahí, me percaté de un enorme eucalipto de tronco blanco y me puse a revisar la zona con más cuidado. Como era de esperarse, el árbol sí estaba marcando la intersección de dos líneas de energía. Una de ellas venía de un precioso manantial que alimentaba un lago de proporciones considerables que servía de fuente de agua para las granjas aledañas. No es raro encontrar manantiales en la proximidad a las líneas de Ley.

En Australia no tenemos conocimiento de edificios antiguos o sitios sagrados que estén sobre las líneas de Ley como en Europa o Asia. Muchos lugares constituyen un secreto de diferentes grupos aborígenes. Es probable que con el tiempo algunos conocimientos de este pueblo sensible y vidente se hayan perdido, aunque en las leyendas folclóricas de los indígenas hay indicios de que las líneas de Ley se habían usado. Puesto que los lugares sagrados en Australia no están marcados con construcciones arquitectónicas, debemos guiarnos por signos naturales como, por ejemplo, rocas, árboles o relieves.

Localización de una línea de Ley

Las líneas deben buscarse en un área libre de construcciones de cualquier tipo. Un parque o bosque es un lugar adecuado. Establezca el área general guiándose por las observaciones mencionadas o por el sentido más sutil de su propia intuición. Si llega la oportunidad, le recomiendo poner esta sensibilidad a prueba en una catedral o templo grandes de varios siglos de antigüedad que pudo haber sido erigido por uno de los grandes maestros de la construcción.

1. Examine a lo largo y a lo ancho del edificio para encontrar sitios sin la presencia del flujo iónico normal. Marque el comienzo y el final del flujo iónico.
2. Colóquese en medio del flujo y deje que su cuerpo detecte la dirección de la energía que fluye por la línea de Ley. Las más de las veces va a encontrar la línea a lo largo del eje longitudinal de la construcción. Si es posible, regrese al lugar después de la siguiente luna nueva o llena y vuelva a detectar la dirección del flujo.
3. Por cuestiones de comodidad, algunas personas prefieren localizar las líneas de Ley con las varillas de zahorí. Si usted desea usar este método, ponga la varilla en una posición paralela a su cuerpo al momento de acercarse al edificio. Piense en las líneas de Ley cuando entre y fíjese en la posición en la cual la varilla se mueve hacia atrás. Es el mismo movimiento que ocurre al alcanzar el final de un acuífero cuando practica la rabdomancia (ver el diagrama 36 en la siguiente página).
4. Dé vuelta en ángulos rectos, de manera que quede paralelamente al flujo, viendo con dirección al flujo o dándole la espalda a éste, dependiendo de la dirección del flujo. Las puntas de la varilla oscilarán en dirección al flujo y permanecerán paralelas a él. Conforme avance por el flujo, las puntas se moverán siguiendo la dirección de la línea de Ley. En el diagrama 36 se indica cómo la varilla hace un movimiento hacia afuera cuando nos acercamos al borde de la línea de Ley. Existe un juego de rabdomancia muy útil, llamado *The Dowsing Rod Kit*, que contiene un manual con contribuciones de muchos autores y varillas de cobre.[84]

Personalmente prefiero trabajar con las manos, los brazos y el cuerpo, más que con las varillas, aunque éstas son más fáciles de usar si está trazando una prolongada línea de Ley en el auto. Sólo los rabdomantes más experi-

Diagrama 36. Búsqueda de un acuífero mediante las varillas de rabdomancia

Al llegar al borde del acuífero, las varillas oscilan hacia afuera.

mentados pueden emprender algo así. Hamish Millar y Paul Broadbent lograron hacerlo para trazar la famosa línea de San Miguel por todo el sur de Inglaterra.[85]

El rabdomante debe concentrarse en la línea energética en cuestión, puesto que existen muchas líneas laterales que desembocan en la línea de Ley que se está siguiendo. Una concentración absoluta en la tarea nos permite bloquear la influencia de otros fenómenos, tales como acuíferos, cables eléctricos y cañerías, los cuales pueden afectar la precisión. Si se dedica a la rabdomancia y no se entrega cien por ciento a la tarea, detectará un número de factores de energía sin poder decir a qué corresponden.

Una vez que haya practicado la localización de las líneas de Ley en un conocido sitio antiguo y si se siente con la suficiente confianza, puede continuar en un área en el campo, buscando indicios relacionados con árboles y rocas. En ocasiones, los va a encontrar en donde menos los espere. Una vez estaba viajando por el noreste de Grecia con un grupo de amigos. Pernoctamos en un hotel cerca de la orilla del mar. Yo estaba en el balcón viendo el pequeño patio del hotel cuando me percaté de una extraña piedra amarilla a lo lejos de otros objetos. Tenía la forma usual para los hitos, aunque en la zona no había nada digno de atención.

Sentí que no había flujo iónico en la piedra. Me puse a investigar y ¡claro! descubrí que estaba marcando una línea de Ley. Probablemente alguien había colocado la piedra hacía mucho tiempo para marcar la línea. Los dueños actuales del terreno no tenían idea alguna de este hecho, aunque quizá se sentían atraídos por su energía particular que cualquier persona sensible podría notar, posibilidad que quizá debimos de haber investigado más a fondo.

Líneas de Ley, alienígenas y explosiones atómicas

El trabajo de Bruce Cathie, piloto jubilado de Nueva Zelanda, echa luz sobre la existencia de las líneas de Ley. Cathie es el autor de algunos libros sobre este fenómeno que describe la red energética del planeta. Durante sus años como capitán en una aerolínea, Cathie observó varios objetos voladores no identificados (ovnis) y decidió correlacionar los encuentros que tuvieron él mismo y otras personas con las líneas de Ley. Pasó muchos años perfeccionando el fundamento matemático del sistema; hoy en día está vendiendo un programa informático que puede visualizar la red de las líneas en cualquier punto del planeta.

De particular interés es su conclusión de que los ovnis aterrizan en los puntos estratégicos del sistema de las líneas de Ley. Cathie mantiene que las naves alienígenas probablemente usan la energía de las líneas como combustible, hipótesis fundamentada en miles de observaciones de ovnis relacionados: en algunos casos, las naves se mantenían en el aire por lapsos prolongados encima de las líneas.[86]

Aun más espectacular fue el descubrimiento, hecho por Cathie, de que la explosión de una bomba atómica siempre se lleva a cabo encima de una línea y en determinado horario que coincide con ciertos eventos astrológicos. El investigador analizó la ubicación de diferentes zonas de pruebas nucleares y los horarios de detonaciones para comprobar su teoría. Puesto que el sistema de línea descubierto por Cathie consiste en una disposición geométrica de millas cuadradas, es fácil ver que no es difícil encontrar un sitio adecuado para pruebas nucleares. Aunque el público general ignoraba la existencia del sistema de líneas de Ley, es probable que el ejército de algunos países sepa sobre ellas y las haya usado por años.

Estamos hablando, pues, de una estructura energética que cubre toda la superficie del planeta, igualmente o más complicado que el sistema de meridianos mayores y menores en el cuerpo humano. La ubicación de los monumentos antiguos en el este y el occidente nos indica que nuestros antepasados también sabían sobre la existencia de las líneas de Ley. Cathie era la primera persona en ofrecer al público general un mapa de este sistema basado en el cuidadoso análisis matemático.

Algunas de las líneas de Ley más famosas que unen los santuarios antiguos son artificiales: esto es, aparecieron gracias a las numerosas peregrinaciones y romerías que se han realizado a lo largo de muchos siglos. Estas líneas auxiliares pueden desembocar en las arterias principales en ciertos puntos estratégicos, formando así un sistema complejo.

Aunque sabemos poco de los lugares sagrados de los aborígenes australianos, es de suponer que también forman parte del sistema de líneas. Durante diez años fui la copropietaria de un terreno de ocho hectáreas en Kinglake, situado a la altura de unos 600 metros sobre el nivel del mar, en el matorral de la Gran Cordillera Divisoria. Fue ahí donde en 1980 se llevó a cabo el primero seminario sobre el vivaxis. Por esta razón procuraba tener sumo cuidado en los experimentos con las energías de la tierra en el lugar.

Unos metros debajo de la casa, en una pequeña cuenca, había una elipse natural formada por varios eucaliptos. El árbol central en este grupo tenía un interesantísimo tronco torcido que marcaba la posición de potentes energías de la tierra que se unían al sistema de las líneas de Ley. Los árboles que marcaban la elipse estaban unidos por un flujo de energías inusitadas. Muchas veces los descubrimientos de las energías de la tierra se hacen de manera fortuita. Alguien se da cuenta de la ausencia de energías normales y empieza a explorarlos alrededor del lugar. A mí manera de ver, este método de exploración es más sano que la interminable búsqueda de algo extraño. Quizá con centrar el interés en lo normal uno puede protegerse de volverse anómalo.

De un lado, la elipse limitaba con un manantial subterráneo. Varios amigos que han visitado el lugar afirman haber sentido ahí energías potentes. Una mujer, quien había convivido con los aborígenes, supuso que el área se pudo haber usado para prácticas religiosas. Las meditaciones que hice cerca del árbol torcido sentada en un tocón gigantesco que había formado parte de la elipse confirman la idea de que se trata de un lugar extraordinario.

Recapitulando el significado de las líneas de Ley, podemos afirmar que la Tierra está cubierta por un sistema, cuya probable finalidad es la distribución de la energía de un sitio a otro para alimentar el planeta con la energía, o prana, que se recibe del Sol. El nivel de energías en el sistema varía día con día por la influencia de otros cuerpos celestes en la Tierra. Los iniciados en la sabiduría antigua siempre han sabido cómo encontrar el sistema y usarlo con fines sagrados o incluso profanos. Los edificios y

detectamos un pequeño vivaxis de aproximadamente 15 cm de diámetro. El vivaxis produjo un caótico movimiento circular en el brazo registrador a una distancia de 15 cm alrededor de la pastilla. Además, se registró una onda vertical.

3. La pastilla de calcio fue transportada al sitio donde había caído el rayo que estaba a 7 kilómetros, en el cual registramos que la energía del vivaxis en el primer sitio se había expandido a aproximadamente 8 metros de diámetro. Nuestros campos de energía se sentían perturbados y caóticos tras solamente 60 segundos de contacto con el vivaxis expandido. Se nos nubló la visión y no podíamos registrar el flujo iónico normal en el cuerpo.
4. Después de regresar la pastilla de calcio al primer sitio, se descubrió que en este momento estaba vinculado por ondas a los dos vivaxis con una línea divisoria en el centro que marcaba la conexión a cada uno de los vivaxis. Esto nos permite entender lo perturbador que es la sensación de vincularse a un vivaxis ajeno, en especial uno muy potente.
5. La pastilla se destruyó junto con el vivaxis trastornado.

Diagrama 37. Vivaxis creado por un rayo

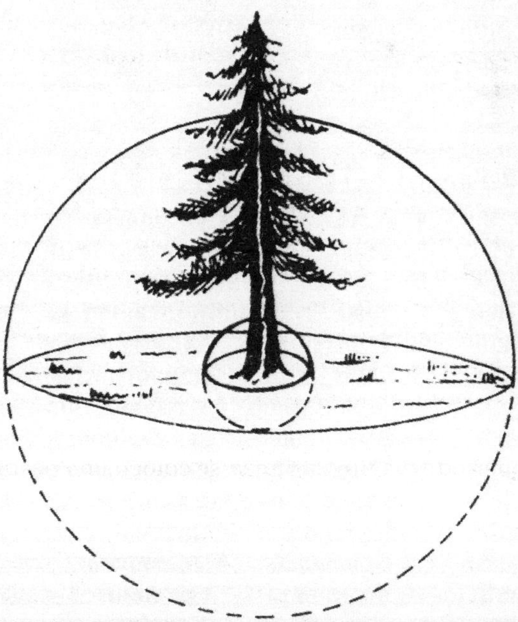

Fran pidió a dos videntes que observaran el flujo bidireccional de la energía de la pastilla al sitio del árbol. Ambos observadores estaban tomando notas por separado sin consultar hasta el final el experimento. Refirieron dos corrientes de energía de 25 cm de ancho de uno, separados por un espacio de 10 cm. En el centro de cada flujo se observaba un rápido movimiento en espiral acompañado por brillos de colores vívidos. Asimismo, describieron un enorme campo de energía que envolvía el árbol. A partir de sus estudios, Fran concluyó que las ondas del vivaxis eran responsables de la transmisión de energía de un vivaxis a otro.[89]

Este experimento extraordinario indica la existencia de la relación entre los fenómenos magnéticos que ocurren en nuestro planeta y las energías del vivaxis. Sería interesante saber si es más probable que el rayo caiga en el punto ubicado en la línea de Ley.

12
Energías nocivas de la Tierra y el estrés geopático

Hemos contemplado una serie de energías benéficas que fluyen por el planeta, así como algunas de las energías dañinas que contiene nuestro medio ambiente. Existen múltiples problemas a raíz de la actividad humana —desde la radiación de rayos X hasta la precipitación radiactiva— que en la actualidad se consideran como potenciales responsables de las mutaciones genéticas en los seres vivos. Además, cada vez hay más pruebas que demuestran que los humanos y animales se enferman y pueden llegar a morir si están expuestos a cierto fenómeno natural llamado estrés geopático.

¿Qué es el estrés geopático?

Con mayor frecuencia, el término estrés geopático alude a un amplio abanico de problemas, tanto naturales como creados por el hombre, que existen en nuestro medio ambiente. Los acuíferos en el subsuelo y fisuras en las rocas, nodos de energía en las intersecciones de las redes de Hartmann y Curry, yacimientos de petróleo, la contaminación electromagnética de las centrales eléctricas, líneas de alta tensión, transformadores, hornos de microondas, transmisores de microondas y antenas parabólicas... todo esto contribuye a las perturbaciones de energía.

Los acuíferos son la forma más común del estrés geopático que se puede encontrar en la naturaleza. Este tema ha sido objeto de estudios extensos en Rusia, Francia y Alemania en un intento por relacionarlos con el cáncer y otros riesgos importantes para la salud. En ciertas instituciones docentes alemanas, a los estudiantes de arquitectura se les enseña la materia biología de construcción (*Baubiologie*), la cual les ayuda a construir edificios más seguros alejados de sitios potencialmente peligrosos que pueden provocar enfermedades en sus futuros habitantes (ver diagrama 38).

Diagrama 38. Acuíferos en el subsuelo

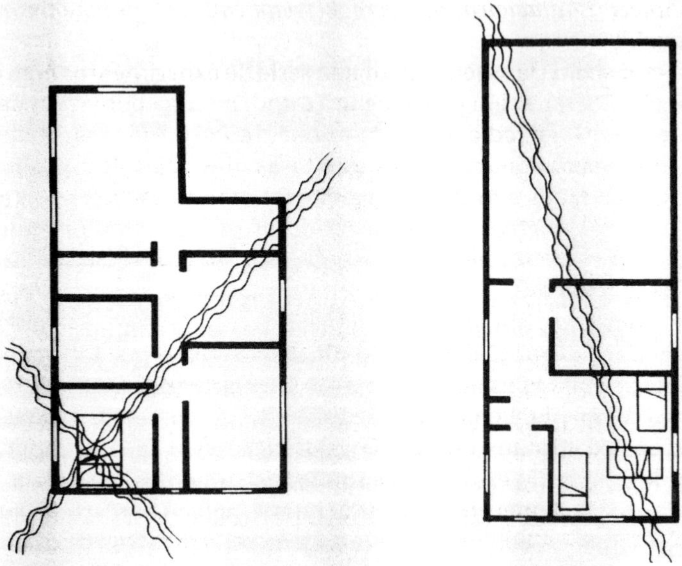

En los años que precedieron a la Segunda Guerra Mundial, el ingeniero francés Pierre Cody demostró un vínculo entre la radiación ionizante y el cáncer con base en los estudios que abarcaron un periodo de siete años. Con la ayuda del destacado físico Louis le Prince-Ringuet, se usó el electrómetro de Elster y Geitel para detectar las perturbaciones debajo de las camas de siete mil pacientes de cáncer. Los resultados que marcaba el aparato se contrastaron con los que se obtuvieron a unos metros; se descubrió que los niveles de radiación eran hasta diez veces más altos directamente debajo de los pacientes. La radiación parecía estar subiendo a la altura de varios pisos sin mostrar indicios de difusión.[90]

En la década de los treinta en el sur de Alemania, el barón Gustav von Pohl realizó su célebre evaluación de los sitios de cáncer mediante métodos de rabdomancia. Con el consentimiento de las autoridades locales de la ciudad de Vilsbiburg, Von Pohl consiguió localizar la vivienda de 54 personas que habían perecido de cáncer. En un principio, marcó las zonas más nocivas de toda la ciudad y prosiguió a cotejarlas con las casas donde habían vivido los fallecidos. En muchos casos el científico logró localizar cuál había sido el órgano canceroso gracias al lugar exacto de la cama afectada por la radiación. El Comité Central de Investigaciones sobre el Cáncer en Berlín publicó los resultados de Von Pohl. El libro que describe el proceso de investigación se llama *Earth Radiation, the Causative Factor in Disease and Cancer* [*Radiación de la Tierra: El factor causante de las enfermedades y el cáncer*].[91]

El doctor suizo Hans Jenny hizo una serie de experimentos controlados de doce años de duración en total para estudiar a una población de 24,000 ratones en una zona radiactiva. Los ratones huían del área afectada; cuando no podían abandonarla, mostraron tasas más bajas de reproducción y una mortalidad más alta de la progenie. Cuando se les bañó con el alquitrán de hulla radiactivo, los roedores desarrollaron tumores con mayor frecuencia que los ratones del grupo de control que vivían en una zona exenta de radiaciones.[92]

En los años sesenta, un grupo de investigadores de la Universidad de Heidelberg, en conjunto con los científicos de la Universidad Tecnológica de Munich, unió sus esfuerzos para estudiar una casa en el Valle del río Neckar en Alemania. Lo peculiar de esta casa era que las personas de tres generaciones distintans que habían dormido en la misma cama habían muerto de cáncer de estómago. Usando instrumentos científicos, los investigadores consiguieron localizar la intersección de un arroyo subterráneo y una fisura geológica. En la zona se colocaron cajas de madera con ratones, cuyo comportamiento fue comparado con el del grupo de control. Los ratones expuestos a la radiación estaban más inquietos, más agresivos al punto de devorar a su prole y produjeron sólo un tercio de la progenie en contraste con el grupo de control.[93]

¿Cómo podemos explicar un fenómeno así de peligroso? Algunos físicos e ingenieros opinaron que la radiación de neutrones nace en las profundidades de la Tierra, sube a la superficie y se ve alterada por el contacto con el campo electromagnético que se crea por la fricción del agua contra el fondo marino. La radiación de fondo normal surge como una mezcla de la radiación de neutrones y la radiación infrarroja, convertida parcialmente en microondas.

Los científicos rusos en el Instituto de Higiene Industrial y Enfermedades Ocupacionales confirmaron la presencia y el peligro de la emisión de microondas de la tierra a través de los acuíferos subterráneos. Según sus investigaciones, los sitios afectados muestran cambios en la ionización, anomalías acústicas, radiación gamma y una baja en la intensidad del campo geomagnético. Una confluencia de dos torrentes de agua se considera un problema grave, sobre todo si viaja a través de rocas radiactivas. Los aparatos muy sensibles llamados escintilómetros se pueden usar encima de los acuíferos para determinar el nivel de radiación en estos sitios.[94]

Corrección de las alteraciones en las aguas subterráneas

Tuve una interesante experiencia personal con un torrente subterráneo en la propiedad que se mencionó más arriba (al norte de la Gran Cordillera Divisoria). Teníamos aproximadamente cinco años viviendo ahí y todo este tiempo me costaba mucho trabajo quedarme dormida. Me despertaba cansada y a veces con la extraña sensación de que mi cuerpo estaba dando vueltas sobre la cama. La casa, que yo misma diseñé, tenía una forma de T y techos altísimos de un lado. Estaba construida de materiales naturales con un tejado de metal prensado. Se me ocurrió que probablemente la forma de la casa, aunada al material del tejado, había estado produciendo un extraño tipo de energía.

En el primer seminario australiano sobre el vivaxis que organicé en esta casa en 1980 me quejé con Fran de que mi vivaxis parecía estar en ángulo recto con respecto a su dirección normal. Ella supuso que había un acuífero debajo de la casa y propuso que investigáramos el asunto. Colocó su mano en la posición para registrar el flujo vertical y ésta se movió en dirección circular encima de mi cama y en una recta fuera de la casa. La línea tenía un ancho de unos dos metros.

La preocupación que sentí inicialmente se convirtió en asombro cuando Fran me mostró cómo se trataba un flujo de energía nocivo. Pasó una cuchara de ascorbato de calcio por todas las capas energéticas (ver la descripción de los materiales para la desactivación en la pág. 123), metió la sustancia en un frasco de cristal, lo cerró herméticamente y lo enterró afuera de la casa alineado con el torrente subterráneo. El análisis que hicimos demostró que las energías habían regresado a la normalidad en toda la casa.

Esta historia tuvo una continuación interesante al paso de unos años. Yo había estado durmiendo bien en la casa todo este tiempo y casi no me acordaba de lo ocurrido cuando de pronto regresaron los problemas de sueño que estaba teniendo. Pensé que el polvo de la vitamina C (ascorbato de calcio) se podía haber oxidado y echado a perder después de tanto tiempo. Excavé el frasco y encontré que el polvo se había tornado húmedo y amarillento. Después de sustituir el polvo por uno más fresco, el efecto negativo desapareció de nuevo, así que había dormido a pierna suelta en la casa hasta que la vendí en 1986. Cabe observar que el granjero que vivía al lado tenía un reservorio de agua grande que estaba alineado perfectamente con el acuífero, de acuerdo con los resultados de Fran y los míos. Esto indica la existencia de un gran acuífero cerca de nuestro terreno.

Un enfoque más científico para corregir las perturbaciones subterráneas se describe en el texto sobre la construcción escrito originalmente en alemán. Se llama *¿Quiere vivir una vida saludable?* y fue escrito por K. E. Lotz, profesor de una universidad tecnológica alemana. En su experimento, Lotz midió la resistencia de la piel en sus estudiantes para detectar las perturbaciones en sus cuerpos, mientras que ellos estaban encima de las fuentes subterráneas de agua. Se desarrolló un transmisor de dipolo para su uso en estos sitios alterados. Este dispositivo anula automáticamente cualquier tipo de microondas que se emite en cualquier momento del tiempo. Con la ayuda de este tratamiento, se pueden reestablecer los valores normales del campo de la radiación de fondo.[95]

Hace poco tiempo tuve una paciente quien, según mi diagnóstico, dormía encima de un acuífero en un suburbio en la ladera de una colina. Se presentó con un tumor benigno de garganta y tenía programada una operación para extraérselo. Sin embargo, estaba en contra de las intervenciones quirúrgicas. A sugerencia mía cambió su cama a otra habitación. A partir de ese momento, su salud mejoró considerablemente. Se sometió a un tratamiento naturopático para reducir el tumor y para cuando yo estaba escribiendo este libro se sentía bien, aunque el tumor no había desaparecido por completo.

Un indicio interesante de la existencia de torrentes subterráneos nocivos es que cerca de éstos se pueden encontrar muchos hormigueros. Los animales como perros, ovejas, cabras y vacas huyen de los sitios perniciosos, pero los gatos a menudo prefieren dormirse en estos lugares. En el hemisferio norte, es más común encontrar encima de los acuíferos los bosques de árboles caducifolios como robles y olmos que hayas y abedules. Hasta donde yo sepa, a la fecha no existen investigaciones sobre árboles de hoja perenne y acuíferos en el hemisferio sur.

Redes de Hartmann y Curry

El estrés geopático puede manifestarse de otra manera. Nuestro planeta tiene una red de líneas cruzadas que tienen propiedades electromagnéticas. La red homónima descubierta por el Dr. Ernest Hartmann consiste en líneas que van de norte a sur y de este a oeste. Se conjetura que estas líneas de alguna manera están relacionadas con las propiedades magnéticas del polo norte. Las líneas en la red están mucho más cerca unas de otras que las líneas de Ley: las líneas, que alcanzan unos 30 cm de ancho, están separados por 2-3 metros de distancia. Al igual que las líneas de Ley, el ancho de las líneas de Hartmann se incrementa considerablemente durante la luna llena, actividad solar y diferentes fenómenos meteorológicos.

La red de Curry fue descubierta por el Dr. Whitman y el Dr. Curry con base en los estudios que había realizado Curry en el Instituto Bioclimático en el sur de Alemania. Las líneas de esta red se ubican en diagonal con respecto a las de la red de Hartmann y también transmiten energía electromagnética; tienen aproximadamente 3.5 metros de distancia entre ellas. La red de Curry no experimenta cambios con los ciclos solares.

Los traslapes entre ambas redes que existen en algunos lugares dan lugar a un nodo de energía. Los problemas ocurren cuando alguien duerme en una intersección de este tipo. Las alteraciones de energía que se han encontrado en esos puntos se multiplican cuando las cargas eléctricas son de polaridad similar; por ejemplo, ambas positivas o ambas negativas (ver el diagrama 39).

Diagrama 39. Las redes de Hartmann y Curry

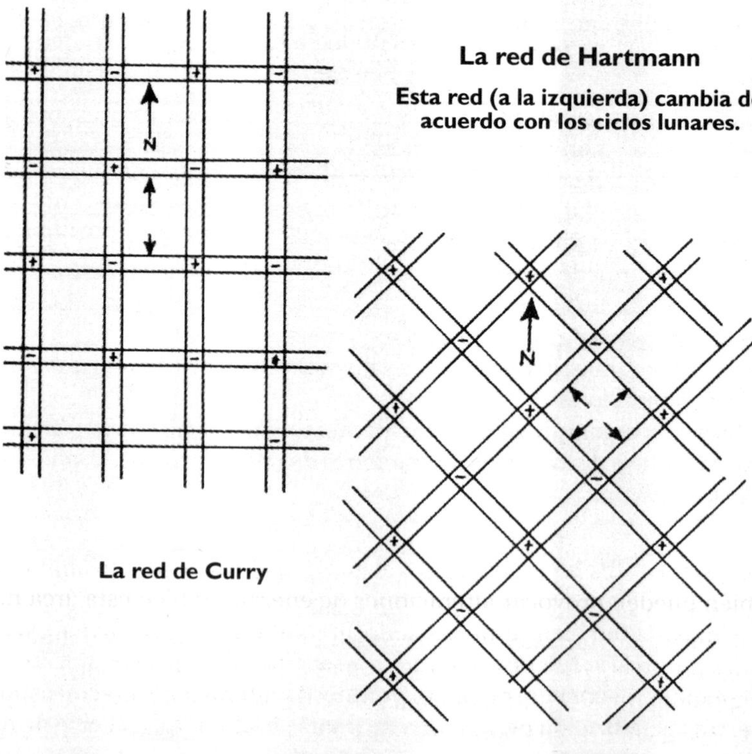

En mi práctica naturopática, cuando llegué a la conclusión de que alguien sufre estrés geopático relacionado con las redes, le aconsejé mover la cama a un metro del lugar. Con frecuencia, esto provoca que la salud mejore, sobre todo en lo que se refiere a la vitalidad. Cuando practico la rabdomancia para encontrar las alteraciones de energía en las redes, generalmente observo un movimiento circular en la mano registradora al concentrarme en la alteración. La impresión intuitiva que percibo es de un coágulo denso de energía en este lugar. Debido a la cercanía entre las líneas del sistema, es fácil que estén presentes en todos los edificios. Sin embargo, los problemas empiezan sólo cuando la cama o la silla que se usa con frecuencia están sobre una perturbación de energía. La situación se complica si el coágulo se encuentra encima de un acuífero.

Evaluación de lugares seguros en la casa

1. Asegúrese de estar en el periodo de flujo solunar y revise el flujo iónico.
2. Desactive todas las habitaciones de la casa usando el material apropiado para eliminar las alteraciones provenientes de la pintura, el alfombrado, etcétera. Recuerde que las alfombras acrílicas no se pueden desactivar.
3. Colóquese en la entrada de la habitación y examine rigurosamente el flujo iónico en el interior. Si encuentra una alteración de energía una vez terminada la desactivación, marque su posición. Fíjese si está limitado a un solo lugar o sigue un curso a lo largo de la habitación. En el primer caso, es posible que se trate de la intersección de dos líneas; en el segundo, puede ser simplemente el cable eléctrico (en este caso va a tener menos de 30 cm de ancho, pues un torrente de agua subterráneo es de un metro de ancho, aunque no necesariamente).
4. Mueva las camas, los escritorios y los sillones favoritos a las áreas exentas de alteraciones.
5. Observe el lugar que su mascota prefiere para dormir; recuerde que los perros tratan de evitar las alteraciones de energía, mientras que los gatos las buscan.

Otros yacimientos en el subsuelo, tales como el petróleo o los minerales, también pueden provocar alteraciones de energía. Si bien esta área no ha sido estudiada tan bien como los depósitos subterráneos de agua, el estrés geopático puede surgir de diferentes sustancias que subyacen nuestras casas u oficinas. Si encuentra lo que produce la alteración y no corresponde a nuestra visualización del agua, es necesario evaluar la presencia de otros elementos.

Una vez organicé un seminario sobre vivaxis en un lugar llamado Tidbinbilla cerca de Canberra y encontré alteraciones en las rocas aledañas. Durante su examen mis manos describieron un círculo: dos giros en una dirección, dos en el sentido contrario, la indicación de radiactividad en el medio ambiente. Nos tuvimos que alejar de la alteración para examinarnos a nosotros mismos y enseñar los procedimientos del vivaxis. Una vez que se acostumbra a evaluar la salud del ambiente a través del flujo iónico en el área, aprendimos muy rápido a distinguir las anomalías.

Terremotos, actividad volcánica y radiación

En un seminario que estaba dando junto con Fran Nixon en la isla de Victoria en Canadá en 1983, encontramos severas perturbaciones en nuestras evaluaciones. Además, todos sentíamos la cabeza muy pesada. Unas horas más tarde, escuchamos en las noticias sobre la erupción violenta de un volcán llamado Monte Saint Helens. Las perturbaciones fuertes también se detectan después de terremotos, a veces a miles de kilómetros.

Evaluación de la actividad sísmica

La mejor manera de evaluar la presencia de la actividad sísmica consiste en sentir el movimiento de las manos que se ponen a los lados del cuerpo, a la vez que se está concentrado en los pies. Conforme el periodo sísmico se aproxima, ambas manos describirán un movimiento circular pero en direcciones opuestas. La actividad volcánica muchas veces produce el mismo efecto. Obviamente en los pies se siente la perturbación de energía que llega de la tierra.

Observación y evaluación de la radiación

La radiación puede estar presente en la atmósfera después de una prueba nuclear. Si detecta alteraciones severas en el flujo iónico, es recomendable que examine el cielo manteniendo las manos a los costados. Ambas manos van a detectar la perturbación con un movimiento circular, primero en un sentido y luego en el otro. Es de suponer que las pruebas nucleares subterráneas produzcan el mismo efecto en las manos si la alteración llega al área donde está.

De acuerdo con las investigaciones de Fran Nixon, el Flujo de fuerza 2 (la banda de cromo vertical) ofrece protección contra los efectos de radiación e incluso puede servir de antídoto. Este conocimiento puede serle de utilidad si llega a toparse con los efectos de la radiación. Tengo la teoría de que las pocas personas que sobrevivieron a la explosión atómica en Hiroshima y han llegado a la vejez estaban paradas en una capa de este tipo. No se ha ofrecido ninguna otra explicación del porqué no se enfermaron ni presentaron lesiones.

La práctica del Feng Shui

El Feng Shui es la antigua ciencia china que permite al especialista en las energías de la tierra ayudar a las personas a ubicar sus casas y oficinas en las direcciones y posiciones más benéficas. Para esto, se guían por las características naturales del ambiente, tales como colinas, los puntos cardinales y las corrientes. Los maestros de la geomancia en la antigua China estaban conscientes de las energías nocivas y sabían cómo evitar problemas. Según sus indicaciones, el diseño de las casas estaba alineado a ciertas líneas, mientras que la colocación de las puertas, ventanas y muebles se consideró importante desde el punto de vista de energías positivas y negativas, además de facilitar el flujo de la energía Qi por la casa.[96]

En los últimos años este arte y ciencia ha tenido un importante renacimiento; se publican numerosos libros y se organizan talleres sobre este tema. Un amigo mío quien también practica terapias naturales tuvo una experiencia directa con el Feng Shui. Rentaba espacios en un sanatorio que tenía varios consultorios. Le iba tan mal que mi amigo casi perdió el negocio. Entonces, invitó a un arquitecto que conocía los principios de Feng Shui para ayudar a rediseñar una sencilla casa de ladrillo como una clínica. Puede que sea una coincidencia, pero en menos de dos años mi amigo tenía tantos pacientes que apenas se daba abasto.

Un experto en el Feng Shui contempla las energías de la tierra desde la óptica de los flujos de energía y el equilibrio en relación con los fenómenos naturales y con las construcciones artificiales. Su meta es restablecer un flujo sano de Qi, la energía etérea, por la casa y su entorno. La ubicación de las puertas, ventanas y espejos en la casa, todo esto se considera según dictan las reglas del flujo energético. Los arbustos y árboles afuera también se colocan de acuerdo con la misma finalidad. Los principios chinos de yin y yang, energía masculina y femenina, se aplican desde el punto de vista del relieve de la tierra y los edificios. Las líneas de Ley forman parte del análisis. Es interesante saber que dichas líneas también tienen componentes masculinos y femeninos que se entrelazan en ciertos sitios. Esto va de acuerdo con los principios de yin y yang aplicados al campo.

Contaminación electromagnética

Apenas pasaron cien años desde que la electricidad llegó para cambiar nuestra vida. Tal vez, este acontecimiento tuvo un paralelo esotérico. El alcance de la revolución eléctrica aparece ante nosotros cuando el avión en el que viajamos se aproxima a una ciudad grande por la noche, asombrándonos con la iluminación eléctrica en todas las áreas, formada de millares de luces centellantes. Cien años es un periodo muy corto para poder apreciar el efecto de esta tecnología en el hombre y la naturaleza.

Durante las últimas décadas, se han llevado a cabo muchos estudios sobre los efectos biológicos y sanitarios de la exposición a la radiación electromagnética. Entre otras cosas, se estudiaba el efecto de la exposición de los cultivos de células a los campos generados artificialmente en los laboratorios, de las poblaciones expuestas a la radiación en el ambiente y los grupos de trabajadores que entraban en contacto con la radiación electromagnética en el curso de su trabajo.

Uno de los estudios más controvertidos se realizó en 1979 por Wertheimer y Beeper, quienes analizaron a una población de 344 personas de 18 años de edad como máximo que fallecieron de cáncer en la ciudad de Denver entre 1950 y 1973.[97] Los factores que se consideraron fueron la potencia del campo electromagnético proveniente de los cables eléctricos o transformadores que estaban dentro de un radio de 40 metros de sus casas. Se encontró que los sujetos que murieron a causa de cáncer vivían en edificios con una exposición mayor a la radiación electromagnética que las personas de la misma edad del grupo de control. El gobierno inicialmente rechazó los resultados del estudio; sin embargo, una segunda evaluación y la opinión de expertos en la electricidad de todo el mundo demostraron que los resultados eran correctos.[98]

En 1982, Wertheimer realizó otro estudio con 1,179 adultos y controles, que tenían no sólo la misma edad y sexo, sino además provenían de la misma clase social. Al igual que antes, se reveló que los sujetos que vivían en casas expuestas a un campo electromagnético más fuerte tenían mayores probabilidades de desarrollar cáncer.[99]

En el marco de un estudio llamado "Líneas de conducción eléctrica en Nueva York", Savitz estudió a una población infantil de 14 años de edad o menos. Se tomaron mediciones meticulosas en las casas de los sujetos, incluyendo las emisiones de todos los electrodomésticos. De acuerdo con el resultado final, del 10 al 15 por ciento de los casos de cáncer en los niños se debía a la influencia de los campos magnéticos.[100]

Además de probabilidades más altas de desarrollar cáncer como consecuencia de la exposición, se descubrió que la incidencia de cefaleas, depresiones y suicidios era mayor en las personas que vivían a menos de 50 metros de los cables eléctricos que pasan por lo alto. Los cables son fuentes tanto de los campos eléctricos como de los magnéticos, los cuales son más penetrantes. Uno de los problemas para determinar una distancia segura de los cables consiste en la fluctuación de su potencia que se debe a los cambios en la demanda de la electricidad y las condiciones climáticas diferentes. Hay también picos repentinos de voltaje que duran muy poco tiempo pero pueden llegar a afectar considerablemente a cualquiera que esté cerca. Por ejemplo, un cable con una corriente de 400,000 voltios durante milisegundos llega a tener millones de voltios.

Evaluación de los campos electromagnéticos

He descubierto que tener conocimientos en esta área es quizás una de las habilidades más valiosas que se puede tener para la casa, la oficina y los viajes. Si usted sabe cómo evaluar el flujo de energía normal de acuerdo con el método propuesto en el capítulo 2, entonces ya cuenta con esta habilidad esencial. Es algo que puede practicar disimuladamente en muchas situaciones sin que nadie se dé cuenta. En la compra de una nueva casa, en el cambio de trabajo o en la elección de la habitación de hotel, el flujo iónico puede ser un importante indicador de las energías vitales.

Cerca de la casa en Ringwood donde vivía durante un tiempo había cables de alta tensión a un kilómetro de distancia. Antes de comprar la propiedad, revisé cuidadosamente toda la cuadra buscando posibles perturbaciones (aunque, como mencioné antes, no revisé la presencia de las líneas de Ley). En un día despejado, los límites del campo electromagnético que venía de la línea estaban cerca de donde empezaba nuestra propiedad. Entre ella y los cables de alta tensión había varias casas, una de ellas directamente debajo de la línea.

Era una buena oportunidad para investigar el fenómeno, así que empecé a revisar regularmente el flujo iónico alrededor de las casas que estaban más cerca de las líneas. El flujo nunca era normal. Es sorprendente cómo los habitantes de las casas lograron sobrevivir en un ambiente tan exánime y que no se sintieran agotados todo el tiempo. Una vez pedí a otra persona que midiera la tensión alrededor de mi casa. Quería saber si sus hallazgos coincidían con los míos. Resultó que dentro de los límites de la casa había un pozo de la fuerza gaussiana. Por interés, mi amigo decidió evaluar una casa vecina que estaba más próxima a la línea de alta tensión. Su instrumento detectó una fuerza de 0.9 miligauss, parámetro que según él era aceptable. Sin embargo, en aquella casa jamás pude detectar un flujo iónico normal.

Me parece que en este caso el cuerpo humano es un instrumento más confiable. En cualquier momento y circunstancia, puede apreciar el efecto total del medio ambiente. He descubierto que el grado de las perturbaciones que envuelven a los transformadores en las calles suburbanas es variable pero las alteraciones persisten hasta una distancia de por lo menos 10 metros. En muchos casos esta alteración penetra en las casas que se encuentran cerca.

Consejos adicionales para los viajeros

Es muy recomendable pedir una habitación que esté lo más lejos posible de los elevadores y conductos de los cables eléctricos. La habitación próxima al elevador siempre va a contener un campo electromagnético fuerte. Cuando organicé seminarios en Atenas, me hospedé regularmente en una habitación que colindaba con el pozo del elevador. Después de un par de noches inquietas, me di cuenta del origen de mis problemas y el resto de las noches dormí con la cabeza en el lado de los pies y viceversa, de tal manera que sólo mis pies estaban en el campo energético alterado. Durante las últimas décadas que he viajado por cuestiones de trabajo, y aprendí que la simple evaluación del flujo iónico y una selección cuidadosa de hoteles me permitieron viajar sin perder la energía y con un mínimo de molestias por el desfase horario.

Para evitar la influencia del campo electromagnético que viene de los enormes motores del avión, escoja su asiento en los lugares del pasillo de en medio de la aeronave. La perturbación se ve minimizada por la distancia adicional a los motores, así como por una especie de barrera de cinco o seis personas desafortunadas que están sentadas entre el pasillo de en medio y los lugares de la ventanilla. Puesto que muchas personas prefieren ventanilla o pasillo, es fácil encontrar asiento en el pasillo de en medio. (La otra ventaja es que en este sitio las probabilidades de tener uno o dos lugares desocupados son mayores, así que podrá recostarse durante los largos vuelos nocturnos.)

Al llegar al punto de destino, siempre me neutralizo para eliminar los efectos de la radiación del vuelo. La mejor manera de encontrar el equilibrio es buscar una pendiente ligera, localizar los flujos de energía y canalizar al vivaxis. Cuando el hotel o el lugar donde se hospeda no tiene espacio al aire libre, puede asistir a un parque público. En algunas ciudades esto también es imposible, por ejemplo, en Bangkok.

Radiación de televisores y pantallas

Es un tema que causa mucha polémica. Las autoridad han rechazado los resultados de algunos estudios hechos entre mujeres para determinar la incidencia de malformaciones del feto. Pero en 1988, se llevó a cabo un estudio con 1,583 mujeres en Oakland, California, por la organización llamada *Kaiser Permanente Health Group* que encontró graves problemas. Por ejemplo, las mujeres que usaban computadora por más de 20 horas semanales corrían un riesgo 40 por ciento más alto de aborto espontáneo que las mujeres del grupo de control. Otros problemas incluyeron insomnio, cefalea y sarpullido.[101]

En mi opinión, si usted está usando la computadora todos los días pero tiene un buen régimen alimenticio y toma antioxidantes como vitaminas A, C y E, los efectos negativos van a ser mínimos. Otra sugerencia práctica consiste en usar un teclado inalámbrico que puede alejar a una distancia de por lo menos 45 cm de la pantalla, lo cual reduce el grado de radiación electromagnética a un miligauss. Una alternativa más segura es una computadora portátil con la pantalla de cristal líquido, la cual no emite radiación ionizante como la mayoría de los monitores.

Otras medidas prácticas incluyen la instalación de un generador de iones negativos en la oficina para equilibrar el flujo constante de los iones positivos que emiten las computadoras, la calefacción centralizada y el aire acondicionado; además, haga una pausa cada media hora para alejarse de la computadora. Tome antioxidantes, como vitaminas A, B y C, así como el Pycnogenol®, producido del extracto de las semillas de uva, para protegerse del efecto oxidante de la radiación ionizante. La oxidación aparece a causa de las radicales libres que dañan las membranas celulares y puede tener un efecto mutagénico.

De acuerdo con el investigador en el área de la medicina Robert Becker, cualquier tipo de pantalla (de televisión, videojuego o computadora) emite una cantidad variable de radiación de un espectro amplio. Las pantallas son fuentes de microondas, rayos X y radiación ultravioleta. Si los componentes electrónicos de una pantalla no funcionan correctamente, la cantidad de la radiación emitida puede ser enorme. Un mantenimiento regular y una pantalla protectora —ya sea con plomo o de acrílico— pueden eliminar la radiación ionizante casi por completo, pero el problema de los microondas no se ha resuelto.[102]

Uno de los problemas más frecuentes de salud que achaca a las personas que usan computadora a diario es la incidencia creciente de las cataratas. Este riesgo se puede minimizar por la administración regular de suplementos con la vitamina A y el magnesio.

Debemos tomar en cuenta la nueva generación de los niños que se inician en el uso de las computadoras en la escuela, muchos de ellos desde la primaria. Están expuestos a dosis regulares de radiación electromagnética desde una edad temprana. En la casa, la exposición continúa gracias al uso de los videojuegos y la televisión. Es necesario considerar los efectos acumulativos de todos los factores electromagnéticos en el medio ambiente. Por ejemplo, si el operador de la computadora o un estudiante siempre usa el teléfono celular, se duerme en una habitación próxima a los cables de luz, ve mucha televisión en el tiempo libre o tiene una dieta mal balanceada.

Un estudio llevado a cabo en 2003 determinó que el 75 por ciento de los adultos en el Reino Unido tenía o usaba un teléfono celular. En el caso de las personas entre 15 y 34 años de edad, este porcentaje ascendía a casi 90 por ciento.[103] El peligro principal de estos teléfonos es que al hablar recibimos microondas por medio de la antena que se sostiene cerca del cerebro. La exposición, obviamente, dependerá de la cantidad del tiempo que se pasa hablando por teléfono. Hoy en día, muchos padres compran a sus hijos los celulares para que estén en contacto en caso de emergencia.

Nadie puede pasar por alto las ventajas de la tecnología en esta época de las comunicaciones. No hay necesidad de rechazar las posibilidades infinitas de una vida creativa que ofrecen la televisión, las computadoras, el Internet, los satélites, los viajes en avión y los teléfonos celulares. Sin embargo, debemos comprender las implicaciones para la salud de estas tecnologías y tomar las medidas pertinentes para preservar la salud. Los gobiernos están cada vez más alertas a los riesgos para la salud. Es de esperar que en el futuro habrá leyes y normas que rijan la distancia de los cables de luz de las escuelas y colonias residenciales.

Al mismo tiempo, no debemos olvidar que el precio de la libertad es la eterna guardia; en este caso, es la libertad de los problemas de salud. La privatización de las compañías de servicios como el agua y la electricidad crea nuevos problemas para el público general, porque las organizaciones privadas no tienen el mismo grado de responsabilidad ante la población que el gobierno. Por todo esto, conforme estamos adentrándonos más en el siglo XXI, debemos permanecer en guardia en cuanto a nuestra exposición a las energías perjudiciales. Por el otro lado, cuanto más se familiariza el público con el tema de las energías, se vuelve más consciente de las energías positivas y negativas en el medio ambiente.

Una propuesta de repertorio de ejercicios

Tengo la esperanza de que los lectores de este libro hagan un esfuerzo por apreciar el material aquí expuesto por su propia cuenta y que paso a paso encuentren la manera de llevarlo a la práctica. Siguiendo algunos de estos consejos día a día, pueden aprender cada vez un poco más de las diferentes energías que se presentan. El repertorio de ejercicios diarios y semanales que encontrará a continuación puede adecuarse para reflejar sus necesidades personales.

1. Desactive su casa, automóvil y oficina después de evaluar las energías que ahí se encuentran. Compare los resultados antes y después de la desactivación. De vez en cuando repita el procedimiento conforme agrega nuevos muebles y accesorios (ver pág. 111).
2. Conozca mejor su medio ambiente y aprenda a evaluar los entornos que encuentra en sus viajes. Revise cuidadosamente el flujo iónico en la nueva casa o departamento antes de tomar la decisión de cambiarse para allá (ver pág. 50). Preste especial atención a las instalaciones eléctricas y no olvide de revisar los campos energéticos correspondientes en un día despejado cuando éstos alcanzan su potencia máxima.
3. Tome las medidas de precaución mencionadas en la pág. 208 si trabaja con computadoras y otro equipo que emite radiación electromagnética. Exija la instalación de aire acondicionado apropiado en las oficinas, puesto que todo el equipo eléctrico tiende a saturar la atmósfera de iones positivos. Las fotocopiadoras viejas, además, expiden ozono, el cual también altera la atmósfera.
4. Establezca y marque los diferentes flujos de fuerza cerca de su casa para su uso personal, para la desactivación de los agentes contaminantes en el agua y para la energización del agua (ver pág. 81). Siempre que pueda, coloque los alimentos y abarrotes después de la compra en las bandas de fósforo y magnesio por un minuto.
5. Marque una banda vertical en un árbol, poste de luz o pared para facilitar la evaluación de sí mismo y de los demás. Las marcas en el suelo suelen desaparecer por la acción de las podadoras del césped y el mal

tiempo, aunque de todas maneras se necesitan para los trabajos corporales.

6. Evalúese a sí mismo con regularidad en los flujos de fuerza y por lo menos dos veces por semana canalice a su vivaxis en el flujo de fuerza que parece el más adecuado para el día (ver pág. 108).
7. Cuando empieza a sentir que su memoria o concentración están decayendo, haga el ejercicio para los receptores de la memoria (ver pág. 117).
8. Repita el ejercicio de carbono (ver pág. 28) después de cada procedimiento de rayos X, tomografía y ultrasonido; además, canalice a su vivaxis tan pronto como pueda.
9. Evalúe regularmente el norte y el sur en el ambiente y cada vez que salga de vacaciones (ver pág. 29). Tenga presente el movimiento de la marea y tome en cuenta sus experiencias con la meditación en estos periodos (ver pág. 62).
10. Repita el ejercicio de neutralización (ver pág. 33) después de todo procedimiento de diagnóstico médico en el cual se conectan electrodos al cuerpo, como por ejemplo durante electrocardiogramas o diatermia. Las mujeres, además, deben hacer este ejercicio después de la depilación por electrólisis. Después de las operaciones quirúrgicas haga de cuenta que estuvo conectado a un circuito eléctrico. Aprenda a dominar la detección de campos ajenos. También necesita ejercitar en las capas de energía y tomar agua energizada después de las anestesias.
11. Tome agua energizada por lo menos dos veces por semana y utilice regularmente los flujos de fuerza para purificar el agua para tomar y preparar alimentos (ver pág. 115).
12. Practique la identificación de los diferentes receptores de minerales en su cuerpo, así como los espines izquierdo y derecho de los receptores en las tríadas (ver pág. 74).
13. Aprenda a reconocer las líneas de Ley, acuíferos subterráneos, así como las redes de Hartmann y Curry y otros campos energéticos inusitados.
14. Si usted es terapeuta, aprenda a revisar los receptores de sus pacientes y edúquese en los problemas médicos relacionados a los minerales particulares con alteraciones, observables en las bandas de energía (ver pág. 171).
15. Con frecuencia revise sus propios receptores cerebrales para llevar un control sobre las interferencias provenientes de los clientes (ver pág. 131). No olvide hacer la versión corta del ejercicio de neutralización entre consultas. Desactive la cama durante un minuto antes de recibir un nuevo cliente.
16. ¡Considere todos los ejercicios energéticos como una aventura emocionante que no vale la pena perderse!

En el principio del libro, mencioné que mis experiencias con las energías de la tierra eran la aventura terapéutica más asombrosa que he experimentado. Cuando escribía el libro y releía todas las enseñanzas de Fran Nixon, volví a investigar muchas áreas que no había explorado a profundidad, amén de que me inspiré para hacer nuevas conexiones en nuestra comprensión de las polaridades eléctricas de la humanidad y de nuestra casa, el planeta Tierra. La red de la vida que nos conecta a todos se ha revelado cada vez más ante mi vista interna y externa. Me regocijan todos los días estos conocimientos y la oportunidad de compartirlos con los demás.

Notas a pie de página

Introduction

1. Tiller, W. A., *Science and Human Transformation*: Subtle Energies, Intentionality and Consciousness, Dept of Materials Science and Engineering, Universidad de Stanford, Stanford, California.

1. Relación con la tierra como ser humano

2. Lovelock, J. E., *Gaia - A New Look at Life on Earth,* Nueva York: Oxford Press, 1979.
3. Bailey, A. A., *A Treatise on Cosmic Fire,* Londres: Lucis Press, 1952.
4. Wilbur, K., *Up From Eden,* Boulder: Shambhala, 1983.
5. Laszlo, G., *The Creative Cosmos—A Unified Science of Matter, Life and Mind,* Edimburgo: Floris Books, 1993.
6. Briggs, J. R and Peate, F. D., *Looking Glass Universe,* Gran Bretaña: Fontana Books, 1985.
7. Jacka, J., *Meditation, The Most Natural Therapy,* Escocia: Geddes & Grosset, 2004.
8. Bailey, A. A, *Esoteric Astrology,* Londres: Lucis Press, 1951.
9. Nixon, F., *Born to be Magnetic,* Vol. 1, pág.13, Columbia Británica: Magnetic Publishers, 1971.
10. Bentov, I., *Stalking the Wild Pendulum,* Gran Bretaña: Wildwood House, 1978.
11. Becker, R., *Cross Currents,* Los Ángeles: Jeremy Tarcher, 1990.
12. Becker, R., ibid pág.74.
13. Baker, R. R., "Human Magnetor-reception for Navigation", *Electromagnetic Fields and Neuromagnetic Function,* M. E. O'Connor and R. H. Levely (eds.), Nueva York: Alan R. Liss, 1988.
14. Nixon, F., *Search for Vivaxis,* Parte 1, Columbia Británica: Magnetic Publishers, 1982.

2. Vibraciones y frecuencias planetarias

15. Tansley, D., *Dimensions of Radionics,* Devon: Health Science Press, 1977.
16. Baker, R. R., *Nature,* No. 301, 1988.
17. Jacka, J., *Frontiers of Natural Therapies,* Escocia: Geddes & Grosset, 2004.
18. Laszlo, E., *The Creative Cosmos,* Edimburgo: Floris Books, 1993.
19. Briggs, J. R and Peat, F. D., *Looking Glass Universe,* Gran Bretaña: Fontana Books, 1985.
20. Burr, H. S., *Blueprint For Immortality,* Londres: Neville Spearman, 1972.

21. Bailey, A. A., *Esoteric Healing*, Londres: Lucis Press, 1953.
22. Goldman, J., *Healing Sounds*, Dorset: Element Books, 1992.
23. Tomatis, A., *The Conscious Ear*, Nueva York: Station Hill Press, 1991.
24. Andrews, T., *Sacred Sounds*, Minnesota: Llewellyn Publications, 1992.
25. Nixon, F., *Search for Vivaxis*, Part 1, Columbia Británica: Magnetic Publishers, 1982.
26. Bentov, I., *Stalking the Wild Pendulum*, Gran Bretaña: Wildwood House, 1978.

3. Ciclos y ritmos planetarios

27. Gauquelin, M., *Cosmic Influences on Human Behaviour*, Nueva York: ASI Publishers, 1978.
28. Gauquelin, M., *Birth Times—A Scientific Investigation of the Secrets of Astrology*, Nueva York: Hill and Yang, 1983.
29. Sandyk, R. y cols., "Magnetic Fields and Seasonality of Affective Illness: Implications for Therapy", *Int. Journal of Neuroscience*, 58 (3-4) 1991, 261-7.
30. Watson, L., *Supernature*, Londres: Coronet Books, 1973.
31. Bailey, A. A., *Esoteric Astrology*, Londres: Lucis Press, 1951.
32. Bailey, A. A, *Esoteric Psychology*, Londres: Lucis Press, 1942.
33. Burr, H. S., *Blueprint for Immortality*, Londres: Neville Spearman, 1972.
34. Brown, F. A., "Persistent Activity Rhythms in the Oyster", *American Journal of Physiology*, 178:510, 1954.
35. Nixon, F, *Search for Vivaxis*, Parte 1, Revised Ed., Columbia Británica: Magnetic Publishers, 1982.

4. El baile vibratorio de los elementos

36. Nixon, F, *Search for Vivaxis*, Part 1, ed. revisada, pág. 18, Columbia Británica: Magnetic Publishers, 1982.
37. Nixon, F., *Born To Be Magnetic*, Vol. 1, pág. 108, Columbia Británica: Magnetic Publishers, 1971.
38. Nixon, F, *Search for Vivaxis*, Parte 1, ed. revisada, pág.50, Columbia Británica: Magnetic Publishers, 1982.
39. Nixon, F., *Search for Vivaxis*, Parte 2, pág. 22, Columbia Británica: Magnetic Publishers, 1979.
40. Nixon, F., ibid, pág.40.
41. Nixon, F. y Parminter, I., *Vivaxis Beams*, Columbia Británica: Magnetic Publishers, 1980.

5. La conexión del vivaxis

42. Nixon, F., *Born to Be Magnetic*, Vol. 1, pág. 13, Columbia Británica: Magnetic Publishers, 1971.
43. Nixon, F., *Born to Be Magnetic*, Vol. 1, pág. 30 y 108, Columbia Británica: Magnetic Publishers, 1971.
44. Nixon, F., *Born to be Magnetic*, Vol. 2, pág. 91, Columbia Británica: Magnetic Publishers, 1973
45. Becker, R. y Marino, A., *Electromagnetism and Life*, pág. 30, Nueva York: Universidad Estatal de Nueva York, 1982.

46. Nixon, F., *Born to Be Magnetic,* Vol. 1, pág. 46 y 90, Columbia Británica: Magnetic Publishers, 1971.
47. Bailey, A. A., *Esoteric Healing,* Londres: Lucis Press, 1953.
48. Jacka, J., *Frontiers of Natural Therapies,* Escocia: Geddes & Grosset, 2004.
49. Oldfield, H. y Coghill, R., *The Dark Side of the Brain,* Dorset: Element, 1988.
50. Nixon, F., *Born to Be Magnetic,* Vol. 1, pág. 32, Columbia Británica: Magnetic Publishers, 1971.
51. Nixon, F., *Search for Vivaxis,* Parte 2, pág. 24, Columbia Británica: Magnetic Publishers, 1979.

6. El uso del vivaxis y las capas energéticas

52. Nixon, F., *Born to Be Magnetic,* Vol. 1, pág. 79, Columbia Británica: Magnetic Publishers, 1971.
53. Nixon, F., *Search for Vivaxis,* Parte 1, ed. revisada, pág. 13, Columbia Británica: Magnetic Publishers, 1982.
54. Nixon, F., *Search for Vivaxis,* Parte 1, ed. revisada, pág. 25, Columbia Británica: Magnetic Publishers, 1982.
55. Goodrich, J., *Natural Vision,* Richmond, Australia: Greenhouse Publications, 1985.
56. Nixon, F., *Search for Vivaxis,* Parte 1, ed. revisada, pág. 54, Columbia Británica: Magnetic Publishers, 1982.
57. Nixon, F., *Born to Be Magnetic,* Vol. 2, pág. 118, Columbia Británica: Magnetic Publishers, 1973.

7. Evaluación de los receptores de energía

58. Nixon, F., *Born to Be Magnetic,* Vol. 1, pág. 112, Columbia Británica: Magnetic Publishers, 1971.
59. Nixon, F., ibid, Vol. 1, pág. 43.
60. Nixon, F., *Manual,* Parte 2, pág. 31, Columbia Británica: Magnetic Publishers, 1974.
61. Nixon, F., *Born to be Magnetic,* Vol. 1, pág. 121, Columbia Británica: Magnetic Publishers, 1971.
62. Nixon, F., ibid, pág. 113.
63. Nixon, F., ibid, pág. 128.
64. Nixon, F., *Bom to be Magnetic,* Vol. 2, pág. 30, Columbia Británica: Magnetic Publishers, 1973.
65. Nixon, F., *Born to be Magnetic,* Vol. 1, pág. 150, Columbia Británica: Magnetic Publishers, 1971.

8. Glándulas, chakras y flujos de fuerza

66. Bailey, A. A., *Esoteric Healing,* Londres: Lucis Trust, 1953.
67. Hall, R. S. y cols., "Transformation of the Personality and the Immune System", *Advances: Journal of Mind-Body Health,* Vol. 10, No. 4, 1994, pág. 7-15.
68. Jacka, J., *Meditation, The Most Natural Therapy,* Escocia: Geddes & Grosset, 2004.
69. Jacka, *J., A~Z of Natural Therapies,* Melbourne: Lothian, 1987.

70. McLaughlin, C. y Davidson, G., *Spiritual Politics,* Nueva York: Ballantyne Books, 1994.
71. Moynihan, J., "Stress-induced Modulation of Immunity: Animal Models and Human Implications", *Advances: Journal of Mind-Body Health,Vol* 10, pág. 4, Fall, 1994.
72. Bailey, A. A, *A Treatise on Cosmic Fire,* pág. 98, Londres: Lucis Press, 1952.

9. Los flujos blancos y los chakras de la cabeza

73. Becker, R., *Cross Currents,* pág. 76, Los Ángeles: Jeremy Tarcher, 1990.
74. Sandyk, R. y cols., "Magnetic Fields and Seasonality of Affective Fields: Implications for Therapy", *Int. Journal of Neuroscience,* 58 (3-4) 1991, pág. 261-7.
75. Maestroni, G. J., "The Immunoneuroendocrine Role of Melatonin", *Journal of Pineal Research,* 14, (l) Jan, 1993, pág. 1-10.
76. Jacka, J., *Meditation, The Most Natural Therapy,* Escocia: Geddes & Grosset, 2004.
77. Nixon, F., *Environmental Force Flows Stimulating the Pineal Gland,* Columbia Británica: Magnetic Publishers, 1983.

10. El diagnóstico y la corrección de alteraciones

78. Nixon, F., *Search for Vivaxis,* Parte 1, ed. revisada, pág. 56, Columbia Británica: Magnetic Publishers, 1982.
79. Nixon, F., *Supplement to Vivaxis Beams: Force Flow X,* Columbia Británica: Magnetic Publishers, 1982.
80. Nixon, F., *Search for Vivaxis,* Parte 2, Columbia Británica: Magnetic Publishers, 1979.

11. Fenómenos de la Tierra que afectan nuestra vida

81. Watkins, A., *The Old Straight Track,* Londres: Abacus, 1974.
82. Devereux, P, *Places of Power,* Londres: Blandford, 1990.
83. Heselton, R, *Earth Mysteries,* Dorset: Element, 1991.
84. Lonegren, Sig (compilador), *The Dowsing Rod Kit,* Melbourne: Lothian, 1995.
85. Miller, H. y Broadbent, R, *The Sun and the Serpent,* Cornualles: Pendradragon Press, 1989.
86. Cathie, B., *Harmonic 33,* Londres: A.H. & A.W. Reed, 1968 y *Harmonic 695,* Londres: A.H. & A.W Reed, 1971.
87. Bailey, A. A., *Destiny of the Nations,* Londres: Lucis Press, 1949.
88. Nikola Tesla: Letters, Patents, Articles, Belgrado: Museo de Nikola Tesla, 1956.
89. Nixon, F., *Search for Vivaxis,* Parte 2, pág. 14, Columbia Británica: Magnetic Publishers, 1979.

12. Energías nocivas de la tierra y el estrés geopático

90. Moore, A., "Are You Under Geopathic Stress", *Australian Wellbeing,* No. 15, 1986.
91. Von Pohl, G. R, *Earth Radiation, the Causative Factor in Disease and Cancer,* Fuecht: Fortschritt für Alle, 1932.

92. Kopp, J. A., "Healthy Living By Elimination of Soil Influences Detrimental to Health", *Journal of Swiss Society for Housing (das Wohnen),* No. 11, 1970.
93. McCreary, J. B., "Water Theory", *The American Dowser Quarterly,* Nov., 1981, pág. 22.
94. Kopp, J. A., "On the Physics of Geopathogenic Phenomenon", *Journal for Practical Medicine,* Heidelberg, Mayo 1, 71.
95. Lotz, K. E., *Do You Want to Five Healthily?,* Remscheid: Paffrath-Druck KG, 1982.
96. Eitel, E., *Feng-Shui, The Science of Sacred Landscape in Old China,* Londres: Synergetic Press, 1984.
97. Wertheimer, N. y Leeper, E., "Electrical Wiring Configuration and Childhood Cancer", *Journal of Epidemiology,* 111, 1980, pág. 273-284.
98. New York State Power Lines Project, *Biological Effects of Power Line Fields,* Nueva York: Departamento de Salud de EE.UU., 1987.
99. Wertheimer N, y Leeper, E., "Adult Cancer Related to Electrical Wires Near the Home", *Journal of Epidemiology,* 11 (4), 1982, pág. 345-355.
100. Savitz D. A., "Childhood Cancer and Electromagnetic Field Exposure", informe rendido al Departamento de Salud de Nueva York, Nueva York: Departamento de Salud de EE.UU., 1987.
101. Dowsen, D. I., "A Review of Epidemiological Studies into the Health Effects of Electromagnetic Fields", *Complementary Medical Research,* Vol. 3, No. 2, 1989.
102. Becker, R., *Cross Currents,* Los Ángeles: Jeremy Tarcher, 1990, pág. 276.
103. Página de *Office for National Statistics* de la Gran Bretaña: www.statistics.gov.uk (el material protegido por la ley de propiedad intellectual se reproduce con autorización del Director de HMSO).

Glosario

Areahola, fuerzas de: fuerza de ondas de luz que llegan de norte y sur y se pueden controlar mediante la sal marina y soda con el fin de fomentar la salud y el equilibrio.

astral: energías asociadas a nuestras emociones y actividades psíquicas como la clarividencia y clariaudiencia. El cuerpo astral es el medio de nuestra expresión emocional.

aura: campo de energía que envuelve el ser humano o animal y originario de él. El aura puede incluir energías etéreas, astrales, emocionales, mentales y espirituales.

chakras: centros energéticos en el campo energético del humano o animal.

Curry, red de: red de energía que cubre toda la superficie de la Tierra en líneas diagonales a las de la red de Hartmann. Posee carga electromagnética. Las líneas están separadas por una distancia de 3.5 metros.

desactivación: eliminación de las energías caóticas del ambiente.

electrofotografía: imágenes producidas por un campo de alta frecuencia.

energía, capas o bandas de: capas consecuentes de energía que envuelven la Tierra. Se parecen a las capas superpuestas de la cebolla pero a diferencia de éstas están separadas por 3-4 metros.

etérea, energía: nombre común que se le da a la energía que subyace todos los cuerpos físicos. Es el factor vital en la salud y la enfermedad.

etéreo, cuerpo: medio de la energía etérea en las plantas, animales y humanos. Proporciona la pauta para el crecimiento y recrecimiento.

flujo iónico: flujo de los iones positivos y negativos en el cuerpo que permite identificar generalmente el flujo en el campo energético.

flujo solunar: lapso de seis horas entre la marea alta y la baja.

flujos de fuerza: flujos de energía que transmiten las capas energéticas de la Tierra. Los flujos del vivaxis comprenden las energías de todos los elementos vitales. Existen además ciertos flujos de fuerza naturales y artificiales de carácter nocivo.

fotografía kirlian: ver *electrofotografía.*

geopático, estrés: áreas problemáticas en la Tierra, como los acuíferos y yacimientos de petróleo, los cuales pueden afectar la salud de las personas. El término a menudo se usa para incluir las enfermedades terrestres producidas por la actividad humana, como en el caso de las líneas de alta tensión.

gravitacionales, flujos de fuerza y elementos: flujo de fuerza que transmite frecuencias asociadas con las fuerzas gravitacionales del Sol y la Luna. Este flujo de fuerza está relacionado con la capa gravitacional de nuestro campo energético y con nuestro vivaxis.

Hartmann, red de: red energética global identificada por el Dr. Ernest Hartmann, cuyas líneas van de norte a sur y de este a oeste. Están separadas por 2-3 metros de distancia.

línea de Ley: trayecto en la superficie de la Tierra que transmite energía de un punto a otro. Las líneas de Ley forman una red de líneas separadas por 2 km de distancia.

magnéticos, flujos de fuerza y elementos: flujos de fuerza que transmiten las frecuencias de los elementos como hierro, cobre, plata, oro, níquel y selenio. Dichos flujos de fuerza también se asocian con la capa magnética de nuestro campo energético (el aura).

periodo mayor: periodo de la marea alta que dura aproximadamente una hora y media.

periodo menor: periodo de la marea baja que dura aproximadamente veinte minutos.

rabdomancia: método para la búsqueda de agua o minerales utilizando una varilla.

radiaestética, sensación: capacidad de percibir las energías extrasensoriales.

radiónica: la práctica de terapia energética a distancia mediante un instrumento que transmite las frecuencias capaces de corregir los desequilibrios. Para hacer un diagnóstico se pueden usar una fotografía, una gota de sangre o una muestra de cabello del sujeto.

receptor cerebral: punto en el cráneo que recibe y transmite energía.

receptores: diminutos transmisores de energía en la superficie del cuerpo similar a los puntos de acupuntura. Están vinculadas con determinadas frecuencias minerales.

vector: línea que representa una fuerza o velocidad.

Vegatest: aparato electrónico patentado para medir la resistencia de la piel.

vivaxis: esfera de energía que conecta nuestro campo energético al de la Tierra. Se establece unas semanas antes del nacimiento y permanece en la misma posición durante toda la vida. El flujo del vivaxis contiene las fuerzas magnéticas y gravitacionales que determinan nuestra salud y bienestar.

zahorí: ver *rabdomancia.*

TÍTULOS DE ESTA COLECCIÓN

- 100 hechizos de amor
- Adelgazar, una decisión de peso
- Adivinación con dados. *Sara Zed*
- Adivinación con dominó. *Sara Zed*
- Alcances de las terapias naturales
- Anorexia y bulimia
- Bienestar para la mujer
- Cábala al alcance de todos
- Cómo entender e interpretar una lectura psíquica. *Bruce Way*
- Cómo entender y aliviar el estrés
- Cómo entender y aliviar la depresión
- Cómo leer el aura
- Cómo leer el futuro en las runas
- Cómo relajarse
- Controla... cólera,rabia, ira, enojo
- Diabetes.
- Desintoxicación
- El arte de la guerra. *Sun-Tzu*
- El camino de la Madre Teresa
- El color de la vida
- El cuidado del gato
- El cuidado del perro
- El excitante paraíso de los afrodisiacos
- El libro de los no-muertos
- El mensaje oculto de los sueños
- El misterio rosacruz
- El mundo de las hadas. *Roberto Mares*
- El simbolismo oculto de los sueños
- Escriba su propia magia
- Esoterismo gitano
- Espiritismo
- Espiritismo y clarividencia para principiantes. *E. Owens*
- Fantasmas y fantasías. *Roberto Mares*
- Fe en la oración. Ilustrado
- Fobias
- Gran manual de magia casera
- Guía de aromaterapia
- Guía de calorías
- Hechizos y conjuros
- Hipnosis y el arte de la autoterapia
- Kama sutra. Ilustrado.
- La Biblia. Una guía en el camino
- La salud de los niños
- La salud del hombre
- Las cartas. Técnicas de adivinación
- Las enseñanzas de la Madre Teresa
- Las profecías de Nostradamus
- Lenguaje corporal
- Los mejores pasajes de la mitología griega. *Roberto Mares*
- Los planetas y el amor
- Los secretos de la bruja 1.
- Los secretos de la bruja 2.
- Los sueños. *Morfeo*
- Magia con ángeles
- Magia con velas
- Magia egipcia. *Joseph Toledano*
- Manual contra la envidia
- Medicina alternativa 1
- Medicina alternativa 2
- Meditación. La terapia más natural
- Niños tranquilos
- Nuevo diccionario de los sueños
- Numerología al alcance de todos
- Poderes psíquicos. *Soraya*
- Practicando yoga
- Primeros auxilios
- Qué comer
- Reconociemdo los síntomas
- Reencarnación y karma
- Reflexología y otras terapias
- Remedios caseros. De la A a la Z
- Remedios caseros que curan casi todo
- Salmos curativos
- Salud Sexual
- Sé feliz
- Ser chamán. *Ledo Miranda Lules*
- Sueños eróticos. *Solomon L. Gold*
- Tiempos de brujas. *Roberto Mares*
- Toco madera. *Diego Mileno*
- Todo sobre las alergias
- Vitaminas y minerales
- Yoga y meditación